Russland
Moskau
Helsinki
Tallinn
Riga
Vilnius
Minsk
Kiew
Ukraine
Budapest
Bukarest
Belgrad
Sofia
Ankara
Türkei
Athen
Zypern
Georgien
Tiflis
Jerewan
Armenien
Baku
Aserbaidschan
Astana
Kasachstan
Usbekistan
Taschkent
Bischkek
Kirgisistan
Turkmenistan
Duschanbe
Tadschikistan
Aschchabad
Ulan-Bator
Mongolei
Peking
China
Nordkorea
Pjöngjang
Seoul
Südkorea
Japan
Tokio
(russische Verwaltung)
Syrien
Libanon
Israel
Bagdad
Irak
Teheran
Iran
Kabul
Afghanistan
Islamabad
Pakistan
Neu-Delhi
Nepal
Katmandu
Bhutan
Dhaka
Bangladesch
Indien
Jordanien
Kairo
Ägypten
Kuwait
Bahrain
Katar
Saudi-Arabien
Riad
V.A.E.
Maskat
Oman
Jemen
Sana
Eritrea
Asmara
Khartum
Sudan
Dschibuti
Addis Abeba
Äthiopien
Somalia
Mogadischu
Zentralafrikanische Republik
Süd-sudan
Juba
Uganda
Kampala
Kenia
Nairobi
D. R. Kongo
Ruanda
Burundi
Dodoma
Tansania
Malawi
Lilongwe
Mosambik
Sambia
Lusaka
Harare
Simbabwe
Botsuana
Gaborone
Pretoria
Mbabane
Maputo
Swasiland
Maseru
Lesotho
Südafrika
Komoren
Moroni
Antananarivo
Madagaskar
Victoria
Seychellen
Mauritius
Port Louis
Malediven
Male
Colombo
Sri Lanka
Myanmar (Birma)
Naypyidaw
Hanoi
Laos
Vientiane
Vietnam
Thailand
Bangkok
Kambodscha
Phnom Penh
Taipeh
Taiwan
Manila
Philippinen
Kuala Lumpur
Malaysia
Singapur
Brunei
Indonesien
Jakarta
Dili
Timor-Leste (Osttimor)
Koror
Palau
Mikronesien
Papua-Neuguinea
Port Moresby
Australien
Canberra
Neuseeland
Wellington
arktis

D1666229

Schuljahr	Klasse	Name	Kontrollzeichen
20/21	8c	Leen Alawni	++
21/22	8c	Alina Noack	2
22/23	8b	Laura Caruso	
23/24	8b	Mahdi Altalgani	

Kontrollzeichen: + = gut
0 = zufriedenstellend
− = verbraucht

westermann

Geschichte Politik Geographie

8 R/M

Bayern Mittelschule

Moderatorin
Prof. Dr. Yvonne Krautter

Autorinnen und Autoren
Heike Bolleininger
Geerd Budelmann
Jan Gruber
Prof. Dr. Yvonne Krautter
Florian Schäfer

Unter Mitwirkung der
Verlagsredaktion

Titelbild: Historisches Gebäude im Finanzviertel der kanadischen Stadt Toronto.

Der Band enthält Beiträge von:
Hanne Auer, Matthias Bahr, Svenja Bhatty, Franz Bösl, Kerstin Bräuer, Thomas Brühne, Myrle Dziak-Mahler, Thomas Eck, Helmut Fiedler, Timo Frambach, Anette Gerlach, Katrin Götz, Martina Graupner, Angelika Hauck, Uwe Hofemeister, Guido Hoffmeister, Peter Kirch, Peter Köhler, Philipp Kraft, Norma Kreuzberger, Karin Leditznig, Ute Liebmann, Katharina Meerbach, Jürgen Nebel, Friedrich Pauly, Werner Petzold, Jörg Pfeiffer, Notburga Protze, Burkhard Schönborn, Frank Schweppenstette, Dietrich Strohbach, Michael Tempel, Roland Theophil, Walter Weidner, Thomas Zehrer und Karin Zumpfort.

westermann GRUPPE

Druck A[1] / Jahr 2020
Alle Drucke der Serie A sind inhaltlich unverändert.

Redaktion: Monique Wanner (Lektorat Eck, Berlin)
Druck und Bindung: Westermann Druck GmbH, Braunschweig

ISBN 978-3-14-**115159**-6

Im Interesse der besseren Lesbarkeit wird in diesem Schulbuch auf die Unterscheidung männlicher und weiblicher Schreibweisen verzichtet. Männliche Formulierungen gelten gleichermaßen für alle Geschlechter.

Zeichenerklärung

M1 Materialen sind mit „**M**“ gekennzeichnet. Zu ihnen zählen Grafiken, Tabellen, Fotos, Quellen- und Arbeitstexte.

i Die zahlreichen **Info-Kästen** enthalten Informationen, die das Verständnis von Zusammenhängen erleichtern und weiterführende Informationen geben.

Grundbegriffe Wichtige Begriffe sind **fett** gedruckt. Sie werden im Anhang in einem Minilexikon erklärt (vgl. S. 192–198).

Sonderseiten

METHODE
Auf den Methodenseiten lernst du Schritt für Schritt Methoden und Arbeitsweisen der Geographie, Geschichte und Politik kennen. Die blauen Kästen sind die „Gebrauchsanweisungen“ zur Anwendung der Methoden.

ORIENTIERUNG
Auf den Orientierungsseiten kannst du dir einen räumlichen Überblick über ein Gebiet, ein Land oder einen Kontinent verschaffen.

PRAXIS
Auf diesen Seiten erhältst du Vorschläge, etwas selbst zu erkunden oder auszuprobieren.

GEWUSST – GEKONNT
Diese Seiten findest du immer am Ende eines Kapitels. Hier trainierst du dein Wissen und deine Fertigkeiten, die du im Kapitel erworben hast.

M **M-ZWEIG-SEITE**
Diese Seiten sind für die Schüler im M-Zweig verbindlich zu bearbeiten, können aber auch von allen Schülern bearbeitet werden.

Aufgaben

Die **Aufgaben** im Buch sind mit den Farben **grün**, **orange** und **rot** gekennzeichnet.

1 Mit grünen Aufgaben kannst du etwas wiedergeben und beschreiben.

2 Bei den orangenen Aufgaben steht die selbstständige Erarbeitung der Materialien im Vordergrund. Hier kannst du etwas erklären oder anwenden.

3 Mit den roten Aufgaben kannst du bestimmte Sachverhalte oder Probleme beurteilen bzw. bewerten.

(M) Die M-Zweig-Aufgaben müssen von den M-Zweig-Schülern zusätzlich bearbeitet werden, können aber auch von allen Schülern gelöst werden.

Außerdem gibt es einige Symbole, die dir zusätzliche Hinweise zur Bearbeitung geben. Aufgaben ohne weitere Symbole sollen immer in Einzelarbeit gelöst werden.

↗ Einige Aufgaben sind mit einer „**Starthilfe**“ versehen. Die Starthilfen erleichtern dir die Lösung der Aufgaben. Du findest sie im Anhang. Versuche, die Aufgabe zunächst ohne die Hilfen zu lösen.

Partnerarbeit: Aufgaben mit diesem Symbol könnt ihr zu zweit lösen.

Gruppenarbeit: Findet euch in Gruppen zusammen und bearbeitet die Aufgaben gemeinsam.

Bei diesen Aufgaben handelt es sich um **Wahlaufgaben**. Sie bieten verschiedene Möglichkeiten der Bearbeitung an. Wähle eine aus.

Inhaltsverzeichnis

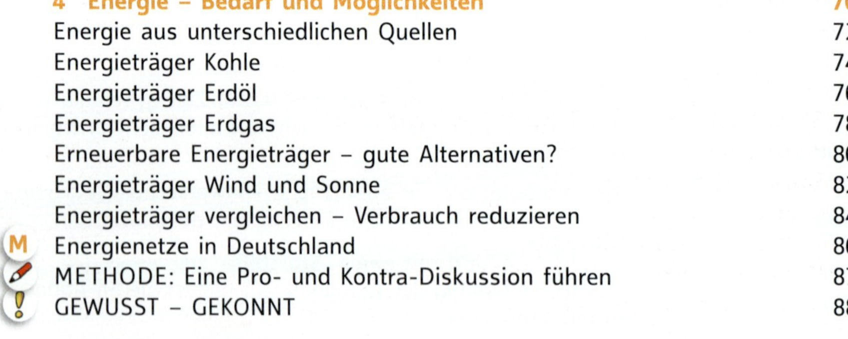

EIN VOLK - EIN REICH - EIN FÜHRER

Do legst di nieda!
Des wiad richtig sch e.

1 Nordamerika – Industriestaat USA

M1 *Automobilproduktion – Fließbandmontage eines Pkw in Detroit*

M2 *Ölförderung und Rinderhaltung in Texas*

◁ **M3** *Golden Gate Bridge vor der Skyline von San Francisco*

Gliederung Amerikas

M1 *Die Stadt Nuuk auf Grönland – nördlichste Region Amerikas*

M3 *Patagonien – südlichste Region Amerikas*

M2 *Gliederung Amerikas*

Räumliche Gegensätze

Amerika bietet ein Bild voller Kontraste. Vieles wirkt auf diesem Kontinent gigantisch. Hierzu gehören eindrucksvolle Hochgebirgslandschaften mit gewaltigen Vulkanen, ausgedehnte Tieflandgebiete und Flüsse, die auch zu den längsten der Welt zählen. Die Großen Seen in Nordamerika bilden die größte zusammenhängende Süßwasserfläche der Erde.

Mehr als 30 Länder liegen auf dem Kontinent Amerika. Unter ihnen gibt es „Riesen“ und „Zwerge“.

Bemerkenswert sind die wirtschaftlichen, sozialen und kulturellen Unterschiede zwischen den Ländern Nord- und Südamerikas sowie innerhalb der einzelnen Länder. Amerika erstreckt sich von Nord nach Süd über rund 15000 km.

Nordamerika hat Anteil an allen großen Klimazonen der Erde. Von der polaren Klimazone in Grönland und auf den Inseln im Norden Kanadas bis zur tropischen Klimazone an der Südspitze Floridas.

Nord-, Mittel- und Südamerika

Nordamerika besteht aus Grönland (zu Dänemark gehörig), Kanada und den USA. Zu Mittelamerika zählen die Länder, die zwischen den USA und dem Panamakanal liegen. Alle Länder südlich des Panamakanals gehören zu Südamerika.

Anglo- und Lateinamerika

Anglo- und Lateinamerika sind politisch-kulturelle Begriffe, die dazu dienen, den englischsprachigen vom spanisch-portugiesischsprachigen Raum abzugrenzen. In den angloamerikanischen Ländern USA und Kanada spricht man Englisch und Französisch, während in Lateinamerika Spanisch bzw. Portugiesisch gesprochen wird.

1 a) Unterscheide die Gliederungsvarianten von Amerika (M2, Info).
b) Lokalisiere Nuuk und Patagonien in der Karte M2 (M1, M3, Atlas).

2 a) Löst die Übungskarte (M4, Atlas).
b) Beantwortet die Fragen a–g zu den Fotos (M4, Atlas).

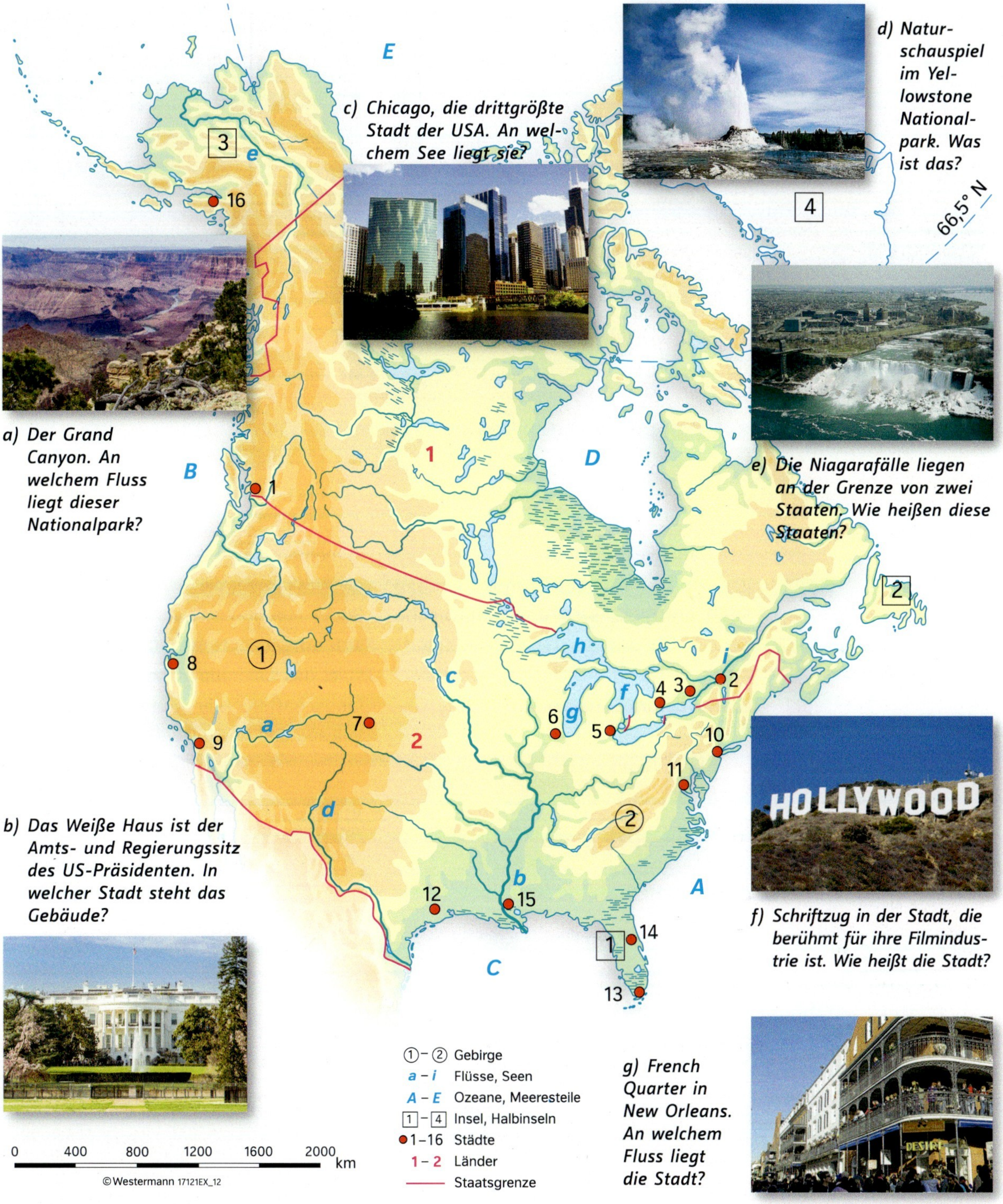

c) Chicago, die drittgrößte Stadt der USA. An welchem See liegt sie?

d) Naturschauspiel im Yellowstone Nationalpark. Was ist das?

a) Der Grand Canyon. An welchem Fluss liegt dieser Nationalpark?

e) Die Niagarafälle liegen an der Grenze von zwei Staaten. Wie heißen diese Staaten?

b) Das Weiße Haus ist der Amts- und Regierungssitz des US-Präsidenten. In welcher Stadt steht das Gebäude?

f) Schriftzug in der Stadt, die berühmt für ihre Filmindustrie ist. Wie heißt die Stadt?

g) French Quarter in New Orleans. An welchem Fluss liegt die Stadt?

66,5° N

①–② Gebirge
a – i Flüsse, Seen
A – E Ozeane, Meeresteile
1 – 4 Insel, Halbinseln
1–16 Städte
1 – 2 Länder
Staatsgrenze

0 400 800 1200 1600 2000 km

M4 *Topografische Übersicht Nordamerikas*

3 Erstelle eine mitwachsende Arbeitskarte zu Nordamerika. Trage dein Vorwissen in die Karte ein (M4, vgl. Methode S. 201).

4 Ⓜ ↗ Vergleiche die physische Karte von Nordamerika mit der von Europa (Atlas).

M1 *Landschaft im Parc National du Mont-Tremblant (Québec)*

M4 *Rocky Mountains in Kanada*

Relief und Großlandschaften

Nordamerika ist in vier Großlandschaften gegliedert. Diese Einteilung ergibt sich aus dem **Relief**.

Der Kanadische Schild

Vom Nordpolarmeer bis an die Großen Seen erstreckt sich der Kanadische Schild. Die flachwellige Landschaft wurde während der Eiszeiten von Gletschern geformt. Hier gibt es heute viele Seen und Sümpfe.

Die Kordilleren

Die Hochgebirge im Westen werden als Kordilleren bezeichnet. Sie gliedern sich in mehrere Gebirgsketten, zum Beispiel in die Alaskakette, die Sierra Nevada und die Rocky Mountains. Dazwischen befinden sich ausgedehnte Hochflächen, zum Beispiel das Colorado-Plateau und Beckenlandschaften. Hier gibt es viele aktive Vulkane und heiße Quellen, die Geysire.

M2 *Großlandschaften*

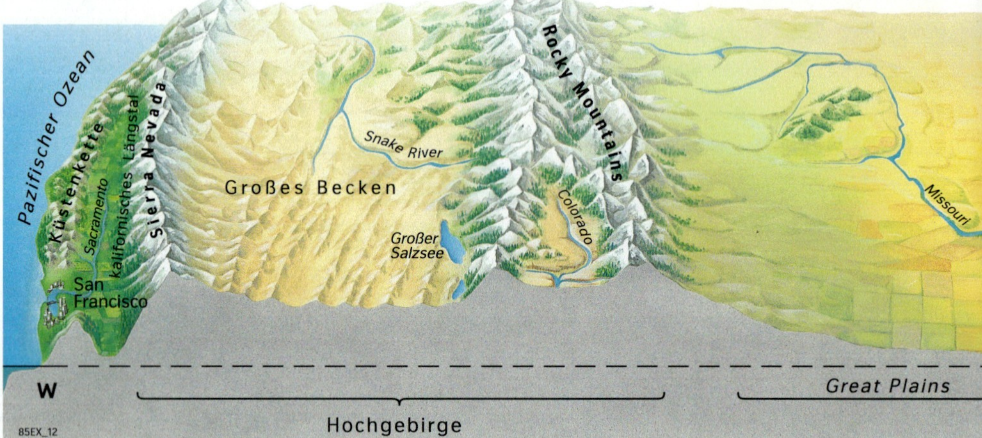

M3 *Landschaftsprofil durch Nordamerika (Profillinie in M2)*

1. Beschreibe das Relief Nordamerikas (M3, Atlas).

2. Ordnet die Fotos den Großlandschaften zu (M1, M2, M4–M6, Atlas).

3. Ergänze deine mitwachsende Karte von Nordamerika um die vier Großlandschaften sowie die Großen Seen (M2, M3, Atlas, vgl. S. 9 Aufgabe 3 und Methode S. 201).

M5 *Prärie in North Dakota*

M6 *Landschaft am Mount Mitchell*

Die Inneren Ebenen

Östlich der Kordilleren dehnen sich die Inneren Ebenen aus, eine unendlich erscheinende, fast ebene Landschaft. Sie erstreckt sich von den Großen Seen bis zum Golf von Mexiko. Die Inneren Ebenen werden vom Mississippi und seinen Nebenflüssen durchflossen. Dieses trockene Gebiet wird heute intensiv landwirtschaftlich genutzt.

Die Appalachen

Die östliche Begrenzung der Inneren Ebenen ist ein Gebirge mit Mittelgebirgscharakter, die Appalachen. Sie fallen nach Osten allmählich, zum Küstentiefland dann steil ab. Das Gebirge erreicht Höhen über 2000 m und ist mit Wald bedeckt. In den Appalachen entspringen zwei große Nebenflüsse des Mississippi, der Ohio und der Tennessee.

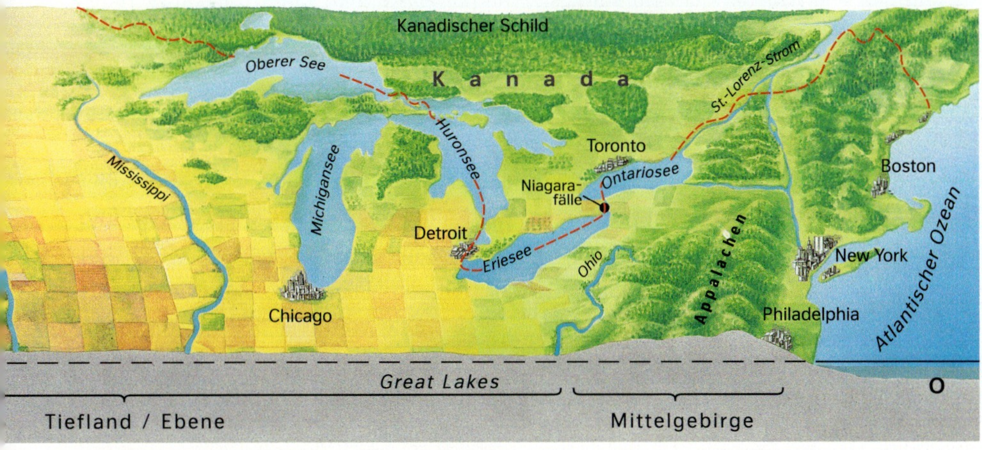

Die Großen Seen

Die fünf Großen Seen (Great Lakes) sind der größte Süßwasserspeicher der Erde. Der Wasserspiegel der Seen liegt unterschiedlich hoch. Den Höhenunterschied zwischen Erie- und Ontariosee überwindet der Niagarafluss mit den riesigen Niagarafällen. Hier stürzen die Wassermassen etwa 50 m in die Tiefe.

4 (M) Vergleicht den Naturraum Nordamerikas mit dem Europas (Atlas). Beachtet dabei folgende Merkmale:

- Gebirge
- Tiefländer und Ebenen
- Flüsse
- Seen
- Meere und Ozeane
- Waldlandschaften

M1 *Tsunami-Warnschild an der Pazifikküste*

M2 *Tornado in North Dakota*

Die größten Naturgefahren

Entlang der Westküste der USA verlaufen zwei Plattengrenzen. Diese sind ineinander verhakt. Manchmal entlädt sich die Spannung ruckartig und verursacht **Erdbeben**. Da es in den Großstädten Los Angeles und San Francisco länger kein starkes Beben mehr gegeben hat, befürchten die Bewohner das nächste „The Big One", so der Name des größten Erdbebens von 1906. Entlang der Plattengrenze liegen auch die meisten Vulkane des Landes.
Tornados sind plötzlich auftretende, starke Wirbelstürme von meist 50 bis 100 m Durchmesser. Die rotierenden Rüssel erzeugen einen extremen Unterdruck, der eine große Zerstörungskraft entwickelt. Die Wirbelstürme entstehen an der Grenze von sehr kalten und sehr warmen Luftmassen.
Blizzards sind Eis- und Schneestürme mit hohen Windgeschwindigkeiten. Die Polarluft kann aus Kanada bis in die Mitte der USA vordringen, da es keine großen Gebirge in Ost-West-Richtung gibt. Ganze Regionen können durch Blizzards tagelang lahmgelegt werden.
Hurrikans sind tropische Wirbelstürme. Sie erreichen Windgeschwindigkeiten von bis zu 300 km / h. Die Stürme bilden sich in der Regel aus Tiefdruckgebieten über dem Atlantischen Ozean und ziehen ihre Energie aus der feuchtwarmen Meeresluft im Golf von Mexiko. Hurrikans haben eine Ausdehnung von über 500 km. Auf dem Festland verlieren die Stürme an Kraft, da der Energienachschub fehlt. Hurrikans fordern nicht selten Todesopfer und verursachen Schäden in Milliardenhöhe.

1. Lokalisiere die Naturgefahren auf den Fotos in der Karte (M1 – M5).
2. Beschreibe die räumliche Verbreitung der einzelnen Naturgefahren in den USA (M4).

M3 *Hurrikan trifft auf die Küste der USA.*

M5 *Vereiste Hausfassade nach Löscharbeiten während eines Blizzards*

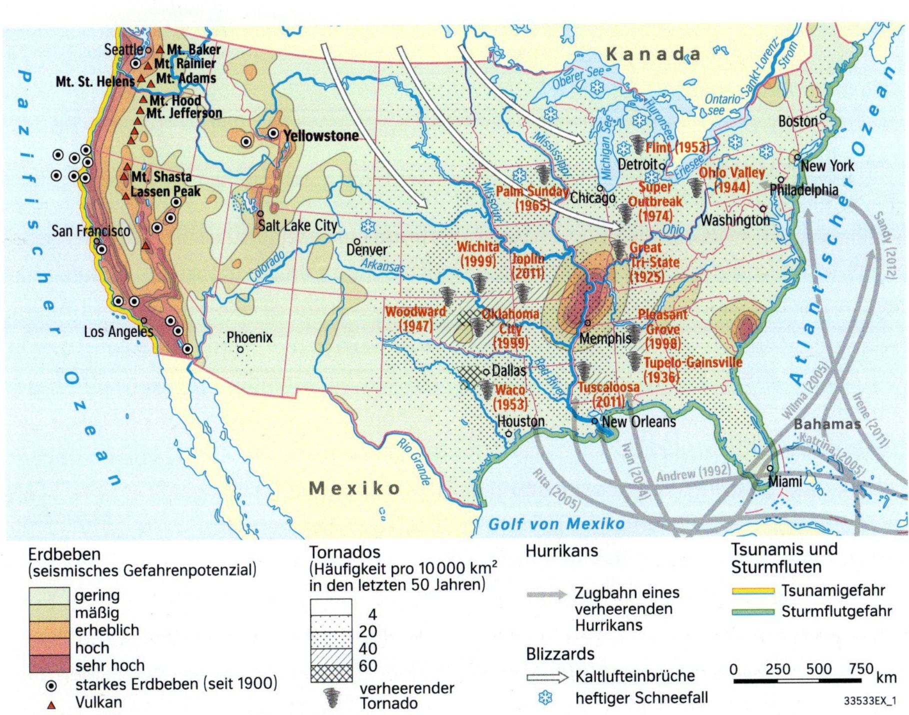

M4 *Naturgefahren in den USA*

3 Ergänze deine mitwachsende Arbeitskarte um das Thema Naturgefahren in den USA (vgl. S. 9 Aufgabe 3, Methode S. 201).

4 (M) Vergleiche das Vorkommen von Naturgefahren in den USA mit dem in Europa (M4, Atlas).

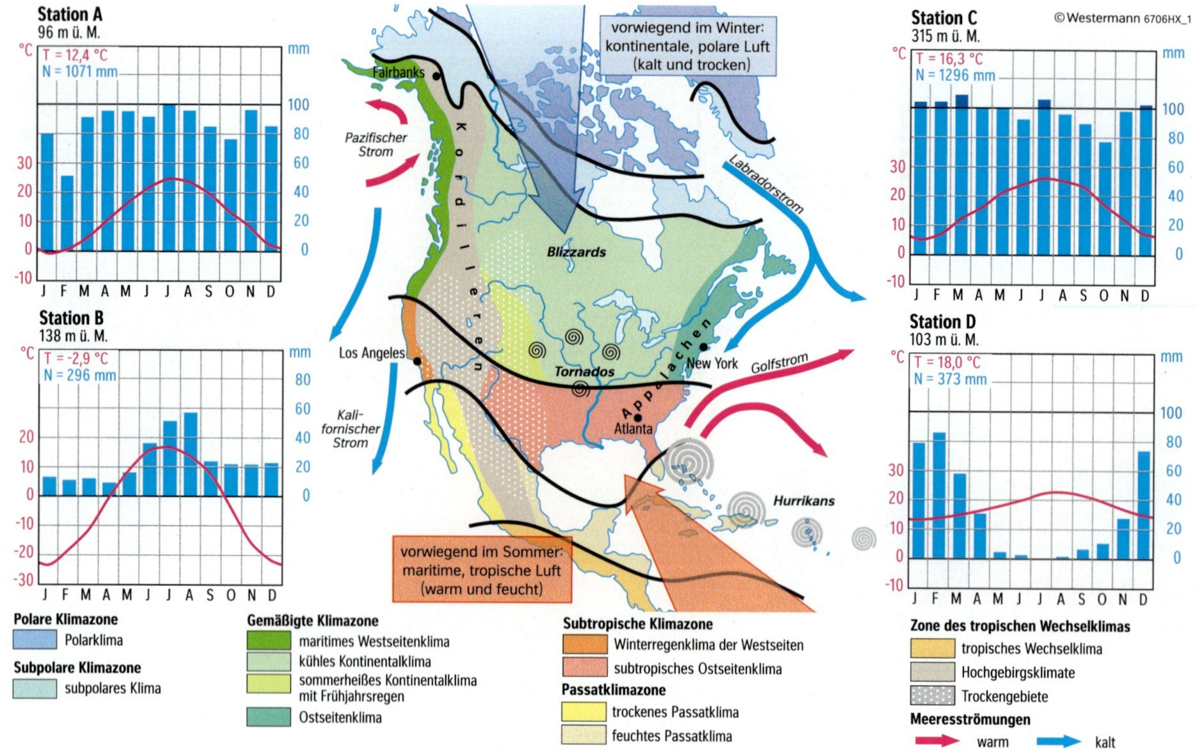

M1 *Klimazonen und Klimadiagramme Nordamerikas*

Das Klima Nordamerikas

Die Abfolge der Klimazonen von Nord nach Süd ist in Nordamerika und in Europa ähnlich. Ein großer Teil Nordamerikas liegt in der gemäßigten Klimazone. Dennoch unterscheiden sich die Temperatur- und Niederschlagsverhältnisse in Orten mit gleicher Breitenlage auf den beiden Kontinenten oft erheblich.

In New York sind im Winter Kälteeinbrüche mit Temperaturen unter -20 °C und heftigen Schneestürmen keine Seltenheit. In Europa hingegen kommen solche kalten Temperaturen in Rom und Neapel, die auf einer ähnlichen geographischen Breitenlage liegen, nicht vor.

Eine Ursache für die klimatischen Besonderheiten liegt in der Ausrichtung der Gebirge. In Nordamerika verlaufen die Gebirgsketten der Kordilleren und Appalachen nahezu in Nord-Süd-Richtung. Von Westen kommende, feuchte Luftmassen regnen sich bereits an der Westseite der Kordilleren ab und erreichen das Innere des Kontinents nicht.

Dagegen können warme, feuchte Luftmassen aus dem Süden vom Golf von Mexiko ungehindert bis weit in den Norden gelangen. Umgekehrt kann kalte Polarluft vom Norden bis tief in den Süden vordringen.

1 a) Beschreibt die Verteilung der Klimazonen in Nordamerika (M1).
b) Ordnet die Klimadiagramme A–D den passenden Orten in der Karte zu (M1).

2 (M) Vergleicht Klimadiagramme aus den USA und aus Europa miteinander. Wählt Orte mit ähnlicher Breitenlage, wie z. B. New York und Rom (M1, M5, Atlas, vgl. Methode S. 202).

M2 *Schneesturm in New York*

M4 *Gefrorene Orangen in Florida*

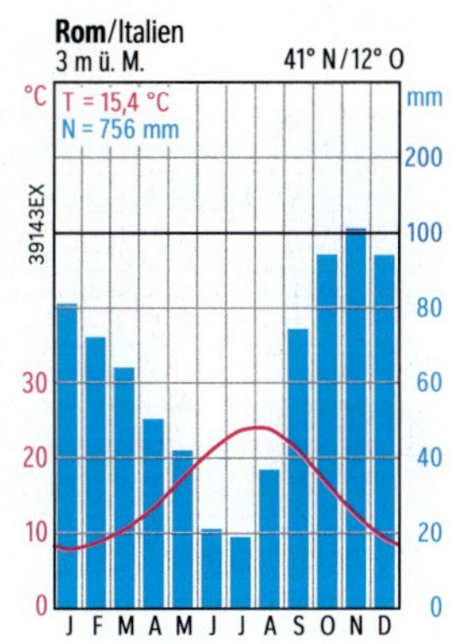

M5 *Klimadiagramm von Rom (Italien)*

Im Winter dringen oft polare Luftmassen weit nach Süden vor und verursachen Kälteeinbrüche bis zum Golf von Mexiko. Solche Kälteeinbrüche treten oft in Verbindung mit Blizzards auf: Die starken, kalten Winde sorgen für ergiebige Schneefälle und starke Schneeverwehungen. Blizzards zerstören Gebäude und Bäume. Es kommt zu Stromausfällen und Verkehrsbehinderungen. Viele Todesfälle aufgrund von Blizzards sind auf Verkehrsunfälle und Herzinfarkte infolge von Überanstrengung beim Schneeschaufeln zurückzuführen.

M3 *Gefahr aus dem Norden*

Extreme Hitze, extreme Kälte und noch viel mehr ...

Neben den Blizzards gibt es eine zweite Gefahr aus dem Norden: polare Kaltluft mit gefrierendem Regen. Die extrem niedrige Temperatur kann innerhalb weniger Minuten schwere Erfrierungen verursachen. Sowohl Menschen als auch Pflanzen sind betroffen.

Im Sommer wehen feuchtheiße Luftmassen aus dem Golf von Mexiko bis weit in den Norden. Sie bringen meist viel Regen mit sich und führen zu Überschwemmungen. Es herrscht dann wochenlang anhaltendes tropisches Klima mit hoher Luftfeuchtigkeit. Daraus entwickeln sich oftmals Tornados und Hurrikans.

Auch Meeresströmungen haben große Auswirkungen auf das Klima. So sorgt zum Beispiel der kalte Kalifornienstrom für niedrige Wassertemperaturen an der Küste Kaliforniens. Daher sind an den Stränden von San Francisco oftmals nur wenige Badeurlauber anzutreffen.

An der Ostküste bewirkt der kalte Labradorstrom im Winter ein raues Klima. Es beschert den nördlichen Küstenregionen extreme Kälte und ergiebige Schneefälle.

3 a) Beschreibe die Zugbahnen der warmen und kalten Luftmassen (M1).
b) Nenne betroffene Regionen der USA (M1, Atlas).

4 (M) a) Vergleicht die Ausrichtung der Hochgebirge in Nordamerika und in Europa (Atlas).
b) Nennt Folgen, die der Verlauf der Gebirge auf das Klima hat (M1–M4).

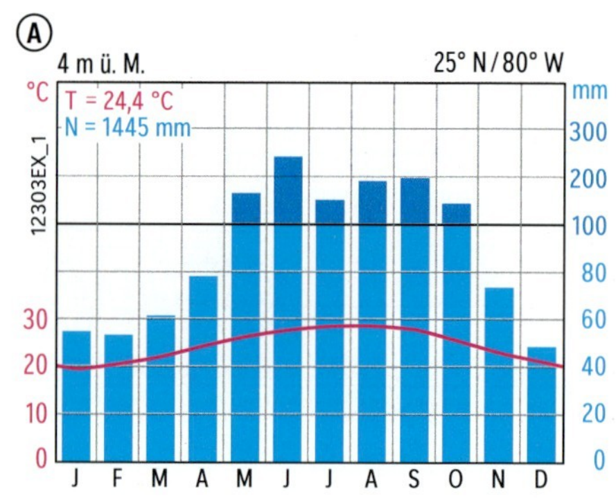

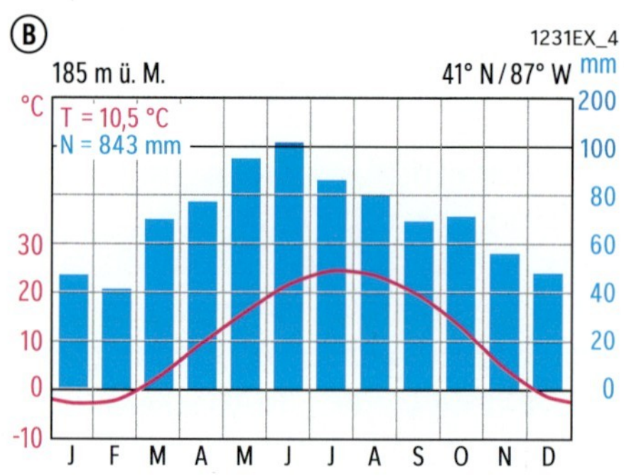

M1 *Vegetation und Klima in den USA*

Hi, ich bin Jamie und lebe in Anchorage in Alaska. Bei uns sind die Winter besonders kalt und dauern sehr lange. Die Temperaturunterschiede zwischen Sommer und Winter sind sehr groß. Regen gibt es nur im Sommer. Den Rest des Jahres fällt Schnee, allerdings nur sehr wenig. Da es lange kalt ist und wenig Regen fällt, wächst hier nur Nadelwald.

Mein Name ist Sarah und ich wohne in Chicago, in Illinois. Hier sind die Sommer sehr warm. Dafür kann es im Winter durch Blizzards sehr kalt werden, dann friert sogar der Lake Michigan zu. Im Sommer gehen wir oft an den See zum Baden. Mein Vater ist Manager in einem Lebensmittelkonzern. Er kauft landwirtschaftliche Produkte von großen Farmen im gesamten Mittleren Westen.

M2 *Jamie und Sarah berichten.*

1 a) Lokalisiert die Wohnorte der vier Jugendlichen (M2, M3, Atlas).
b) Ordnet den Aussagen der Jugendlichen die Klimadiagramme Ⓐ–Ⓓ und die Fotos ①–④ zu (M1–M3).

2 Beschreibt die Vegetation in den vier Bundesstaaten Alaska, Illinois, Florida und Nevada (M1–M3, Atlas).

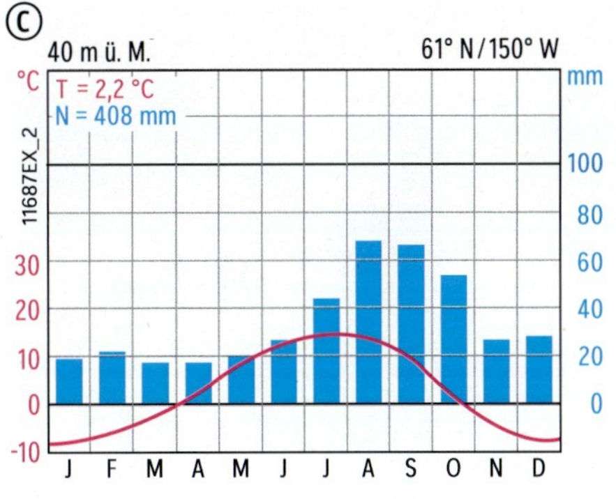

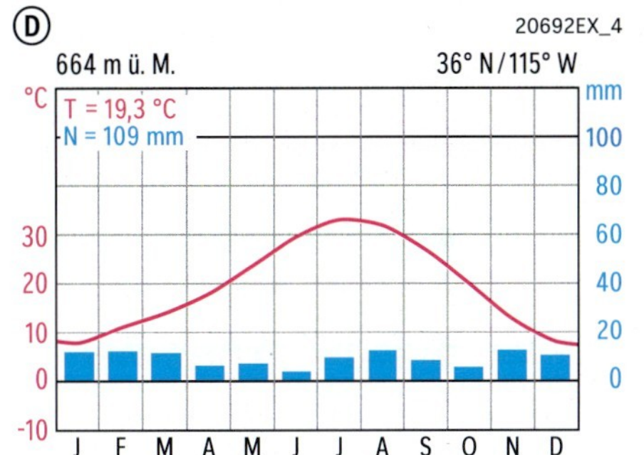

Mein Name ist Maria und ich lebe in Miami in Florida. Bei uns ist es das ganze Jahr sehr warm. Schnee habe ich noch nie gesehen. Ich gehe oft an den Strand oder spaziere über die palmengesäumte Promenade und beobachte die Touristen. Allerdings regnet es auch oft, besonders heftig von Juni bis November. Gefährlich sind in dieser Zeit die Hurrikans.

Hi, ich bin Brad und lebe in Las Vegas in Nevada. Hier regnet es fast nie und im Sommer kann es sehr heiß werden. Um Las Vegas herum gibt es nur Wüste. Zum Glück fließt der Colorado River in der Nähe. Er versorgt die Stadt mit Wasser und Strom. Viele Nachbarn haben einen Pool und es gibt sogar Golfplätze mitten in der Wüste. Auch die vielen Touristen verbrauchen Wasser. Das ist ein Problem.

M3 ***Maria und Brad berichten.***

3 Du hast die Chance, ein Jahr in den USA zu leben, und bekommst Zusagen aus den Wohnorten der Jugendlichen.

a) Analysiere, welche Naturgefahren die vier Orte bedrohen könnten (vgl. S. 13 M4).

b) Vergleiche das Klima der vier Orte mit dem Klima von München (vgl. Methode S. 202).

c) Begründe, für welchen Ort du dich entscheiden würdest.

M1 *Lage der USA*

M2 *Häuserdekoration im Wechsel der Jahreszeiten*

Amerikanisierung der Welt

Die USA (United States of America, Vereinigte Staaten von Amerika) bestehen aus 50 Bundesstaaten. Davon nehmen 48 fast den gesamten Süden Nordamerikas ein. Der 49. Staat Alaska liegt, getrennt durch Kanada, im Nordwesten des Kontinents. Im Pazifischen Ozean befindet sich fast 4000 km vom Festland entfernt der 50. Bundesstaat, die Inselgruppe Hawaii. Die Hauptstadt der USA ist Washington D.C. (District of Columbia).

Mit einer Fläche von rund 9,8 Mio. km² sind die Vereinigten Staaten von Amerika das drittgrößte Land der Erde und fast so groß wie der Kontinent Europa.

Seit Jahrzehnten nimmt die US-amerikanische Lebens- und Wirtschaftsweise Einfluss auf unseren Alltag. Dies zeigt sich vor allem in der Kleidung, Musik, in Fast-Food-Ketten, Shoppingmalls und in unserer Sprache. US-amerikanische Feiertage wie Halloween und der Valentinstag werden auch bei uns vermarktet.

Weltweit wird die Medienlandschaft durch die USA geprägt. Filme aus den Studios in Hollywood spielen Millionengewinne ein. Die Oskar-Verleihung ist ein globales Medienereignis.

USA

Hauptstadt: Washington, D. C.
Fläche: ca. 9,85 Mio. km²
Einwohner: 328 Mio.
Bevölkerungsdichte: 33 EW/km²
Städtische Bevölkerung: 82 %
Einkommen: 62 152 US-$ pro EW/Jahr
Währung: US-Dollar ($)

M3 *Steckbrief USA (2018)*

1 a) Beschreibt die Lage der USA (M1, Atlas, Karte Buchdeckel).
b) Lokalisiert euch bekannte Bundesstaaten der USA (z. B. Kalifornien, Florida, Texas) (Atlas).

2 Nennt Beispiele der „Amerikanisierung“ in eurem Alltag.

3 Erstellt einen Steckbrief zu den USA mit aktuellen Daten und weiteren Angaben (M3, Internet).

M4 *Shoppingmall*

Mallwalker

Bevor die Malls ihre Tore um 10 Uhr für die Besucher öffnen, erobern die Mallwalker den noch leeren Raum für sich. Sie gehen stramm spazieren. Die Initiative will Menschen dazu bringen, sich mehr zu bewegen. Für die US-amerikanischen Vorstadtbewohner ist woanders kein Platz dafür: Gewerbezonen, bewachte Wohnstraßen, unstrukturiertes Land ohne Menschen. In der Mall sind sie sicher und ungestört vor der Witterung. Mallwalker sind meist ältere Menschen.

American Way of Life

In den USA hat sich ein eigener, typischer Lebensstil entwickelt. Zum Beispiel sind in den USA Shoppingmalls beliebte Treffpunkte für Teenager, Nachbarn und Familien. Vor allem für Menschen auf dem Land und in Kleinstädten ist die Mall ein zentraler Treffpunkt. Neben den Geschäften befinden sich hier unter anderem Restaurants, Kinos, Eislaufbahnen, Fitnessstudios und eine Vielzahl an Attraktionen für Kinder. Große Malls, wie die Mall of America in Minneapolis, haben eigene Hotels und einen Shuttleservice vom Flughafen zur Mall. Einige Shoppingmalls ziehen sogar mehr Touristen an als die nationalen Sehenswürdigkeiten.

Weitere typische Merkmale des US-amerikanischen Lebensstils sind zum Beispiel:

- If you can dream it, you can do it.
- Ansicht, dass sich Bildung und harte Arbeit bezahlt machen
- lockerer Umgang zwischen Personen unterschiedlicher Gesellschaftsschichten
- Hilfsbereitschaft gegenüber Anderen, ehrenamtliche Tätigkeiten
- „Zeit ist Geld."
- vom Tellerwäscher zum Millionär
- Yes, we can.

Freizeitparks sind beliebte „Sehenswürdigkeiten" in den USA. Touristen und Einheimische genießen es, ihre Freizeit in den künstlichen Welten zu verbringen. Mittlerweile gibt es Freizeitparks nach US-amerikanischem Vorbild auch in Europa und weltweit.

M5 *Freizeitparks*

4 a) Vergleiche den Lebensstil der US-amerikanischen Gesellschaft mit deinen eigenen Lebensvorstellungen.
b) Bewerte, was dir an diesem Lebensstil gefällt bzw. nicht gefällt.

5 a) Erstellt ein Plakat „Typisch US-amerikanisch – typisch deutsch".
b) Diskutiert in der Klasse über eure Ergebnisse.

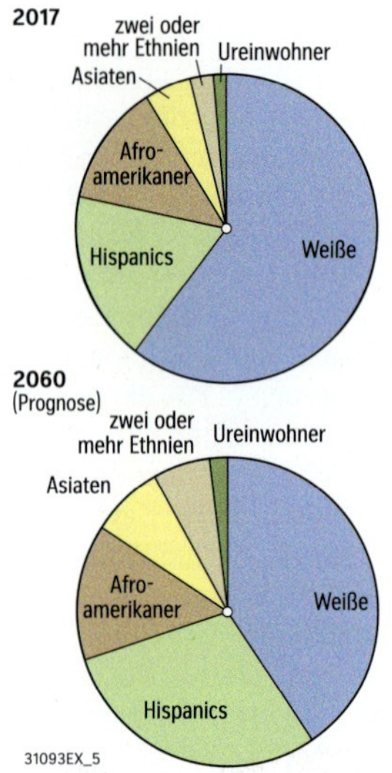

M1 *Bevölkerungszusammensetzung der USA*

M2 *Menschen am Grenzzaun zwischen den USA und Mexiko in Tijuana*

Einwanderungsland USA

Die USA sind ein klassisches Einwanderungsland, denn 99 Prozent aller US-Amerikaner stammen von Zuwanderern aus aller Welt ab. Lediglich ein Prozent sind Nachfahren der Ureinwohner. Die Mehrzahl der US-Amerikaner stammt momentan noch von Europäern ab.

Doch die Bevölkerungszusammensetzung wird sich ändern. Der Anteil der Europastämmigen wird schrumpfen, vor allem zugunsten der lateinamerikanischen Bevölkerung, der sogenannten Hispanics. Sie werden 2060 etwa ein Drittel der Bevölkerung ausmachen.

In den USA fürchten Teile der Bevölkerung und einige Politiker diese Entwicklung. Deshalb wurde die Grenze zu Mexiko durch einen Zaun gesichert. Immer wieder sterben Menschen beim Versuch, die Grenze zu überwinden.

Ich bin vor eineinhalb Jahren in die USA gekommen. Zuhause gibt es keine Arbeit und es herrscht große Armut. Heute arbeite ich illegal als Erntehelfer in Kalifornien. Der Lohn ist zwar niedrig, aber immerhin habe ich einen Job. Wir arbeiten elf Stunden täglich. Nur sonntags haben wir frei. Wir arbeiten ständig in gebückter Haltung. Abends habe ich oft Rückenschmerzen. Die Pflanzenschutzmittel greifen die Atemwege an. Dennoch hatte ich Glück, denn mein Boss bezahlt mich immer pünktlich. Wir wohnen zu sechst in einer kleinen Hütte auf der Farm. Die Hütte ist sauber. Wenn wir mal krank werden, haben wir sogar die Möglichkeit, einen Arzt aufzusuchen. Das ist nicht überall so.
Ich spare jeden übrigen Cent meines Lohnes für eine kleine Farm in Mexiko, die ich zusammen mit meiner Freundin Marina kaufen möchte.

M3 *Der Mexikaner Ricardo (22) berichtet.*

1. Werte die Entwicklung zur Bevölkerungszusammensetzung der USA aus (M1).

2. Beschreibe, wie sich das Leben von Ricardo entwickeln könnte (M3).

M4 Ethnic Neighborhoods in Manhattan (New York City)

M7 Die Migranten kamen vor ihrer Ankunft auf Ellis Island (Vordergrund) immer an der Freiheitsstatue vorbei.

Für viele Migranten war New York City das Tor in die USA. Von 1900 bis 1954 mussten alle Einwanderer über die Sammelstelle „Ellis Island" nach New York City einreisen. Wer die Tests bestand, konnte weiterreisen. Viele blieben in New York City. Dabei suchten sie die Nähe zu Menschen der gleichen Nationalität. Es bildeten sich Ethnic Neigborhoods, die zum Teil bis heute fortbestehen. Es wird angenommen, dass etwa 40 Prozent aller US-Amerikaner Vorfahren haben, die über Ellis Island in die USA einreisten. An Spitzentagen waren es etwa 12 000 Menschen.

M5 New York City – Tor in die USA (Foto: Ankunft von europäischen Migranten auf Ellis Island 1910)

M6 Chinatown in New York City

M8 Little Italy in New York City

3 Diskutiert die Vor- und Nachteile von Grenzzäunen und Mauern zwischen Staaten (M2).

4 a) Weise nach, dass New York eine Stadt der Einwanderer ist (M4–M8).
b) Lokalisiere Ellis Island (M7, Atlas).

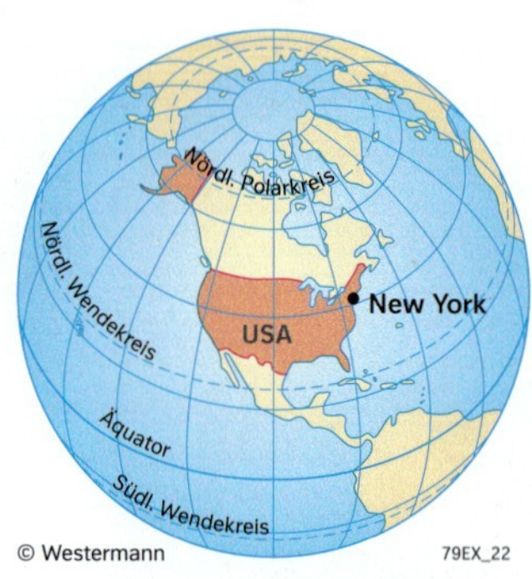

M1 *Lage von New York City*

M3 *Skyline von New York City*

M2 *Freiheitsstatue*

New York zieht Menschen an

„Ladies and Gentlemen, ich freue mich sehr, Sie auf unserer Stadtrundfahrt durch New York City – die Stadt, die niemals schläft – begrüßen zu dürfen!" Die Begeisterung, mit der Bill Leary seine Gäste auf dem Doppeldeckerbus empfängt, ist echt. Seit über 20 Jahren zeigt er Touristen seine Stadt. Die größte Stadt der USA ist seit den Einwanderungswellen zu Beginn des 20. Jahrhunderts ein Magnet für Menschen aus aller Welt geworden. „Zuwanderer haben die Stadt geprägt", erklärt Bill, „wir durchfahren beispielsweise gerade Chinatown." Wenig später überquert der Bus den aufgrund seiner vielen Theater weltweit bekannten Broadway und Bill weist seine Gäste auf dessen besonderen Verlauf hin: „Das New Yorker Straßensystem ist nach einem Schachbrettmuster aufgebaut, der Broadway ist jedoch eine Ausnahme. Die Straße geht auf einen alten Indianerpfad zurück, dessen Verlauf die ersten Siedler übernahmen."

Selbstverständlich zeigt Bill auch die anderen Sehenswürdigkeiten, mit denen die Stadt traditionell in Verbindung gebracht wird, wie die Freiheitsstatue, die Skyline von Manhattan, die überdimensionalen Leuchtreklamen am Times Square und die grüne Lunge der Stadt, den Central Park. Nach der Arbeit fährt Bill mit der U-Bahn von Manhattan in die Bronx. Er kann sich in der Innenstadt keine Wohnung leisten.

M4 *Central Park*

1 Erstellt Präsentationen zu New York (vgl. Methode S. 203).
a) Die Stadtteile von New York: Unterschiede, Besonderheiten (M3, M6, vgl. S. 21, Atlas, Internet).
b) Tourismus in New York: Sehenswürdigkeiten und eine Besichtigungsroute durch die Stadt (M2–M4, Reiseführer, Internet).

M5 *Handel an der New Yorker Börse*

M7 *Das UN-Gebäude – Hauptsitz der Vereinten Nationen*

Global City New York

In den fünf Stadtteilen von New York leben über 8,4 Mio. Menschen. Zahlreiche nationale und internationale Firmen und Organisationen haben ihren Hauptsitz in einem der vielen Wolkenkratzer Manhattans. Hier werden Entscheidungen mit globalen Auswirkungen getroffen. Die New Yorker Börse an der Wallstreet ist einer der weltweit wichtigsten Finanzplätze. Zur **Rushhour** in den Morgenstunden und am Abend pendeln viele mit der Subway (U-Bahn) zwischen dem Arbeitsplatz in Manhattan und ihrer Wohnung. Die meisten Menschen leben in den anderen Stadtteilen von New York oder in New Jersey außerhalb der Stadtgrenzen. Da auf den Straßen ständig Stau herrscht, ist die Subway das schnellste und eines der wichtigsten Verkehrsmittel der **Global City**.

i Global City
Weltstadt mit Steuerungsfunktion für die Weltwirtschaft und -politik. Nur die bedeutendsten (nicht die größten!) Städte gelten als Global City.

Überall, besonders aber bei jungen Leuten, ist der Trend zum Leben in der Stadt zu erkennen. Der Stadtteil Manhattan ist zu einem Platz sehr wohlhabender Menschen geworden. Die Eintrittskarte, um hier zu leben, ist ein Bankkonto mit mindestens einer Million Dollar. Für Normalverdiener wie Lehrer und Familien mit Kindern wird es zunehmend unmöglich, in Manhattan zu bleiben. Aber auch die anderen Stadtteile von New York erleben diesen Wandel, die Immobilienpreise explodieren. Das führt zu Problemen: Mieterhöhungen bewirken, dass sich die Menschen die Wohnungen nicht mehr leisten können. Betroffen sind davon sowohl neu zuziehende Menschen als auch Alt-Mieter. Der Kauf von einer Wohnung ist für Normalverdiener sowieso fast unerschwinglich.

M6 *Ein Immobilienmakler in Manhattan berichtet.*

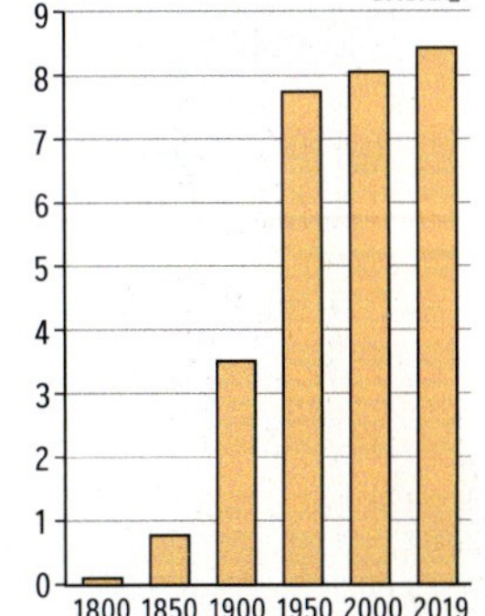

M8 *Bevölkerungsentwicklung von New York*

c) Die Stadtgeschichte und Bevölkerungsentwicklung von New York (M8, vgl. S. 21, Internet).

d) Merkmale der Global City New York (M5, M7, Atlas, Internet).

M1 *Marina City Hochhaus und Parkhaus*

M2 *Schrägluftbild von Chicago*

Kennst du eine – kennst du alle?

Die nordamerikanischen Städte sind relativ jung. Die meisten Gründungen erfolgten im 18. und 19. Jahrhundert. Die Städte nehmen in der Regel große Flächen ein. Im Zentrum, dem sogenannten **Central Business District (CBD)**, stehen die höchsten Gebäude der Stadt. Das Zentrum ist dicht bebaut und die Mieten sind sehr hoch. Die Bebauung der übrigen Stadtfläche zeichnet sich durch mehrstöckige Häuser aus und geht in Richtung Stadtrand in Einfamilienhäuser über.

Ein weiteres Kennzeichen der nordamerikanischen Stadt ist das schematische, meist schachbrettartige Straßennetz. Viele Straßen sind systematisch nummeriert und tragen den Zusatz Street oder Avenue. Zu einer nordamerikanischen Stadt gehören auch Vororte, **Suburbs** genannt. Sie sind die Bereiche einer Stadt, die wachsen. Der schachbrettartige Grundriss, die typische Bebauung und auch die Funktionen einzelner Stadtteile finden sich in jeder nordamerikanischen Großstadt.

1 a) Recherchiert, warum es in den USA keine „alten“ Städte (z. B. aus dem Mittelalter) gibt (Internet).
b) Recherchiert, wie es zu dem schachbrettartigen Straßennetz in nordamerikanischen Städten gekommen ist (M2, Internet).

2 a) Ordnet am Luftbild von Chicago den CBD, die Downtown und den Übergangsbereich zu (M2 – M4).
b) Nutzt einen Online-Globus, um auch die weiteren Bereiche zu erkennen (M4).

CBD und Downtown
Der Central Business District bildet das Geschäftszentrum der Stadt. Er ist durch viele Wolkenkratzer und große Firmensitze gekennzeichnet. Die Downtown ist der weitere Kernbereich um den CBD und wird durch eine Hochhausbebauung geprägt. Hier treffen sich die Hauptverkehrswege der Stadt und es sind Hotels, Büros, Handels- und Dienstleistungseinrichtungen ansässig.

Übergangsbereich
Mehrgeschossige Wohnhäuser und kleine Industriebetriebe prägen diesen Teil der Stadt. Außerdem befinden sich in diesem Bereich oft Gated Communities. Das sind von Zäunen und Mauern umgebene Wohnanlagen der Mittel- und Oberschicht. Insgesamt gibt es in den USA mehr als 80 000 Gated Communities, in Deutschland erst einige wenige.

Umland
Im Umland befinden sich die Suburbs (Vororte), die durch Einfamilienhäuser und Versorgungseinrichtungen geprägt sind. An wichtigen Verkehrsknotenpunkten entstanden Außenstadtzentren (Edge Cities). Hier haben sich Industriebetriebe, große Shoppingmalls, Freizeit- und Bildungseinrichtungen sowie Einrichtungen der Forschung und Entwicklung angesiedelt.

M3 *Bereiche der nordamerikanischen Stadt*

Das Modell der nordamerikanischen Stadt

Da die Großstädte in den USA alle einen sehr ähnlichen Aufbau haben, kann man diesen in einem Modell darstellen. Die typischen Bestandteile der nordamerikanischen Stadt sind: der Central Business District, die **Downtown**, ein Übergangsbereich und das Umland.

Das Leben in abgeschlossenen Wohnsiedlungen, den **Gated Communities**, ist ein weiteres Merkmal. Über 15 Prozent der US-amerikanischen Bevölkerung leben in solch einer Siedlung.

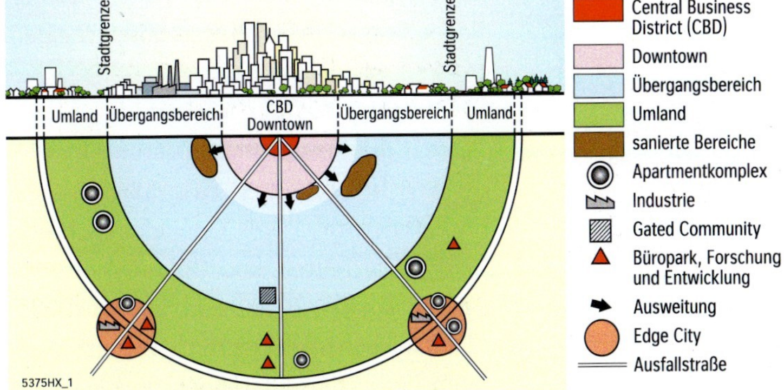

M4 *Modell der US-amerikanischen Stadt*

3 a) Beschreibe das Modell der nordamerikanischen Stadt (M3, M4).
b) Vergleiche das Modell der nordamerikanischen Stadt mit dem Aufbau weiterer US-amerikanischer Großstädte (Atlas, Online-Globus).

4 Bewertet die Wohnform der Gated Communities (M3, M4).

5 Erstellt eine Präsentation zu einer nordamerikanischen Großstadt (vgl. Methode S. 203, Internet).

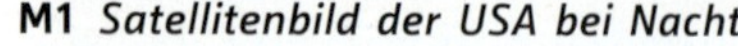

M1 *Satellitenbild der USA bei Nacht*

M2 *Berufsverkehr Richtung Downtown L.A.*

Urban life forms

Yuppies (Young urban professionals): Personen, bei denen die Karriere im Mittelpunkt des Lebens steht

Dinks (Double income, no kids): Paare, die ohne Kinder ein höheres Einkommen haben

Hipster: Personen, die einen modernen und angesagten Lebensstil verfolgen (Szenebewusstsein). Sie grenzen sich vom Mainstream durch ihre Ernährung, Kleidung, ihren Musikgeschmack und ihre Hobbies ab.

Veränderungen innerhalb der Stadtregion

1781 wurde an der Stelle des heutigen Los Angeles eine kleine Missionsstation gegründet. Heute ist Los Angeles die zweitgrößte Stadt der USA. Die Stadtentwicklung in den USA wurde vor allem durch die Motorisierung geprägt. Im 20. und 21. Jahrhundert lassen sich verschiedene Entwicklungsphasen unterscheiden.

1. Wegzug aus der Innenstadt

Durch die Massenmotorisierung kam es in den Innenstädten zu großen Problemen wie Staus und Umweltverschmutzung. Die Mittel- und Oberschicht wanderte an den Stadtrand ab, wo durch Einfamilienhäuser geprägte Wohnsiedlungen (Suburbs) entstanden. In die Stadtwohnungen zogen weniger wohlhabende Bevölkerungsschichten, langsam entstanden Armenviertel. Leerstände und Kriminalität wurden zum Problem.

2. Das Umland wächst weiter

Handel und Gewerbe zogen der Bevölkerung in die Suburbs hinterher. Es entstanden riesige Shoppingmalls. Der CBD verlor immer mehr an Bedeutung.
Auch Industrie und Großhandel wanderten in die Vororte ab, dort entstanden Industrieparks. Banken, Versicherungen und Verwaltungen folgten ins Umland.

3. Wiederaufwertung der Innenstädte

Die verwaisten und verfallenen Wohngebiete in der Nähe des CBD wurden teilweise abgerissen und es entstanden Dienstleistungszentren oder Luxuswohnquartiere. Hipster, Dinks und Yuppies ziehen nun wieder in die Innenstadt. Durch den erneuten Zuzug der Ober- und Mittelschicht erfolgte eine Aufwertung in den zentrumsnahen Gebieten und das Image der Innenstädte verbesserte sich.

1. Lokalisiert große US-amerikanische Städte in dem nächtlichen Satellitenbild (M1, Atlas).

2. Beschreibe die Veränderungen:
a) in den einzelnen Teilbereichen der Städte (M2, M3).
b) der Anteile der Stadt-Land-Bevölkerung (M5).

M3 *Wohnhäuser im Suburb von Los Angeles*

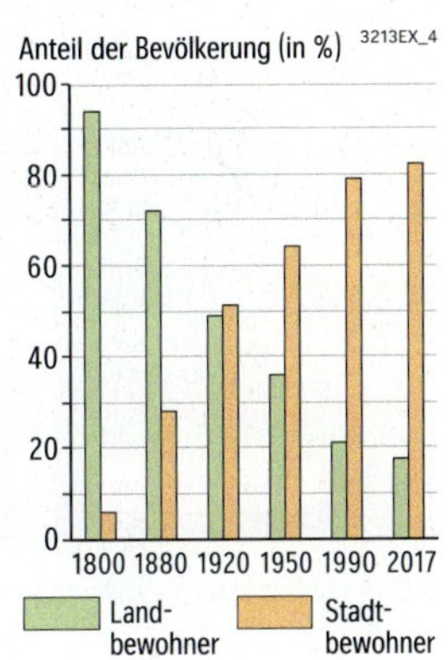

M5 *Anteil von Stadt- und Landbevölkerung in den USA*

Hallo, ich bin 14 Jahre alt und lebe mit meiner Familie in Los Angeles, Kalifornien. Genauer gesagt wohnen wir in Anaheim, einem Vorort oder Suburb von L. A. Hier gibt es nur Wohnhäuser und einige Einkaufszentren. Früher lebten wir in Phoenix, Arizona. Doch mein Dad bekam in L. A. einen besseren Job bei einer Bank. Als meine Eltern unser Haus in Anaheim kauften, haben sie sich die Nachbarschaft genau angesehen, denn bei uns ist es üblich, dass man in Gegenden zieht, in denen die Herkunft, Bildung oder das Einkommen der Menschen ähnlich sind. Es gibt sogar ganze Stadtteile, in denen nur Menschen mit der gleichen Herkunft wohnen. Jeden Morgen fahre ich mit dem Schulbus zur Schule, während meine Mom und mein Dad mit dem Auto zur Arbeit fahren. Dad arbeitet in Downtown. Dort gibt es vor allem Banken, Büros und Verwaltungseinrichtungen. Tagsüber ist dort viel los. Aber abends ist es leer, da dort fast niemand wohnt.
Meine Mom arbeitet in einer Kanzlei, die außerhalb der Stadt liegt. Sie hat nie Probleme, einen Parkplatz zu finden, weil dort viel mehr Platz als in der Innenstadt ist. Busse fahren allerdings nicht dorthin.
Am Nachmittag fahren wir häufig in eine Shoppingmall. Normalerweise brauchen wir mit dem Auto etwa eine halbe Stunde dorthin. Doch meistens stehen wir im Stau und benötigen mehr Zeit. Das ist besonders anstrengend, wenn wir wegen der Witterung und der Abgase Smog haben. Eine Alternative zum Auto gibt es aber nicht.

M4 *Lindsay berichtet.*

3 a) Berichte Lindsay über deine Wohn- und Lebenssituation.
b) Vergleiche deine Situation mit Lindsays (M4).

4 a) Bewertet die Aussage: „Die Suburbs sind gut für die Städte."
b) Bewertet die Urban life forms (Info).

M1 *Erfolgreiche Unternehmer der USA*

Spitzenposition der USA

Seit vielen Jahren sind die USA die führende Wirtschaftsmacht der Erde. Die USA stehen zwar nach der Einwohnerzahl an dritter Stelle unter den Ländern der Erde, nach ihrer Wirtschaftskraft übertreffen sie aber alle anderen Staaten bei Weitem. Viele der wirtschaftsstärksten Unternehmen der Welt stammen aus den USA. Sie kommen insbesondere aus den Bereichen Elektronik, Computerhardware und Software, Flugzeug- und Raketenbau, Medizintechnik und Biotechnologie. Die Wirtschaft in den asiatischen Ländern aber wächst rasant, darum stellt sich die Frage, ob die USA ihre Position halten können.

Der Wert der Waren und Dienstleistungen, die in den USA jedes Jahr hergestellt und erbracht werden (BIP, vgl. Info S. 51), wird von keinem anderen Land der Erde erreicht. Neben Kanada sind die USA auch einer der größten Produzenten und Exporteure landwirtschaftlicher Erzeugnisse. Sie sind Selbstversorger bei allen Agrarprodukten mit Ausnahme von Tropenfrüchten. Die Firmen mit den wertvollsten Marken der Welt haben ihren Sitz in den USA und dort gibt es die meisten Millionäre.

Land	Anzahl
USA	5322000
Japan	3151000
Deutschland	1350000
China	1119000
Frankreich	635000
Großbritannien	556000
Schweiz	384000
Kanada	362000
Italien	275000
Australien	266000

M2 *Dollar-Millionäre weltweit (2018)*

Land	BIP (in Mrd. US-Dollar)	BIP je Einwohner (in US-Dollar)
USA	20412	62152
China	14092	10087
Japan	5167	40849
Deutschland	4211	50841
Großbritannien	2936	44177
Frankreich	2925	44933
Indien	2848	2134
Italien	2181	35913
Brasilien	2138	10224

M3 *BIP verschiedener Länder (2018)*

1 a) Fertigt einen Steckbrief zu einer der Personen aus M1 an (Internet).
b) Stellt ein US-amerikanisches Unternehmen in einem Kurzvortrag vor (Internet).

2 Bewertet die unterschiedliche Reihenfolge der Länder beim BIP insgesamt und beim BIP pro Einwohner (M3).

M4 *Standortvorteile der USA (Auswahl)*

Gründe für den wirtschaftlichen Erfolg der USA

Dass die USA eine Weltwirtschaftsmacht werden konnten, liegt hauptsächlich an den vielen **Standortvorteilen** für die Unternehmen. Je nach den Anforderungen (z. B. Verfügbarkeit von geeignet qualifizierten Arbeitskräften) muss ein Standort zum Unternehmen passen. Diese Anforderungen bezeichnet man als **Standortfaktoren**.

Man unterscheidet harte und weiche Standortfaktoren. Harte Standortfaktoren gehen unmittelbar in die Kosten eines Unternehmens ein. Dazu gehören Grundstückspreise, Mieten, Lohnkosten, verfügbare Rohstoffe, vorhandene Infrastruktur, staatliche Förderungen, Höhe der Abgaben und Steuern.

Die weichen Standortfaktoren nehmen an Bedeutung zu, denn sie stehen für die Wohn- und Lebensbedingungen der Mitarbeiter sowie für das Image der Unternehmen und der Region, in der das Unternehmen ansässig ist.

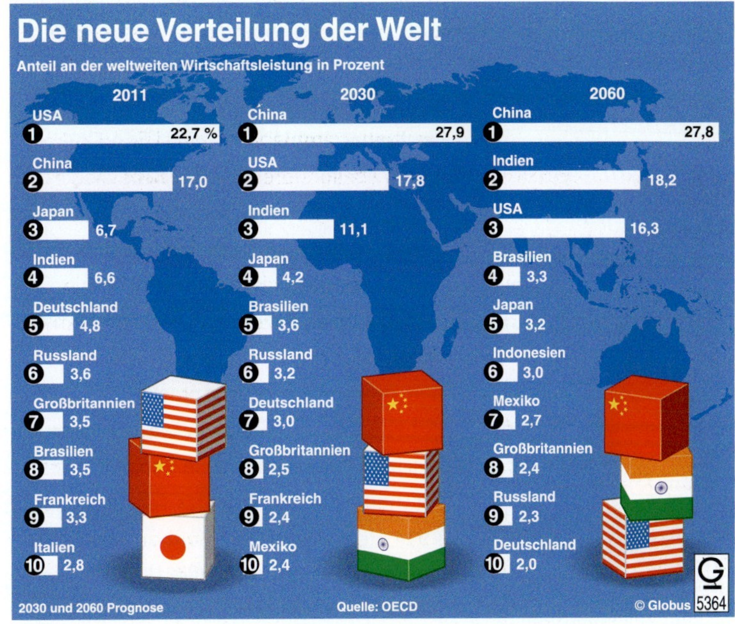

M5 *Weltweite Wirtschaftsleistung im Vergleich (Prognose)*

3 Begründe, warum die USA eine der bedeutendsten Wirtschaftsmächte der Welt sind (M4, M5).

4 Interpretiert die Prognose zur weltweiten Wirtschaftsleistung (M5).

5 Erstellt eine Prognose zur möglichen Entwicklung der Dollar-Millionäre weltweit (M2, M5).

- Bedeutungsverlust von Kohle und Stahl
- Bedeutungsverlust der ursprünglich angesiedelten Industrie
- Wegfall von Arbeitsplätzen und Abwanderung
- Strukturwandel durch Modernisierung und Ansiedlung moderner Wachstumsindustrien

M1 *Mögliches „Schicksal" altindustrieller Räume*

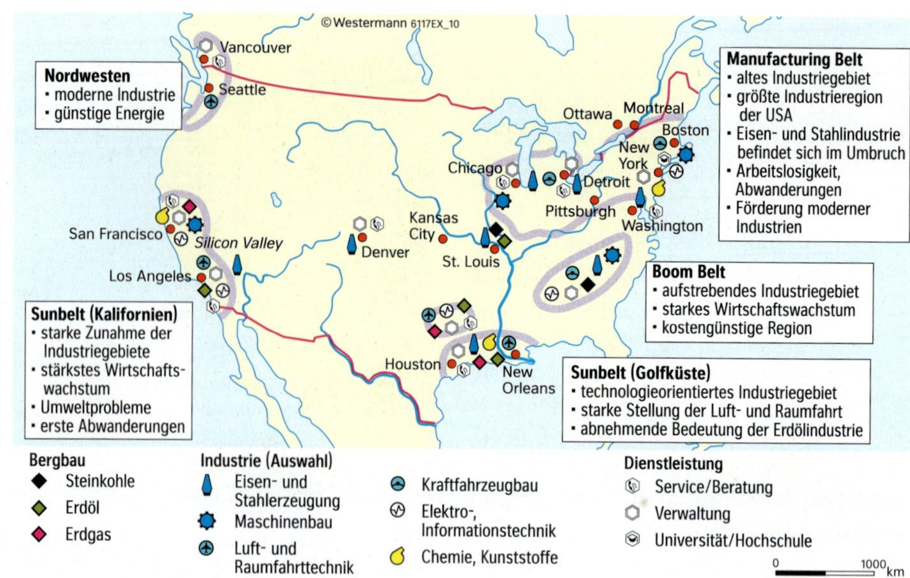

M2 *Bedeutende Industriegebiete in den USA*

Strukturwandel

Ändert sich die wirtschaftliche Struktur eines Gebietes, so spricht man von einem **Strukturwandel**. Um wirtschaftlichen Krisen vorzubeugen, strebt man eine möglichst vielseitige Wirtschaftsstruktur an. Die Umstellung von einer einseitig geprägten Wirtschaftsstruktur auf eine Wirtschaft, die von vielen Branchen getragen wird, ist kennzeichnend für einen Strukturwandel.

Entwicklung des Manufacturing Belt

Der Manufacturing Belt (manufactory: Fabrik, belt: Gürtel) ist einer der größten und ältesten Industrieräume der Erde. In Pittsburgh wurde bereits um 1890 Eisen in Hochöfen geschmolzen. Der Standort war ideal. Kohle wurde am Rand der Appalachen im Tagebau abgebaut. Außerdem waren Eisenerzlagerstätten in der Nähe vorhanden. Bereits um 1900 war die Ostküste der USA dicht besiedelt. Zahlreiche Arbeitskräfte aus Europa und anderen Gebieten der USA fanden hier Arbeit.

Die Automobilindustrie wurde der größte Arbeitgeber der Region. Die US-amerikanische Automobilindustrie konzentriert sich bis heute in Detroit. Hier führte im Jahre 1914 Henry Ford die Fließbandproduktion ein. Sie wurde anschließend von anderen Automobilherstellern und Industriezweigen übernommen. Die Fließbandherstellung führte zur Senkung der Automobilpreise. Ein Auto ist seitdem kein Luxusgut mehr. Inzwischen hat sich die Automobilindustrie aus der Stadt Detroit in das Umland verlagert. Dort siedelten sich auch zahlreiche Automobilzulieferer sowie Forschungs- und Entwicklungseinrichtungen an.

M3 *Erste am Fließband produzierte Autos (1920er-Jahre)*

1 Beschreibt die Industriegebiete der USA (M2, vgl. S. 29, Atlas):
- Lage des Gebietes im Land,
- Merkmale der Industrie,
- Standortfaktoren/-vorteile.

2 a) Berechne die Nord-Süd- und Ost-West-Ausdehnung des Manufacturing Belt (M2, Atlas).
b) Vergleiche sie mit der des größten Industriegebietes Deutschlands, des Ruhrgebietes (M2, Atlas).

M4 *Verfallene Fabrik in Detroit*

M5 *Das einstige Michigan Theater wird heute als Parkhaus genutzt.*

Das Industriegebiet wandelt sich zum Rust Belt

„Die Region hat zu lange auf Stahl gesetzt, der Belt braucht eine neue Industriestruktur“, erkannten Experten in den 1970er-Jahren. Auf dem Weltmarkt war es damals zu einem Überangebot an Stahl gekommen. Der Bedarf an Stahl für viele Erzeugnisse sank infolge neuer Konkurrenten sowie neuer Technologien und Werkstoffe.

Da viele Industriebetriebe mit veralteter Technik produzierten, waren sie nicht mehr konkurrenzfähig. Tausende Stahlarbeiter verloren ihre Arbeit und wanderten in andere Regionen der USA ab.

Als dann auch noch die heimische Automobilindustrie wegen rückläufiger Absatzzahlen in eine enorme Krise geriet, verelendeten ganze Regionen. Die Unternehmen hatten es versäumt, ihre Werke zu modernisieren und attraktive, neue Automodelle zu entwickeln. Die ausländischen Autos waren auf einem wesentlich höheren technischen Niveau. Es kam zu Werksschließungen. Im ehemals blühenden Manufacturing Belt standen plötzlich rostige Industrieruinen. So bekam er den Namen Rust Belt.

Ähnlich wie im Ruhrgebiet oder in England versuchte die Regierung, durch **Subventionen** Betriebsschließungen zu verhindern. Steuererleichterungen und günstige Kredite sollten die Ansiedlung von Hightech- und Dienstleistungsbetrieben fördern.

Diese Maßnahmen hatten teilweise Erfolg: Trotz aller Probleme ist der Manufacturing Belt immer noch eines der größten zusammenhängenden Industriegebiete der USA.

Land	produzierte Fahrzeuge (in Mio.)
China	25,7
USA	10,9
Japan	9,2
Deutschland	5,1
Indien	4,7

M6 *Die Top 5 Automobilherstellerländer weltweit (2018)*

3 a) Erläutere die Entwicklung des Manufacturing Belt zum Rust Belt (M1–M6).
b) Beschreibe die Auswirkungen auf die Stadt Detroit (M4, M5).

4 Beurteilt die Zukunft der Automobilbranche in Bezug auf
a) die weltweite Bevölkerungsentwicklung.
b) das Thema alternative Antriebe (M6).

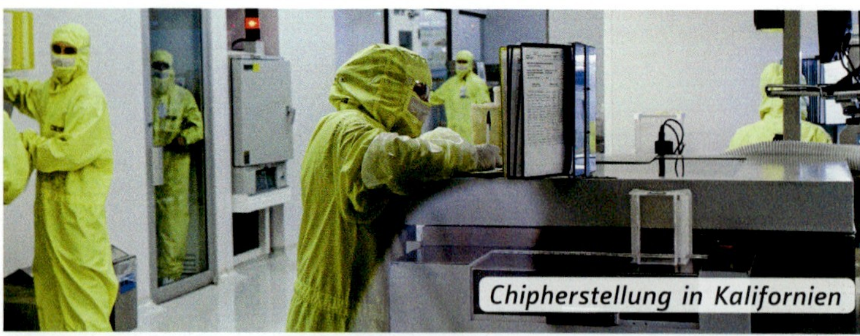
Chipherstellung in Kalifornien

Raumfahrtindustrie in Florida

Erdölförderung in Texas

Forschung/Entwicklung im Silicon Valley

M1 *Branchenvielfalt im Sunbelt*

Der Sunbelt – Wirtschaftskraft im Süden

Der Sunbelt ist ein Band mit städtischen Konzentrationen und zieht sich von San Francisco im Westen bis Miami im Osten. Mit der Krise im Manufacturing Belt und mit der zunehmenden Bedeutung von Dienstleistungsunternehmen in der Wirtschaft der USA wurde der Sunbelt für viele Firmen ein attraktiver Standort. Standortvorteile gegenüber dem Manufacturing Belt waren unter anderem: große Seehäfen, niedrige Steuern, geringe Umweltauflagen, hoch motivierte Wissenschaftler aus den Universitäten, Subventionen, ein angenehmes Klima sowie ein hoher Freizeitwert. In diesem Gebiet sind heute die Wachstumsbranchen der zweiten Hälfte des 20. Jahrhunderts zu finden: Erdölwirtschaft, Luft-, Raumfahrt- und **IT-Industrie** sowie Dienstleistungen verschiedenster Art.

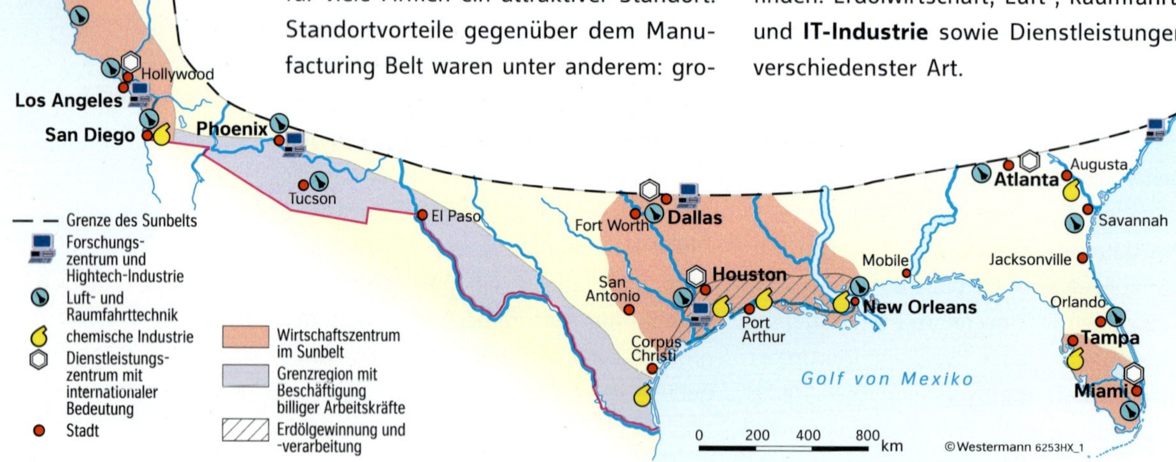

M2 *Der Sunbelt (Sonnengürtel) – Standort neuer und zukunftsträchtiger Industrien*

1. Benenne die US-Bundesstaaten, die Anteil am Sunbelt haben (M2, Atlas).

2. Erkläre, warum für Hightech-Firmen die räumliche Nähe zu Universitäten ein großer Vorteil ist.

Unter dem Konzept Coworking (engl. für „Zusammenarbeiten“) versteht man, dass sich verschiedene Startup-Unternehmer größere, offene Räume teilen und so einen gemeinsamen Arbeitsplatz haben. Beim Coworking wird ein einzelner Schreibtisch anstelle eines ganzen Büros gemietet. Vorteile sind: Flexibilität bei Verkleinerung oder Vergrößerung des Teams, keine langen Kündigungsfristen, kostengünstig, produktiver Austausch mit anderen Arbeitskräften.

M3 *Coworking Spaces*

Entwicklung zum IT-Netzwerk

In Kalifornien gibt es über 80 Hochschulen, die eng mit den ansässigen Unternehmen zusammenarbeiten. Viele **Hightech**-Unternehmen wurden zum Beispiel von Absolventen der Stanford University als sogenannte **Startups** gegründet.

Im Laufe der Zeit entstanden im Silicon Valley Tausende IT-Unternehmen. Die Region ist eines der führendsten IT-Netzwerke weltweit. Hier arbeiten Firmen und Forschungseinrichtungen in diesem Bereich eng zusammen. Der Erfolg dieser Unternehmen zieht immer wieder neue Unternehmer an.

In den letzten Jahren hat auch der Sunbelt mit Problemen zu kämpfen: Mieten und Grundstückspreise steigen, Naturgefahren wie Erdbeben und Hurrikans gefährden das Gebiet, die Umweltauflagen für Unternehmen wurden verschärft, die Nachfrage nach Hightech-Produkten wächst nicht mehr so stark und die Konkurrenzprodukte aus Asien sind günstiger. Steht auch hier ein Strukturwandel bevor?

Silicon Valley
Das „Tal des Siliziums“ ist die erfolgreichste Hightech-Schmiede der Welt. In den 1980er-Jahren wurden hier Mikrochips produziert. Heute hat sich die Produktion erweitert. Die Firmen bieten spezielle Produkte und Dienstleistungen an (Software, Hardware, Forschung, Entwicklung).

Die Kraftprotze an der Westküste

Von der Uni zum Internetunternehmer

Innovation im Isartal: Vorbild Silicon Valley

Wenn wir hier scheitern, dann wird uns China schlagen

M4 *Zeitungsschlagzeilen zum Silicon Valley*

3 Vergleicht Sunbelt und Manufacturing Belt (M1, M2, vgl. S. 30 M2).

4 a) Lokalisiere das Silicon Valley (M2).
b) Erläutere die Schlagzeilen (M4).
c) Erkläre, warum Coworking Spaces zum Silicon Valley passen (M3).

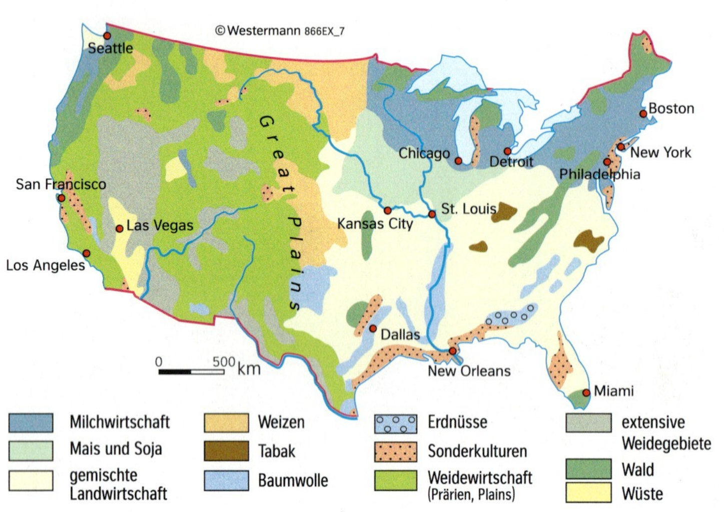

M1 *Landwirtschaftliche Produktionsgebiete in den USA*

M3 *Getreideernte in den Great Plains*

Getreide- und Fleischproduktion in großem Stil

Der Anteil der Landwirtschaft am Bruttoinlandsprodukt beträgt in den USA nur ein Prozent. Trotzdem gehören die USA zu den führenden Getreide- und Fleischproduzenten der Welt.

Die besten Getreideanbaugebiete liegen in den Great Plains. Ein gemäßigtes Klima und fruchtbare Böden begünstigen den landwirtschaftlichen Anbau. Geringe jährliche Niederschlagsmengen erfordern jedoch eine intensive Bewässerung. Die ebenen Flächen der Great Plains ermöglichen einen hohen Technisierungsgrad der Landwirtschaft. Die Anbaufläche umfasst nur etwa 20 Prozent des Landes, ist aber mit 170 Mio. Hektar größer als die gesamte Anbaufläche der Europäischen Union.

In den USA haben sich inzwischen gentechnisch veränderte Anbaupflanzen bei Sojabohnen, Mais und Baumwolle zu fast 100 Prozent durchgesetzt.

Das Saatgut ist zwar teurer, aber der Einsatz gentechnisch veränderter Sorten bringt dem Farmer wirtschaftliche Vorteile. Diese sind zum Beispiel geringere Kosten für die Schädlingsbekämpfung.

Rindfleisch		Schweinefleisch		Hühnerfleisch	
Land	**Produktion**	**Land**	**Produktion**	**Land**	**Produktion**
USA	12448	China	54750	USA	19004
Brasilien	9700	EU	23350	Brasilien	13375
EU	7900	USA	12188	EU	12000
China	7110	Brasilien	3755	China	11700

M2 *Die größten Fleischproduzenten der Welt (2018, in 1000 t Schlachtgewicht)*

1 a) Beschreibt die Lage der verschiedenen landwirtschaftlichen Produktionsgebiete in den USA (M1).
b) Erklärt die unterschiedliche Verteilung von Milchwirtschaft, Weidewirtschaft, Weizenanbau, Mais, Soja und Baumwolle anhand des Klimas (M1, vgl. S. 14–15, Atlas).
c) Nennt Produkte, die in den vier Gebieten mit Sonderkulturen angebaut werden (M1, Atlas).

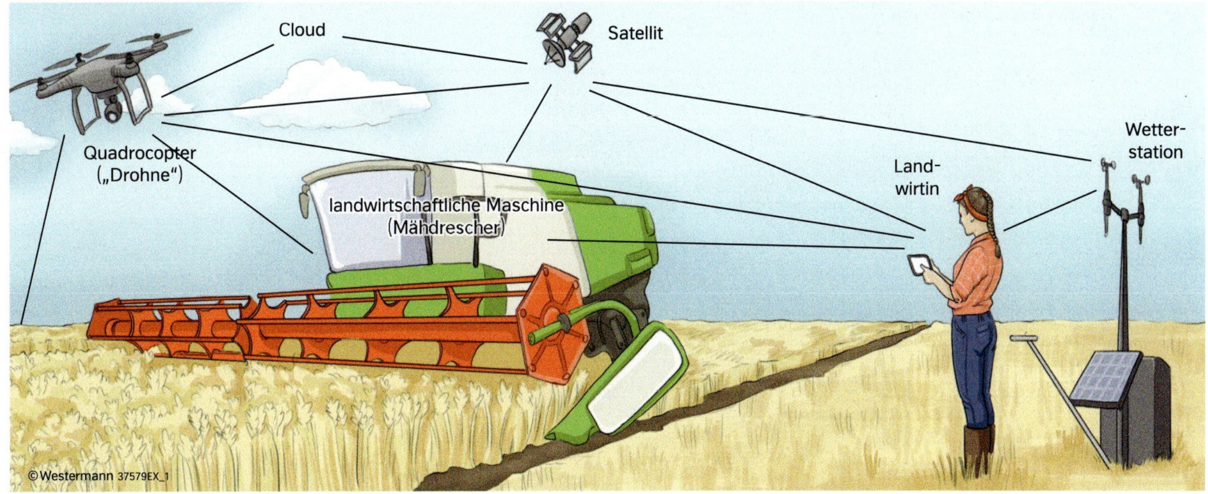

M4 *Landwirtschaft 4.0 – Digital Farming*

Digital Farming ermöglicht Exporte

Ein Land, das mehr produziert, als es für seinen eigenen Verbrauch benötigt, kann die Überschüsse exportieren. Die gesamte US-Weizenproduktion betrug im Jahr 2018 etwa 50 Mio. Tonnen, davon wurden 29 Mio. Tonnen exportiert. Nur Russland exportierte mit 37 Mio. Tonnen mehr.

Die US-Landwirtschaft arbeitet mit neuester Technik. Modernste Traktoren, sogenannte smarte Traktoren, ermöglichen eine optimale Bepflanzung sowie den zielgenauen Einsatz von Dünger und Pflanzenschutzmitteln.

GPS-gesteuerte Mähdrescher regeln bei Bodenunebenheiten ihre Geschwindigkeit selbst. Beim Dreschen der Getreidehalme messen Sensoren den Feuchtigkeitsgehalt der Pflanzen. Sind die Pflanzen zu feucht, müssen sie ins Trockenlager.

Durch **Digital Farming** können zum Beispiel die Erntemengen auf den Feldern ermittelt werden. Außerdem kann mit dieser Technik auch der Einsatz von Wasser bei der Bewässerung der Felder kontrolliert und optimiert werden. So wird die Landwirtschaft immer effizienter.

Mais		Sojabohnen		Milch	
Land	**Produktion**	**Land**	**Produktion**	**Land**	**Produktion**
USA	356	Brasilien	118	USA	96
China	225	USA	116	Indien	78
Brasilien	96	Argentinien	56	China	36
EU	61	China	14	Deutschland	33

M5 *Die weltweit größten Produzenten von Mais, Sojabohnen und Milch (2018, in Mio. t)*

2 a) Beschreibt die Agrarproduktion der USA im weltweiten Vergleich (M2–M5).
b) Stellt die Agrarproduktion in geeigneten Diagrammen dar (M2, M5, vgl. Methode S. 201).

3 Bewertet die Vorteile der Landwirtschaft 4.0 und des Digital Farming (M3, M4).

Auf dem Weg zum Agrobusiness

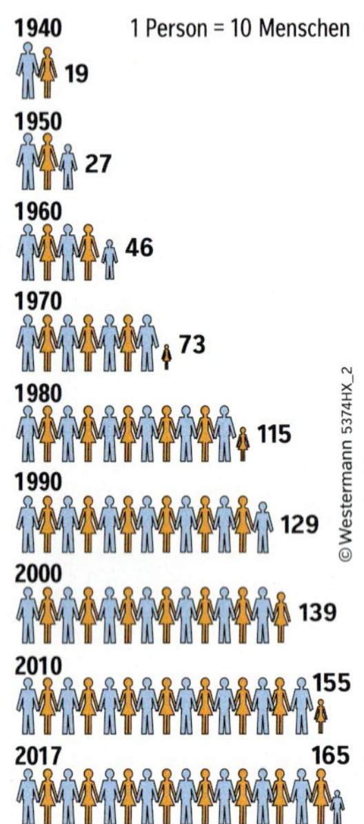

M1 *Anzahl der Menschen, die ein US-Bauer ernährt*

M2 *Typische Family Farm – traditioneller Landwirtschaftsbetrieb*

Immer weniger produzieren immer mehr

Ein Kennzeichen für die Landwirtschaft der USA sind die zahlreichen Family Farms. Von insgesamt rund 2,15 Mio. Farmen in den USA sind über 90 Prozent Familienfarmen. Allerdings haben diese eher kleinen und mittelgroßen Farmen für die Versorgung des Landes mit landwirtschaftlichen Produkten einen immer geringeren Stellenwert.

Ihnen stehen wenige große, leistungsfähige Farmen, die nicht in Familienbesitz sind, gegenüber.

Neben der schwindenden Bedeutung der Familienbetriebe kennzeichnet auch die zunehmende Rindermast, vor allem in den Great Plains, den Wandel der US-amerikanischen Landwirtschaft. Hoch mechanisierte Mastbetriebe, sogenannte **Factory Farms**, sind typisch für das US-amerikanische **Agrobusiness**. Sie sind dafür mitverantwortlich, dass die US-amerikanische Landwirtschaft heute eine der leistungsfähigsten der Welt ist.

Factory Farms haben einen großen Maschinenpark, benötigen viel Geld für Investitionen und produzieren mit wenig Personal große Mengen. Das Digital Farming hat sich durchgesetzt.

Die Factory Farms gehören nicht einzelnen Familien, sondern großen Konzernen. Diese Konzerne, Zuliefer- und Verarbeitungsbetriebe, Transport- und Forschungsunternehmen sowie zahlreiche Handels- und Fast-Food-Ketten sind als Teile des Agrobusiness eng miteinander verflochten.

Die Ausweitung des Agrobusiness führt dazu, dass immer weniger Betriebe immer mehr landwirtschaftliche Produkte herstellen.

1. Erkläre die Entwicklung in M1 mit den Begriffen Family Farm und Agrobusiness (M2, M3).
2. Lokalisiere den Kuner Feedlot mit einem Online-Globus. Gib folgende Adresse ein: 28625 US Hwy 34 Kersey, CO 80644.

M3 *Feedlot zur Haltung von Rindern*

Kuner Feedlot

Der Rindermastbetrieb Kuner **Feedlot** ist eine der größten Factory Farms in den USA. Er befindet sich im US-Bundesstaat Colorado. Auf einer Fläche von über 200 Hektar können in rund 400 Mastbuchten bis zu 120000 Tiere untergebracht und schlachtreif gemästet werden. Da dies in durchschnittlich 130 Tagen geschieht, können im Feedlot im Jahr bis zu 300000 Schlachtrinder „produziert" werden.

Aufgrund der günstigen klimatischen Bedingungen werden die Tiere im Kuner Feedlot das ganze Jahr über im Freien gehalten. Täglich frisst ein Tier etwa zehn Kilogramm speziell zubereitetes Futter und nimmt dabei rund 1,5 kg pro Tag zu. Ein einziger Arbeiter bereitet das Futter in einer automatischen Futtermühle zu. Zweimal täglich wird Futter zu den einzelnen Mastbuchten transportiert, wo es in genau abgewogenen Mengen aus dem fahrenden Lkw seitlich in die Futtertröge gefüllt wird.

Die tierischen Exkremente, die im Feedlot anfallen, werden in einer Biogasanlage verwertet. Sind die Rinder schlachtreif, werden sie in firmeneigenen Schlachthäusern geschlachtet, zerlegt und verkaufsfertig an Händler ausgeliefert.

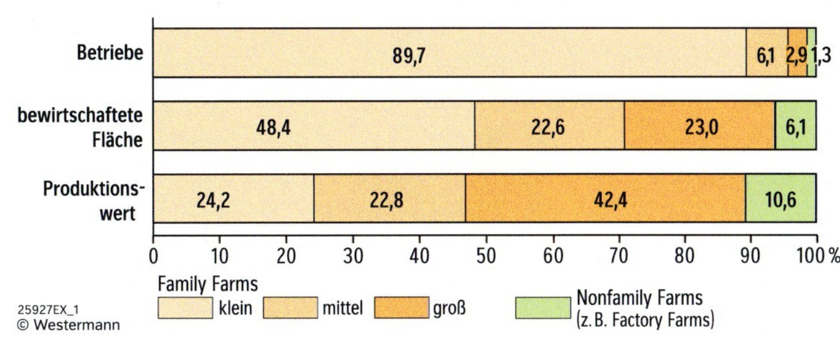

M4 *Vergleich Family Farms und Factory Farms*

3 „Der Factory Farm gehört die Zukunft der US-amerikanischen Landwirtschaft." Bewerte diese Aussage (M3, M4).

4 a) Nenne Gründe, warum die US-amerikanische Landwirtschaft so leistungsfähig produziert.
b) Vergleiche sie mit der deutschen Landwirtschaft.

M1 *Staubsturm in Oklahoma*

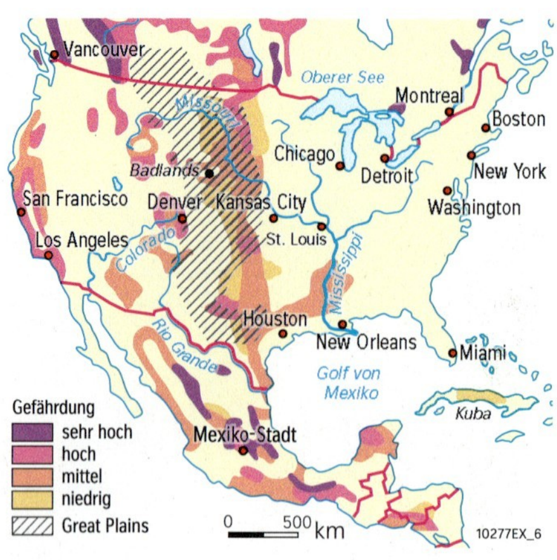

M2 *Erosionsgefährdung durch Wind*

Maßnahmen zum Erhalt und zur Verbesserung der Böden
- Strip Cropping: streifenförmiger Anbau zeitlich unterschiedlich reifender Feldfrüchte
- Contour Ploughing: Durch Pflügen parallel zum Hang wird der Wasserabfluss gebremst.
- Cover Crops: Anbau von bodendeckenden Zwischenfrüchten
- Windschutzstreifen: möglichst quer zur Hauptwindrichtung

M4 *Bodenschutzmaßnahmen*

Boden in Gefahr

Die moderne Landwirtschaft hat in den USA vor allem die Steppen- und Trockenräume stark verändert und zum Teil zerstört. Ackerbau und Überweidung durch große Rinder- und Schafherden vernichten die Vegetation, die den Boden vor Stürmen und Sturzregen schützt. **Bodenerosion** ist die Folge.

In den 1930er- und 1950er-Jahren waren Teile der Great Plains stark von Staubstürmen betroffen. Diese Region wird daher oft als Dust Bowl (Staubschüssel) bezeichnet. Mittlerweile sind zehn Prozent des Gebietes durch Bodenerosion zerstört und können landwirtschaftlich nicht mehr genutzt werden.

Die Gefahr der Bodenerosion bedroht auch heute noch das Gebiet der Great Plains. Da bereits große landwirtschaftliche Flächen verloren sind, wird seit vielen Jahren versucht, die verbliebenen Böden zu schützen.

M3 *Streifenanbau*

M5 *Windschutzstreifen*

1 a) Beschreibe, wodurch die Bodenerosion in den Great Plains ausgelöst wurde.
b) Ermittle die Namen der gefährdeten Bundesstaaten (M1, M2, Atlas).

2 a) Recherchiert zu aktuellen Problemen der Wasserversorgung in den USA (Internet).
b) Vergleicht sie mit der Situation in Europa.

Maßnahmen zur Bereitstellung von mehr Wasser

- Tröpfchenbewässerung: Dabei gelangen die Wassertropfen direkt an die Wurzeln der Pflanzen.
- Rückführung des Wassers aus Wasseraufbereitungsanlagen in die Grundwasserspeicher
- Wasserüberleitung: Verbindung der Flüsse in den Wassermangelgebieten mit den Flüssen Alaskas und Kanadas

M6 *Wasserbereitstellung*

M8 *Golfplatz in Las Vegas*

M9 *Bewässerungsfeldbau in Kalifornien*

Der große Durst der USA

In kaum einem anderen Land der Erde gehen die Menschen so unbekümmert mit Wasser um wie in den USA. Zum Vergleich: In den USA liegt der direkte Wasserverbrauch pro Einwohner bei 295 Liter am Tag, in Deutschland sind es etwa 130 Liter am Tag.

Zusätzlich verbraucht die Landwirtschaft viel. Auch Städte benötigen Wasser, zum Beispiel zur Bewässerung von Grünanlagen. Industriebetriebe verbrauchen bei der Produktion Wasser und nicht zuletzt entsteht ein enormer Wasserbedarf zur Bewässerung von Golfplätzen.

Flüsse mit Stauseen sowie **Grundwasserspeicher** liefern diese gewaltigen Wassermengen. Der Fluss Colorado erreicht oft nur noch als Rinnsal den Pazifik, nachdem er zehn Stauseen gefüllt hat.

Aus den Grundwasserspeichern wird zu viel Wasser entnommen. Sie können sich oft nicht mehr regenerieren.

M7 *Rückgang des Seewassers im Stausee Lake Mead nahe Las Vegas*

3 Wertet die Fotos dieser Seite in Bezug auf die Themen Wasserverfügbarkeit und Wassersparmaßnahmen aus (M6–M9).

4 Bewertet:
a) die Maßnahmen zum Bodenschutz (M3–M5).
b) Maßnahmen zur Wasserbereitstellung (M6).

GEWUSST – GEKONNT

1. Stellt die Besonderheiten der USA heraus.

a) Sucht geeignete Oberbegriffe zu den Inhalten der Fotos (Ⓐ – Ⓔ).
b) Formuliert zu den Oberbegriffen passende Unterbegriffe.
c) Erarbeitet in kleinen Gruppen zu einem der ausgewiesenen Themen eine Zusammenfassung (Fachbegriffe, Merkmale, Prozesse, Probleme). Nutzt dazu auch die entsprechenden Ober- und Unterbegriffe.
d) Präsentiert der Klasse eure Arbeitsergebnisse.

2. Ein Schnitt durch die USA

Ordne die genannten Begriffe den korrekten Positionen im Schema unten zu. Tipp: Beginne mit den Himmelsrichtungen. Nutze Transparentpapier, um die Begriffe in die richtigen Kästchen einzutragen.

Westen | Rocky Mountains | Tiefland (Innere Ebenen) | Appalachen

Mittelgebirge | Pazifischer Ozean | Osten

Hochgebirge | Atlantischer Ozean

Great Plains/ Great Lakes

1 ???	2 ???	3 ???	4 ???	5 ???

Ozean ⊢—— Querschnitt durch die USA ——⊣ Ozean

6 ???	7 ???	8 ???	9 ???	10 ???

3. Welcher Begriff passt nicht zu den anderen? Begründe deine Wahl.

Manufacturing Belt	Arbeitslosigkeit	Abwanderung	Südwesten der USA
Automobilindustrie	New York	Absatzkrise	Entlassungen
Great Plains	Sunbelt	Silicon Valley	Hightechindustrie
hohe Produktivität	Schaf- und Ziegenhaltung	Agrobusiness	Factory Farm
Kalifornien	Wassermangel	Tröpfchenbewässerung	Dust Bowl

4. Mindmap
Übertrage die Mindmap in dein Heft und vervollständige sie.

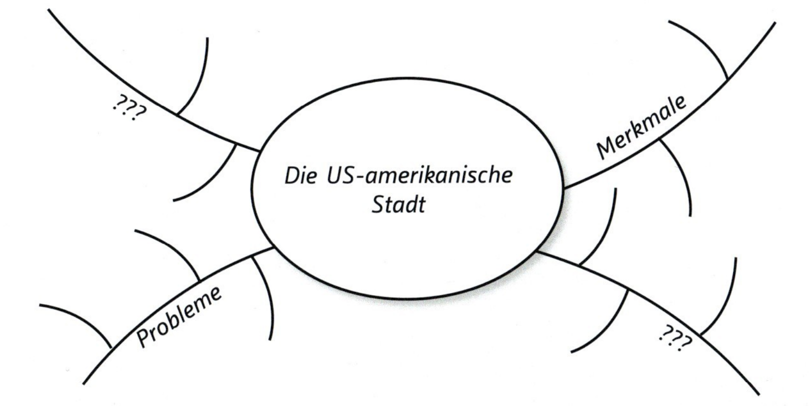

Aufgabe zur Lernkontrolle:
Beschäftige dich selbstständig mit einer Doppelseite dieses Kapitels. Stelle die wichtigsten Aussagen in einer Mindmap, Skizze oder Tabelle dar (vgl. Anhang S. 200 – 203). Präsentiere deine Ergebnisse vor der Klasse.

5. Wer gehört zu wem?
Ordne den Schlagwörtern die passenden Begriffe zu.

a) Freiheitsstatue
b) Größter Industrieraum der USA
c) Silicon Valley
d) Mall of America
e) Ackerbaugebiet
f) Automobilindustrie

1) Manufacturing Belt
2) Minneapolis
3) Great Plains
4) Detroit
5) New York
6) San Francisco

6. Kartenarbeit
Ergänze deine mitwachsende Karte zu den USA mithilfe der Seiten in diesem Kapitel.

Erstelle deine Lernkartei zu den wichtigen Begriffen aus diesem Kapitel.

Grundbegriffe:
Agrobusiness
Blizzard
Bodenerosion
Central Business District (CBD)
Digital Farming
Downtown
Erdbeben
Factory Farm
Feedlot
Gated Community
Global City
GPS
Hightech
Hurrikan
Relief
Rushhour
Standortfaktor
Startup
Strukturwandel
Suburb
Subvention
Tornado

Das hast du in diesem Kapitel gelernt: Du kannst ...
- ✓ dich topografisch und naturräumlich in Nordamerika orientieren (Gliederung, Großlandschaften, Relief).
- ✓ die Anordnung der Klimazonen der USA beschreiben.
- ✓ Naturgefahren beschreiben, die die USA/Nordamerika bedrohen.
- ✓ den aktuellen Entwicklungsstand der USA ökonomisch (Zentren der Industrie, Agrarproduktion) und gesellschaftlich (Einwanderungsland, Kultur) darstellen und mit dem anderer Industrieländer vergleichen.
- ✓ Aufbau und Entwicklung US-amerikanischer Städte beschreiben und erklären.

2 Alltag von Jugendlichen in Industrieländern

M1 *Jugendliche in Japan müssen eine Schuluniform tragen.*

M2 *Jugendliche einer Middle School in den USA*

◁ **M3** *Jugendliche aus einer 8. Klasse in Deutschland*

Ich lebe in der deutschen Großstadt München. Zusammen mit meinen Eltern wohne ich in einer Drei-Zimmer-Wohnung in einem großen Mietshaus. Meine Schule befindet sich ganz in der Nähe. So kann ich morgens länger schlafen und dann zu Fuß in die Schule gehen. In der Nähe unserer Wohnung gibt es keinen Sportplatz. Sport auf der Straße ist zu gefährlich und auf dem Spielplatz um die Ecke stören wir die Kinder. Deshalb gehe ich am Nachmittag oft ins Freizeitzentrum. Dort kann ich meine Hausaufgaben erledigen und anschließend mit Freunden zusammen sein. Im Sommer fahre ich mit dem Bus ins Freibad. Manchmal treffe ich mich mit einer Freundin zum Bummeln und Eisessen im Einkaufszentrum. Dorthin fahren wir mit der U-Bahn.

M1 ***Ilaria berichtet über ihr Leben in der Großstadt.***

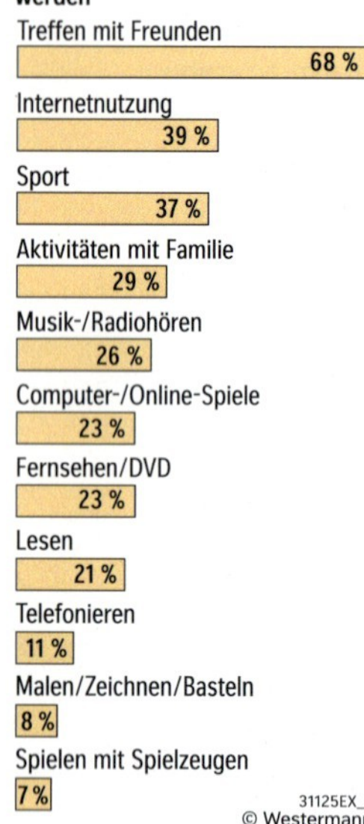

M2 ***Was machen Jugendliche in ihrer Freizeit?***

Unterschiede zwischen einer Jugend in der Stadt und auf dem Land

Macht es einen Unterschied, ob man als Jugendlicher in einer **Großstadt** oder im **ländlichen Raum** aufwächst?

In den Großstädten sind besonders die Innenstädte und belebte Stadtviertel als Treffpunkt für Jugendliche beliebt. Parks, Grünflächen und Orte am Wasser werden genutzt, um sich mit Freunden zu treffen und um Sport zu treiben. Reizvoll ist das Zusammenleben mit Menschen aus anderen Kulturen. Aber es gibt auch negative Seiten der Großstadt: vermehrte Kriminalität, Drogenhandel, Lärm, Luftverschmutzung, Baustellen und zu viel Verkehr. Außerdem kosten die meisten Freizeitaktivitäten Geld.

Viele Jugendliche auf dem Land sehen ihre Heimat positiv. Sie schätzen das familiäre Miteinander und die vertraute Umgebung, sie lieben die Natur und fühlen sich sicherer als in der Stadt. Häufig empfinden Jugendliche das Leben im ländlichen Raum aber auch als Nachteil. Typische Kritikpunkte sind: zu wenige Freizeitmöglichkeiten, langsames Internet, zu wenige Verbindungen im öffentlichen Personennahverkehr (ÖPNV) und zu wenige Ausbildungsplätze.

Mehr Lebensqualität für Jugendliche auf dem Land bieten zum Beispiel kostenloses WLAN im Ort und im Schulbus, ausgebaute Fahrradwege, Ganztagsschulen und offene Räume für Jugendliche als Treffpunkt. Nach dem Abschluss der Schule kommt es typischerweise zum Bruch: Die meisten Jugendlichen verlassen dann ihre Heimat. Das ist eine Herausforderung für den ländlichen Raum.

1 a) Schreibt einen Bericht aus der Perspektive eines Jugendlichen über das Leben in einer Großstadt und über das Leben auf dem Land (M1, M3).
b) Vergleicht und diskutiert eure Berichte.

2 a) Führt in der Klasse eine Umfrage zu Freizeitaktivitäten durch. Verwendet die gleichen Kategorien wie in M2.
b) Vergleicht die Ergebnisse mit M2.
c) Listet Freizeitaktivitäten auf, die aus eurer Sicht fehlen.

Ich lebe in einem Dorf nahe Bayreuth. Zusammen mit meinem Bruder und meinen Eltern wohne ich in einem Haus. Meine Großeltern wohnen ganz in der Nähe. Bei uns im Dorf gibt es nur wenige Jugendliche, deshalb wurde die Schule vor ein paar Jahren geschlossen. So muss ich jeden Morgen sehr früh aufstehen, um mit dem Bus in die Schule im nächst größeren Ort zu fahren. Bei uns im Dorf kann man fast überall gefahrlos chillen. Wir haben am Dorfteich einen Treffpunkt, und wenn wir unsere Ruhe haben wollen, haben wir genügend Plätze, wo uns niemand stört. Wenn ich ins Kino möchte oder in die Musikschule, fährt mich meine Mutter mit dem Auto in die Stadt. Dort kaufen wir auch gleich ein, denn die Auswahl im Dorfladen ist sehr eingeschränkt.

M3 *Maya berichtet über ihr Leben auf dem Land.*

Wer bleibt im ländlichen Raum und wen zieht es in die Stadt?

Das Deutsche Jugendinstitut hat herausgefunden, dass auf dem Land vier unterschiedliche Typen von Jugendlichen leben. Je nach Typ kann man vorhersagen, ob der Jugendliche später als Erwachsener in der ländlichen Region bleibt oder nicht.

Typ Wochenend-Freizeiter:
Er fährt am Wochenende in die nächste Großstadt zum Feiern; will die Heimat nach der Schule unbedingt verlassen und geht häufig in eine Ganztagsschule.
Typ Alles-in-kurzen-Distanzen-Erreicher: Er hat sich bewusst eine Schule nahe am Wohnort ausgesucht, ist Mitglied in Vereinen und besucht Jugendeinrichtungen. Auch wenn er für die Ausbildung oder einen Job die Heimat verlässt, schließt er nicht aus, später in die Region zurückzukommen.

Typ Jugendeinrichtungsnutzer:
Er trifft sich mit seinen Freunden im Jugendtreff oder draußen in der Natur; er will nach der Schule unbedingt in der Region bleiben und lehnt die Stadt ab.
Typ Mehrfach-Engagierter:
Er ist in mehreren Vereinen und Gruppen aktiv und im Ort gut integriert; fühlt sich durch seine Familie und seinen Freundeskreis unterstützt. Auch dieser Typ kann sich vorstellen, nach der Ausbildung oder einem Job später wieder in die Region zurückzukommen.

M4 *Freizeittypen in Deutschland – Jugend auf dem Land*

Ländlicher Raum

Der ländliche Raum ist ein Gebiet, in dem Dörfer vorherrschen. Es können aber auch größere Orte und selbst eine Kleinstadt dazuzählen. Die Bevölkerungsdichte ist gering. Der ländliche Raum wird von Landwirtschaft dominiert, aber die meisten Dorfbewohner arbeiten in einer benachbarten Stadt. Sie pendeln zwischen Wohn- und Arbeitsort. Menschen der großen Städte nutzen die ländlichen Gebiete zur Erholung.

3 a) Erläutert, ob euer Wohnort im städtischen oder ländlichen Raum liegt (Info, Atlas).
b) Beschreibt Vor- und Nachteile eures Wohnortes bezüglich der Freizeitgestaltung (M2).

4 Welcher Freizeittyp bist du? Wird es dich in Zukunft aufs Land oder in die Stadt ziehen (M4)?

5 (M) Diskutiert über die Vor- und Nachteile des städtischen und ländlichen Lebens.

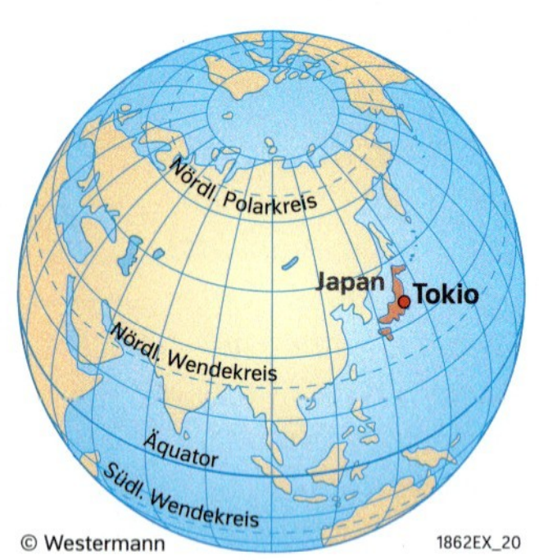

M1 *Lage von Japan*

M2 *Miyuki in ihrer Klasse*

Besuch bei Familie Saito in Japan

Wir besuchen die Familie Saito in Tokio. Vater, Mutter, Sohn und Tochter Miyuki leben in einer 45 m² großen Wohnung. Eine größere Wohnung kann sich die Familie nicht leisten. „Tokio hat alles, außer Platz", sagt Miyukis Vater. In der Wohnung steht die neueste Elektronik. Jeder Platz wird optimal ausgenutzt. Die Betten sind im Schrank verstaut und werden am Abend zum Schlafen im Wohnzimmer ausgebreitet.

Nach dem Abendessen macht die 13-jährige Miyuki noch ihre Hausaufgaben. Sie teilt sich das Zimmer mit ihrem Bruder Nori. Er ist 16 und verbringt die meiste Zeit vor dem Computer und spielt online Computerspiele. Um 22 Uhr fällt Miyuki todmüde ins Bett – morgen wartet wieder ein anstrengender Schulalltag von 8 bis 16 Uhr auf sie.

Am Stadtrand könnten die Saitos eine größere und günstigere Wohnung mieten. Dann müssten die Eltern jedoch viel Zeit in der überfüllten U-Bahn auf dem Weg zur Arbeit und zurück verbringen. Nori und Miyuki müssten die Schule wechseln.

Herr Saito berichtet: „Ich arbeite seit 20 Jahren bei meiner Firma." Er ist stolz darauf, dort arbeiten zu dürfen. Dafür ist Herr Saito auch bereit, auf Urlaubstage zu verzichten: „Die Firma ist die Familie." Für ihn gab es wegen der vielen Überstunden fast kein Familienleben. Doch in den letzten Jahren verpflichtete ihn die Firma, jährlich seinen gesamten Urlaub zu nehmen. Die Veränderungen im Arbeitsleben, wie die Fünftagewoche, werden von den jungen Arbeitern bereitwillig angenommen, während die älteren sich nur widerwillig fügen. Herr Saito sagt: „Der Leistungswille hat Japan zu einer bedeutenden Industrienation werden lassen. Nur wer sich jeden Tag anstrengt, wird erfolgreich sein. Das erwarte ich auch von meinen Kindern."

M3 *Japanischer Leistungswille*

1. Beschreibe die Lebensgewohnheiten japanischer Jugendlicher am Beispiel Miykis und Noris.
2. Vergleiche dein Leben mit dem von Miyuki und anderen japanischen Jugendlichen (M2, M5).

M4 *Visual Kei und Cosplay – japanische Jugendtrends*

Visual Kei
Japanischer Sammelbegriff für optisch auffällige Musiker aus verschiedenen Musikrichtungen und die sie nachahmenden Fans

Cosplay
Fans, die eine Figur aus einem Manga, Anime, Comic, Film oder Videospiel durch entsprechendes Kostüm und Verhalten darstellen.

Jugendkultur in Japan

Einen Großteil ihrer Zeit verbringen japanische Kinder und Jugendliche mit Lernen. Es herrscht ein großer Leistungsdruck. Schlechte Noten werden dort noch weniger akzeptiert als bei uns. In den Schulen sind Schuluniformen Pflicht. Der Einzelne soll nicht hervorstechen. Was zählt, sind traditionelle Werte wie Harmonie, Gehorsam und Unterordnung.

Immer mehr Jugendliche halten diese Werte allerdings für veraltet. Sie möchten keine Schuluniform tragen und versuchen, außerhalb der Schule anders zu leben. So entstand eine Vielzahl von Jugendtrends, die schrill und bunt sind. Sie nennen sich Ganguro, Cosplay oder Visual Kei. Einige dieser Trends sind mittlerweile auch in Europa angekommen.

Möglichkeiten, ihrem gleichförmigen Schulalltag zu entkommen, bieten die Unterhaltungsindustrie und das Internet. In keinem anderen Land verbringen Kinder und Jugendliche mehr Zeit im Netz als in Japan. Speziell das Smartphone ist wichtig, insbesondere für das Chatten und für Onlinespiele.

Japan in deutschen Kinder- und Jugendzimmern
Weltweit bekannt sind vor allem Mangas und Animes. Das sind japanische Comics und Filme, die mittlerweile auch den europäischen Markt erobert haben. Unzählige Mangahefte erscheinen jährlich und eine Vielzahl von Animes laufen im deutschen Fernsehen. Häufig werden zu den Serien erfolgreiche Sammelkartenspiele und andere Begleitprodukte angeboten.

Die junge Generation – aufgewachsen als umsorgtes Einzelkind in der Großstadt – heute einsam und allein.

Selbstmord – häufigste Todesursache von Jugendlichen in Japan. Die Selbstmordrate ist 60 Prozent höher als der weltweite Durchschnitt.

Schulische Probleme, Mobbing, Depression – eine Generation will das nicht mehr mitmachen und steigt aus.

Gruppenkultur und Leistungsdruck – entweder du machst mit oder du wirst zum Außenseiter. Jeder muss einer Gruppe angehören und die Regeln und Meinungen der Mitglieder teilen – sonst wird er zur Zielscheibe von Mobbing.

M5 *Zeitungsausschnitte zur japanischen Jugend*

3 Diskutiert die Einstellung japanischer Arbeitnehmer zu ihrem Unternehmen (M3).

4 (M) Recherchiert Details zur japanischen Jugendkultur und bewertet die Entwicklungen (M4).

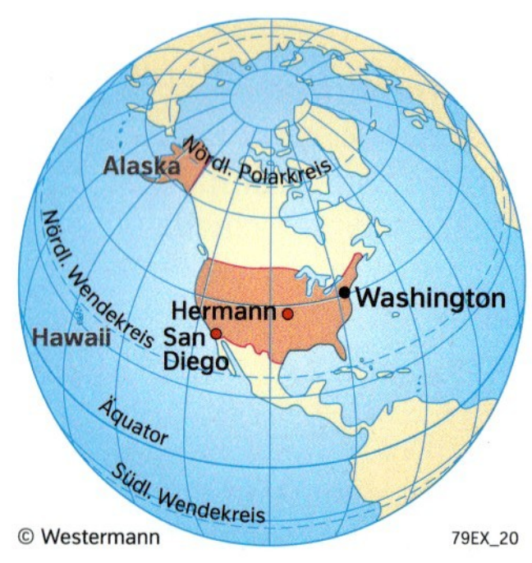

M1 *Lage von Hermann (Missouri) und San Diego (Kalifornien)*

Jugendliche in der Kleinstadt Hermann

Cullen, Lincoln und Katie wachsen in der US-amerikanischen Kleinstadt Hermann in Missouri auf. Das kleine Städtchen mit 2300 Einwohnern wurde von deutschen Einwanderern gegründet und ist heute geprägt von traditionellen deutschen Festen und Familienbräuchen.

[...] In einer Woche ist es soweit: Dann darf Cullen seine Führerscheinprüfung machen und Auto fahren. Der Teenager wohnt mit seiner Familie außerhalb von Hermann, Missouri. Dort darf man schon mit 15 Jahren Auto fahren. Auf das Autofahren freut Cullen sich besonders, denn im Ort ist fast nichts los. [...] In Cullens Schule findet der Unterricht auch öfter mal im Gewächshaus statt: In Hermann sind Kurse über Landwirtschaft nämlich sehr beliebt. Denn im fruchtbaren Missouri gibt es viele Jobs in der Agrarwirtschaft. An Cullens Schule herrscht gerade aber Ausnahmezustand: Kräftige Gewitter ziehen am Himmel auf und ein Tornado droht Hermann aufzusuchen. [...]

(Teens in the USA. Missouri: Cullen – Getting into Gear. In: Planet Schule Online. WDR 2012)

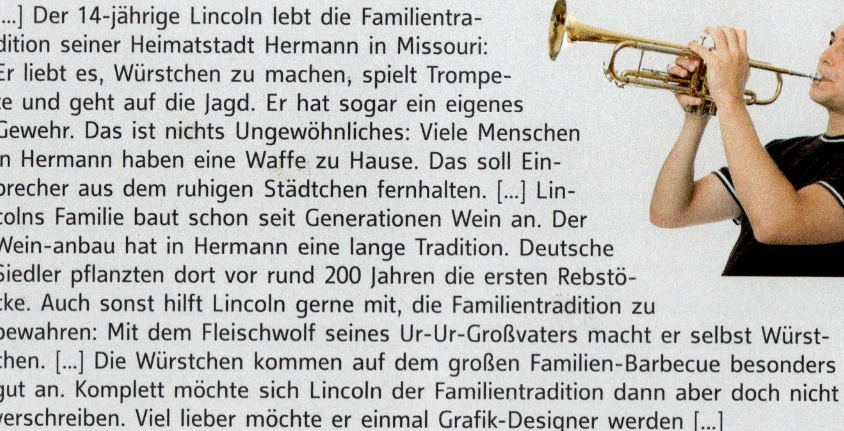

[...] Der 14-jährige Lincoln lebt die Familientradition seiner Heimatstadt Hermann in Missouri: Er liebt es, Würstchen zu machen, spielt Trompete und geht auf die Jagd. Er hat sogar ein eigenes Gewehr. Das ist nichts Ungewöhnliches: Viele Menschen in Hermann haben eine Waffe zu Hause. Das soll Einbrecher aus dem ruhigen Städtchen fernhalten. [...] Lincolns Familie baut schon seit Generationen Wein an. Der Wein-anbau hat in Hermann eine lange Tradition. Deutsche Siedler pflanzten dort vor rund 200 Jahren die ersten Rebstöcke. Auch sonst hilft Lincoln gerne mit, die Familientradition zu bewahren: Mit dem Fleischwolf seines Ur-Ur-Großvaters macht er selbst Würstchen. [...] Die Würstchen kommen auf dem großen Familien-Barbecue besonders gut an. Komplett möchte sich Lincoln der Familientradition dann aber doch nicht verschreiben. Viel lieber möchte er einmal Grafik-Designer werden [...]

(Teens in the USA. Missouri: Lincoln – Keeping up with Family Traditions. In: Planet Schule Online. WDR 2012)

[...] Katie und ihre Familie gehen in ihrer Freizeit gerne jagen. Platz haben sie genug, denn Katies Familie besitzt jede Menge Land. Bäuerin will Katie deswegen noch lange nicht werden. Ihr Traum ist eine Karriere als Sängerin. Ihr Musiklehrer hat Katies Gesangstalent im Chor entdeckt. [...] Am Wochenende geht Katie mit ihrer Familie oft fischen. Das macht sie sogar lieber als einkaufen – anders als viele Mädchen aus der Stadt. Wenn der Familie ein riesiger Fisch ins Netz geht, ist das ein besonderes Ereignis. Bei fast jeder Mahlzeit steht etwas auf dem Tisch, das die Familie selbst gefangen, geschossen oder geerntet hat. [...]

(Teens in the USA. Missouri: Katie – Between Wildlife and Music. In: Planet Schule Online. WDR 2012)

M2 *Jugendliche aus der Kleinstadt Hermann (Missouri) berichten.*

1 a) Beschreibt den Alltag der Jugendlichen in der Kleinstadt Hermann und der Großstadt San Diego (M2, M3).

b) Vergleicht den Alltag von US-amerikanischen Jugendlichen auf dem Land und in der Großstadt (M2, M3).

Jugendliche in der Großstadt San Diego

Jasmine, Rosa und Justin leben im multikulturellen San Diego an der kalifornischen Westküste. San Diego ist mit über 1,4 Mio. Einwohnern die achtgrößte Stadt der USA. Die drei Jugendlichen kommen aus unterschiedlichen sozialen Schichten und leben in verschiedenen Stadtteilen.

[...] Jasmine lebt mit ihrer Familie in San Diego, der zweitgrößten Stadt im US-Bundesstaat Kalifornien. Das Mädchen hat eine große Leidenschaft: Sie tanzt gerne zu Hiphop. Die akrobatischen Bewegungen trainiert sie zweimal pro Woche in der Tanzschule „Culture Shock" und täglich zu Hause vor dem Spiegel. Bald steht ein wichtiger Wettbewerb an! [...] Um einen Platz beim nächsten Auftritt zu ergattern, müssen alle Tänzer zum Casting und vor den strengen Augen des Lehrers ihr Können zeigen. [...] Was sie alles drauf hat, zeigt die 15-Jährige auch gerne bei Familienfeiern auf der heimischen Veranda. [...] Wenn Jasmine nicht mit ihren Freunden am Strand von San Diego entspannt, treibt sie Sport. [...]

(Teens in the USA. San Diego: Jasmine – Rhythm Is It. In: Planet Schule Online. WDR 2012)

[...] Rosa hat mexikanische Wurzeln und lebt mit ihrer Familie in City Heights, einem Stadtteil von San Diego. Es ist nicht der schickste Stadtteil, die Kriminalität ist hoch. Hier leben Menschen aus vielen verschiedenen Kulturen zusammen. Die mexikanische Gemeinde ist die größte und man muss, so wie Rosas Mutter, nicht unbedingt Englisch sprechen können, um den Alltag zu bewältigen. [...]
Die Eltern des Mädchens kamen einst aus Mexiko in die USA, um ein besseres Leben zu führen. Das haben sie erreicht, sie besitzen ein Haus und haben Arbeit. Rosa hat ein ehrgeiziges Ziel: Sie will als Erste aus ihrer Familie das College besuchen. Dafür büffelt sie einmal in der Woche in einem Projekt für benachteiligte Jugendliche. [...] Obwohl San Diego eine reiche Stadt ist, gibt es viele Arme in der Bevölkerung. Rosa hilft einmal in der Woche in einer Suppenküche und verteilt ehrenamtlich Mahlzeiten an Obdachlose. Für sie ist das ein Dienst an der Gemeinschaft, der sie so etwas zurückgeben will.

(Teens in the USA. San Diego: Rosa – How to Make a Difference. In: Planet Schule Online. WDR 2012)

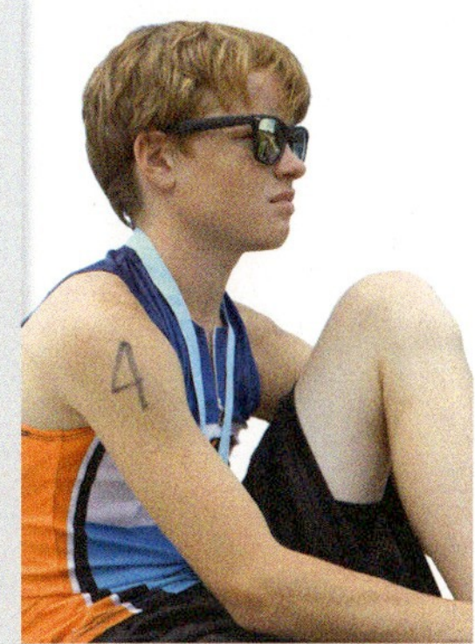

[...] Justin hasst es, mit dem Fahrrad die Berge um San Diego hoch zu fahren. Es ist Teil seines anstrengenden Trainings: Er will zum ersten Mal an einem Triathlon teilnehmen – eine große Herausforderung. [...]
Nach dem Schwimmtraining im Pazifik erwartet Justin ein weiteres Abenteuer. Er verbringt eine Woche in einem Trainingscamp der Armee und misst sich dort mit anderen Jugendlichen aus der Region. Wichtigstes Ziel: Teamfähigkeit und Führungsqualitäten zu entwickeln. Das wird Justin auch später im Beruf brauchen. Er will Ingenieur werden. [...] Der Tag des Triathlons ist gekommen: 1 000 Meter schwimmen, 30 Kilometer Rad fahren, zehn Kilometer laufen. Justin ist nervös, aber entschlossen. Er kommt schneller voran als gedacht und bewältigt die Aufgaben in etwas mehr als zwei Stunden. [...]

(Teens in the USA. San Diego: Justin – My First Triathlon. In: Planet Schule Online. WDR 2012)

M3 ***Jugendliche aus der Großstadt San Diego (Kalifornien) berichten.***

2 Vergleicht den Alltag der US-amerikanischen Jugendlichen mit eurem eigenen Alltag (M2, M3).

3 (M) Diskutiert Vor- und Nachteile der Lebensbedingungen im ländlichen und städtischen Raum in den USA.

M1 *Schulalltag in Industrieländern*

Industrieländer
Nach der Definition der Vereinten Nationen zählen die Staaten Europas und Nordamerikas sowie Australien, Japan und Neuseeland zu den Industriestaaten (entwickelten Regionen).

Unterscheidet sich das Leben von Jugendlichen in Industrieländern?

Jugendliche in Deutschland, den USA, in Japan, England, Italien und vielen anderen **Industrieländern** verbringen den größten Teil des Tages in der Schule. Oft bieten Schulen auch Freizeitangebote an. Die restliche Zeit des Tages sind sie mit ihren Freunden und Hobbies beschäftigt, oft aber auch noch mit einem Job.

Die Rahmenbedingungen für die Jugendlichen sind in den unterschiedlichen Ländern ähnlich. Das Alltagsleben hängt aber nicht nur davon ab, ob man auf dem Land oder in der Stadt lebt, sondern auch davon, ob die Eltern eher wohlhabend sind oder nicht. Der Besuch einer teuren Privatschule oder einer staatlichen Schule kann in den USA dem Jugendlichen ganz unterschiedliche Möglichkeiten bieten.

Im Alltag von Jugendlichen in Industrieländern sind Fragen zur Berufswahl und zur Zukunft sehr wichtig. In Japan prägt der hohe Leistungsdruck in der Schule und den Betrieben das gesamte Leben der Jugendlichen. Der Besuch von Nachhilfeschulen, sogenannten Paukstudios, ist völlig normal. Aus diesem System wollen die Jugendlichen oft ausbrechen.

In anderen Industrieländern ist die hohe Quote von arbeitslosen Jugendlichen ein gesellschaftliches Problem, das die unbeschwerte Zeit der Jugend trübt.

Bei uns in Deutschland ist auffällig, dass die erste Ausbildungs- bzw. Berufswahl von Jugendlichen häufig schlecht gelingt. Im Jahr 2018 brach jeder vierte Lehrling seine Ausbildung ab.

1. Lokalisiere auf einer Weltkarte die Industriestaaten der Erde (Info).

2. a) Informiert euch über die Schulsysteme der USA, Japans und Deutschlands (Internet).

   b) Recherchiert zu den Unterschieden zwischen staatlichen Schulen und Privatschulen in den USA (Internet).

M2 *Typische Schülerjobs und Hobbies*

	Deutschland	USA	Japan
Einwohner (in Mio.)	83	328	127
Einwohner (in Mio.) Prognose (2050)	79	389	101
Anteil Jugendliche unter 15 Jahren (in Prozent)	13	19	13
Anteil Bevölkerung über 65 Jahre (in Prozent)	21	15	27
HDI (Human Development Index)	0,926 (4. Rang weltweit)	0,920 (11. Rang weltweit)	0,903 (17. Rang weltweit)
Lebenserwartung bei der Geburt (in Jahren)			
Frauen	83	81	87
Männer	78	76	81
BIP (in Mrd. US-$)	4212	20413	5167
BIP pro Person (in US-$)	50742	62234	40685

M3 *Kennzahlen ausgewählter Industrieländer (2018)*

Human Development Index (HDI)
Der HDI gibt den Entwicklungsstand eines Landes an. Er wird berechnet aus dem Bruttoinlandsprodukt (BIP) je Einwohner, der Lebenserwartung, der Bildung (mittlere Anzahl der besuchten Schuljahre) und der Kaufkraft der Menschen.

Bruttoinlandsprodukt (BIP)
Das BIP ist die Summe aller volkswirtschaftlichen Leistungen (Waren und Dienstleistungen), die innerhalb eines Jahres in einem Landes erbracht werden.

3 Vergleiche deinen Alltag mit dem von Jugendlichen in anderen Industrieländern. Berücksichtige dabei das Schulleben, die Freizeit, Jobs und weitere Unterschiede (M1, M2, M3).

4 Diskutiert die Aussagekraft der Kennzahlen eines Industrielandes für den Lebensstandard eines einzelnen Jugendlichen (M3).

1. Sportarten für Jugendliche in den USA, Deutschland und Japan

a) Lege eine Tabelle an und ordne den Staaten Deutschland, Japan und USA die abgebildeten Sportarten zu.

b) Überprüfe, ob manche Freizeitaktivitäten auch in mehreren Ländern typisch sind.

2. Schulleben in Deutschland im Vergleich

Erstelle mithilfe der aufgeführten Fragen eine Mindmap zu deinem Schulalltag. Vergleiche die Situation mit Jugendlichen, die in deinem Ort leben, aber eine andere Schule besuchen.

Wann stehst du auf?

Wie kommst du zur Schule?

Wann beginnt und endet die Schule?

Wann bist du wieder daheim?

Wie weit ist die Schule von deinem Wohnort entfernt?

Wie ist das Mittagessen in der Schule?

Welche Freizeitangebote macht die Schule und welche davon nutzt du?

Welche Probleme hast du mit dem Schulalltag?

Was gefällt dir an deiner Schule?

Welche „Highlights“ gibt es im Verlauf des Schuljahres und wie findest du sie? z. B. Eröffnungsfeier und Schuljahresabschlussfeier; Weihnachtsfeier; Sportfest, Ausflüge (Klassenfahrten, Schulausflüge/Wandertag, Berufswahl-Veranstaltungen, Praxis-Woche in Betrieben, Projekte, ...)

3. Welcher Begriff passt nicht zu den anderen? Begründe deine Wahl.

USA	Bangladesch	Japan	England
Jugendlicher	Juppie	Twen	Teenager
Schwellenland	Phantasialand	Entwicklungsland	Industrieland
Babysitten	Sport	Freunde treffen	Computerspiele

4. Tagesablauf von US-Jugendlichen, die einen Job haben, im Vergleich zu Jugendlichen ohne Job

a) Werte die Statistik aus.
b) Beschreibe Unterschiede zwischen den beiden Gruppen der Jugendlichen mit und ohne Nebenjob.
c) Vergleiche mit deinem Alltag.

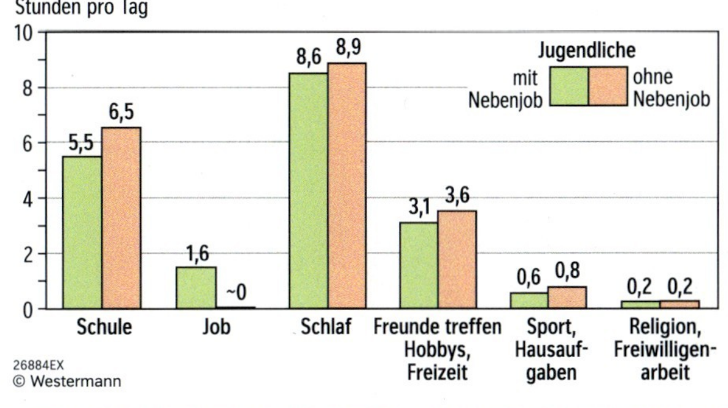

5. Typisch Stadt – typisch Land
Kommentiert und ergänzt die Liste:

Pro Stadtleben:
- In der Stadt ist immer was los: Kino, Konzert, Festival.
- „Ich hol mir noch schnell eine Pizza" ... in der Stadt kein Problem.
- Bei Notfällen sind Ärzte, Feuerwehr oder Polizei Minuten später vor Ort.
- Mücken und Spinnen ... von lästigen Tieren bleibt man verschont.
- In der Stadt ist ein Auto für viele Menschen dank Bus und Bahn nicht notwendig.
- Schuhe, Klamotten, Accessoires ... die Vielfalt der Angebote in der Stadt ist unschlagbar.
- Surfen und Telefonieren ... überall ohne Funklöcher

Pro Landleben:
- kaum Verkehr; idyllische Stille
- Landleben heißt Abenteuer.
- Wald und Wiesen mit frischer sauberer Luft
- Haustiere können artgerecht gehalten werden – mit viel Platz und Auslauf.
- Feste feiern ohne Ärger
- Jeder kennt sich.
- Nachbarschaftshilfe wird noch großgeschrieben.
- Das Leben ist preisgünstiger und die Wohnungen, Häuser, Gärten und Balkons größer.
- Kriminalität und Vandalismus sind kein Problem.

Aufgabe zur Lernkontrolle:
Beschäftige dich selbstständig mit einer Doppelseite dieses Kapitels. Stelle die wichtigsten Aussagen in einer Mindmap, Skizze oder Tabelle dar (vgl. Anhang S. 200 – 203). Präsentiere deine Ergebnisse vor der Klasse.

Das hast du in diesem Kapitel gelernt: Du kannst ...
- ✓ dein eigenes Alltagsleben beschreiben.
- ✓ die Lebensbedingungen von Jugendlichen im städtischen und ländlichen Raum vergleichen.
- ✓ Industrieländer der Erde lokalisieren und charakterisieren.
- ✓ das Leben von Jugendlichen in verschiedenen Industrieländern beschreiben und vergleichen.
- ✓ Besonderheiten im Alltag von Jugendlichen in den USA und Japan charakterisieren.

Erstelle deine Lernkartei zu den wichtigen Begriffen aus diesem Kapitel.

Grundbegriffe:
Großstadt
Industrieland
ländlicher Raum

3 Landwirtschaft heute – konventionell oder ökologisch?

M1 *Kuhstall in einem modernen Landwirtschaftsbetrieb*

M2 *Auf dem Wochenmarkt*

◁ **M3** *Grünlandwirtschaft im Allgäu*

Produkt	Anteil (in %)
Milch	23,7
Futterpflanzen	13,4
Rinder	10,7
Getreide	10,3
Dienstleistungen	7,9
Schweine	7,2
Obst	5,8
Kartoffeln	3,2
Geflügel	2,5
Hopfen	1,9
Zuckerrüben	1,8
Sonstige	11,6

M1 *Prozentualer Anteil einzelner Produkte an der landwirtschaftlichen Produktion in Bayern (Agrarbericht 2018)*

M2 *Verschiedene Formen der Landwirtschaft*

Aufgaben der Landwirtschaft

Geht man der Frage nach, warum die Landwirtschaft so wichtig ist, erhält man eine einfache Antwort. Durch Ackerbau und Viehhaltung wird die Ernährung der Bevölkerung gesichert. Die meisten Produkte werden jedoch nicht auf Wochenmärkten oder in Hofläden verkauft, sondern von der Lebensmittelindustrie verarbeitet.

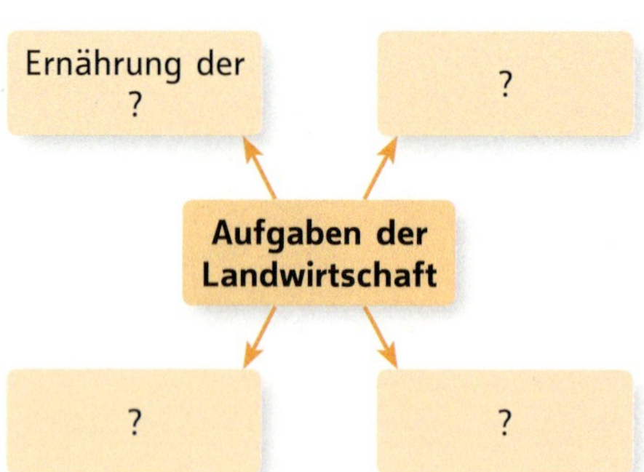

M3 *Aufgaben der Landwirtschaft*

Die Landwirtschaft ist aber auch ein wichtiger Zulieferer für verschiedene andere Bereiche der Wirtschaft. So erzeugen die Landwirte Rohstoffe, die von der Industrie beispielsweise zur Herstellung von Lederwaren und Arzneimitteln benötigt werden. Außerdem sind Landwirte Energielieferanten, da sie die Rohstoffe zur Herstellung von Biodiesel und Biogas erzeugen. Zu den Dienstleistungen in der Landwirtschaft zählen zum Beispiel Ferien auf dem Bauernhof.

Landwirte sind daran interessiert, dass der Boden und die Gewässer erhalten bleiben und geschützt werden, da diese ihre natürlichen Produktionsgrundlagen sind. Mit ihrer Arbeit pflegen die Landwirte die Landschaften und tragen zum Erhalt und zur Entwicklung einer über Jahrhunderte gewachsenen **Kulturlandschaft** bei.

1 ↗ a) Lokalisiere, wo die Fotos aufgenommen worden sein könnten (M2, Atlas).
b) Liste die landwirtschaftliche Nutzung in deiner Region auf (Atlas).

2 Nenne die Aufgaben der Landwirtschaft. Übertrage dazu das Schema M3 in dein Heft und vervollständige es.

M4 *Bei der Rübenernte 1975 und heute: Der Rübenvollernter kann bei Tag und Nacht arbeiten.*

Strukturwandel in der Landwirtschaft

Um 1950 gab es in Deutschland mehr Bauernhöfe als heute. Sie waren meist nur fünf bis zehn Hektar (ha) groß (2019 durchschnittlich 63 ha). Jeder Landwirt baute auf seinen Äckern mehrere Feldfrüchte an. Schwere Arbeiten erledigte die Familie zusammen mit ihren Hilfskräften von Hand. Es gab kaum Maschinen. In den letzten Jahrzehnten haben viele Landwirte ihre Betriebe aufgegeben. Die Höfe waren zu klein und die Erträge zu gering. Andere Bauern hingegen vergrößerten ihre Höfe. Sie kauften oder pachteten Land dazu. Man spricht von einem **Strukturwandel**. Heute erleichtern leistungsfähige Landmaschinen wie Mähdrescher die Arbeit. Auf diese Weise werden Arbeitskräfte eingespart. Die **Mechanisierung** in der Landwirtschaft hat ständig zugenommen. Das wirkt sich auf die produzierte Menge an Nahrungsmitteln aus. 2019 konnte ein deutscher Landwirt im Durchschnitt Nahrungsmittel für etwa 155 Menschen erzeugen. Zudem beschränken sich die Bauern heute auf wenige Produkte. So bauen manche nur Getreide an; andere halten nur Milchkühe. Es hat eine **Spezialisierung** stattgefunden.

ⓘ Strukturwandel
Veränderung in der Struktur eines Raumes (z. B. Wirtschaftsstruktur) oder eines Betriebes (Betriebsstruktur). Struktur bedeutet dabei die Anordnung einzelner Teile innerhalb der Wirtschaft oder eines Betriebes zueinander.

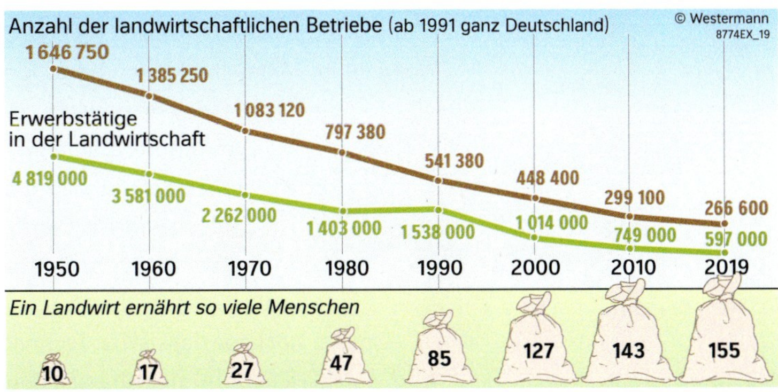

M5 *Die deutsche Landwirtschaft im Wandel*

3 Erstelle ein Diagramm zu den prozentualen Anteilen landwirtschaftlicher Produkte in Bayern (M1, vgl. Methode S. 201).

4 Werte das Schaubild aus (M5, vgl. Methode S. 201).

5 Beschreibt die Veränderungen in der Landwirtschaft (M4, M5).

M1 *Beregnung des Ackerbodens mit Pestiziden*

M3 *Hühnerhaltung in der konventionellen Landwirtschaft (Bodenhaltung)*

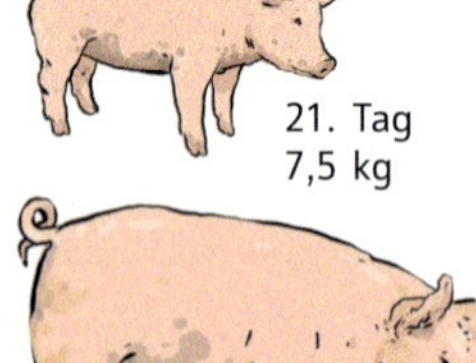

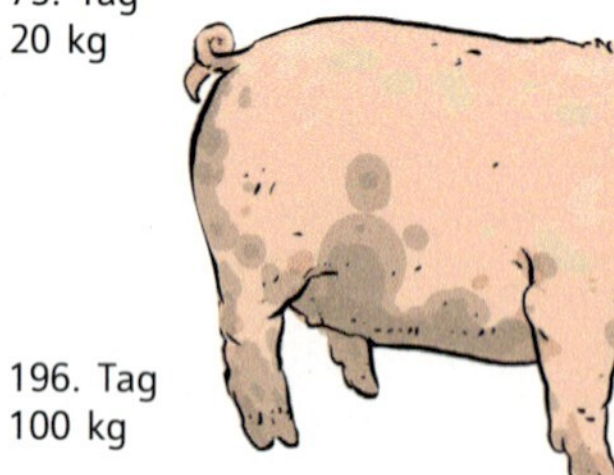

M2 *Gewichtszunahme bei der Schweinemast*

Entwicklung der Landwirtschaft

Ungefähr ein Drittel aller landwirtschaftlichen Betriebe Deutschlands ist in Bayern beheimatet. Jeder elfte Landwirt arbeitet nach ökologischen Vorgaben, der Rest bewirtschaftet seinen Hof konventionell.

Die **konventionelle Landwirtschaft** beschreibt herkömmliche Formen der Landwirtschaft, die sich jedoch über die Jahrhunderte verändert haben. Während bereits im Mittelalter Neuerungen wie die **Dreifelderwirtschaft** zu Veränderungen führten, zeichnet sich die konventionelle Landwirtschaft von heute vor allem durch den Einsatz hochspezialisierter Technik und durch Hilfsmittel der chemischen Industrie aus.

Notwendig machten diese Neuerungen der Konkurrenzdruck unter den Landwirten und die steigende Nachfrage nach günstigen Lebensmitteln.

Durch die Möglichkeit des Einsatzes von chemischen Pflanzenschutzmitteln und synthetischen Düngemitteln können Landwirte höhere Gewinne erzielen. Auch für die Tierhaltung stehen industriell produzierte Futtermittel zur Verfügung und die Ställe sind bei der **Intensivtierhaltung** stärker ausgelastet. Das sind nur einige Beispiele, durch die sich die konventionelle Landwirtschaft auszeichnet.

All diese Maßnahmen geschehen jedoch im Rahmen der gültigen Gesetze, Richtlinien und Verordnungen. Die konventionelle Landwirtschaft ist die häufigste Form der Landwirtschaft in Industrieländern weltweit.

1 Nenne Möglichkeiten, wie in der konventionellen Landwirtschaft höhere Gewinne erzielt werden können (M1–M3).

2 Recherchiere Veränderungen in der Landwirtschaft im Laufe der Jahrhunderte (Internet).

M4 *Automatisierung mithilfe digitaler Halsbänder*

M6 *Melkkarussell mit rund 50 Kühen – die Kühe verlassen das Melkkarussell nach dem Melken wieder.*

Mein Vater und ich bewirtschaften unseren Hof, auf dem ich aufgewachsen bin. So bin ich von Jugend an mit den finanziellen Problemen der konventionellen Landwirtschaft vertraut. Die Zeiten haben sich aber geändert, viele Verbraucher möchten immer günstigere Produkte. Ohne Umstellung des Betriebes wären wir heute weder konkurrenzfähig noch wäre unsere Zukunft gesichert. So haben wir beschlossen, unseren Betrieb zu vergrößern und uns dabei auf nur eine Tierart zu spezialisieren. Dies erforderte hohe Investitionen, deren Kosten wiederum erwirtschaftet werden müssen. Mittlerweile besitzen wir 400 Milchkühe und einen modernen Boxenlaufstall mit automatischen Melkmaschinen. Gefüttert werden die Kühe mit Mais aus eigenem Anbau und mit zugekauftem Tierfutter. Durch die Mechanisierung sind wir in der Lage, mehr Kühe zu halten. Das nennt man **Intensivierung**. Wir erwirtschaften auf gleicher Fläche mehr als vorher. Zur Stromgewinnung haben wir Fotovoltaikanlagen auf dem Dach des Stalles installiert. Wir haben hohe Ausgaben für Ställe und Maschinen, für Saatgut, Dünger, den Tierarzt und Medikamente. Zudem können Ernteausfälle und sinkende Preise durch günstiger wirtschaftende Konkurrenten unsere Einnahmen verringern. Deswegen sind wir trotz Spezialisierung und Intensivierung auf zusätzliche Einnahmequellen angewiesen.

M5 *Landwirt Huber berichtet.*

3 Erkläre die Begriffe Spezialisierung und Intensivierung am Beispiel des Hofes von Landwirt Huber (M4–M6).

4 Diskutiert Vor- und Nachteile der konventionellen Landwirtschaft (M1–M6).

M1 *Das deutsche Bio-Siegel und das EU-Bio-Logo*

M2 *Bio-Eier im Supermarkt*

M3 *Hühner in ökologischer Haltung*

Bio – was bedeutet das?

Viele Verbraucher möchten Lebensmittel kaufen, bei deren Produktion auf chemische Pflanzenschutzmittel, Mineraldünger und Gentechnik verzichtet wurde. Auch die Intensivtierhaltung wird zunehmend kritisiert. Deshalb greifen viele Kunden zu sogenannten Bio-Produkten aus der **ökologischen Landwirtschaft.**

Bei dieser Form der Landwirtschaft arbeitet der Betrieb in einem natürlichen und geschlossenen Kreislauf. Das Futter für die Tiere wird oft auf eigenen Feldern angebaut. Mit dem anfallenden Mist werden die Ackerflächen gedüngt. Dadurch wird der Boden fruchtbar und bringt wieder neues Futter. So braucht man weniger künstlichen Dünger. Das ist eine **nachhaltige** Wirtschaftsweise.

Die Tiere der ökologisch betriebenen Höfe haben im Stall sowie im Außengehege viel Platz. Es wird eine **artgerechte Tierhaltung** angestrebt. Die Zahl der Tiere richtet sich danach, ob ausreichend Viehfutter auf dem eigenen Hof angebaut wird. Der Boden wird schonend bearbeitet. Ein abwechslungsreicher **Fruchtwechsel** verhindert, dass dem Boden einseitig Nährstoffe entzogen werden.

Die ökologische Landwirtschaft braucht mehr Arbeitskräfte, mehr Zeit und die Erträge sind meist geringer. Das macht die erzeugten Nahrungsmittel teurer und damit nicht für jeden Kunden finanzierbar.

Die ökologische Landwirtschaft und deren Produkte werden zwar immer beliebter, aber nur etwa jeder elfte Betrieb in Bayern produziert ökologisch. Daher wird das mittlerweile reichhaltige Angebot an Bio-Produkten auch aus dem Ausland aufwendig zu deutschen Lebensmittelgeschäften transportiert.

1. Bio-Produkte werden mit Siegeln ausgezeichnet. Erkläre, welche Maßnahmen dafür bei der Produktion berücksichtigt werden müssen (M1 – M4).

2. a) Erstellt eine Liste mit Lebensmittelhändlern, bei denen ihr Bio-Produkte kaufen könnt (M2, M6).
b) Vergleicht die Preise von drei Bio-Produkten mit herkömmlichen Produkten in Form einer Tabelle.
c) Begründet die Unterschiede.

M4 *Kühe in ökologischer Haltung*

M6 *Direktverkauf im Hofladen*

M7 *Fruchtwechsel*

1998 habe ich zusammen mit meinem Mann den landwirtschaftlichen Betrieb meiner Eltern übernommen. Im Jahr 2000 begannen wir mit der Umstellung auf ökologische Landwirtschaft. Im elterlichen Betrieb hatte uns der Einsatz von Chemie schon lange missfallen. Deswegen und aus Gründen einer bewussten Ernährung stellten wir unseren Betrieb zum Biohof um. Uns wurde nach einem Futtermittelskandal bewusst, dass wir mit dem Zukauf von Futtermitteln keine Sicherheit hatten. Das war ein weiterer Grund, auf ökologische Landwirtschaft umzustellen. Also begannen wir, auch unsere eigenen Futtermittel nach ökologischen Anbauweisen auf unserem Hof zu produzieren, um uns zudem unabhängig von den schwankenden Einkaufspreisen für Futtermittel zu machen. Wir bewirtschaften heute 170 ha Land, davon sind 90 ha Grünland. Auf je einem Hektar bauen wir Gemüse und Kartoffeln an. Wir betreiben Fruchtwechsel, um die Bodenfruchtbarkeit zu erhalten, setzen biologischen Pflanzenschutz ein und düngen mit Stallmist. So sparen wir Geld für Düngemittel. Neben Legehennen halten wir Schweine, Rinder und Milchkühe aus eigener Nachzucht. Unser Erfolgsrezept ist der Direktverkauf unserer Erzeugnisse im eigenen Hofladen, anstatt sie nur über einen Großhändler mit geringerem Gewinn für uns zu verkaufen.

M5 *Öko-Bäuerin Maas berichtet.*

3 Nenne die Gründe, die Bäuerin Maas veranlasst haben, auf Ökolandwirtschaft umzusteigen (M5–M7).

4 Ermittle Ursachen für das zunehmend reichhaltigere Angebot an Bio-Produkten.

5 Bio-Produkte sind meist teurer. Diskutiert an einem regionalen Produkt, ob ihr es dennoch kaufen würdet und begründet eure Entscheidung.

M1 *Schweine der Haltungsform 3 in einem konventionellen Betrieb*

M3 *Schweine der Haltungsform 4*

Haltungsformen
Lebensmittelhändler führten 2019 einheitliche Haltungskennzeichen ein, die dem Verbraucher Auskunft über die Haltung der Tiere geben. Mit dem neuen, vierstufigen Label kennzeichnen die Händler Fleisch von Schweinen, Rindern, Hühnern und Puten, das in Selbstbedienungstheken ausliegt.

Intensivtierhaltung

Bei der Intensivtierhaltung, die es bei Schweinen gibt, werden die Tiere in großer Zahl auf engem Raum gehalten. Diese Betriebe haben computergesteuerte Fütterungsstationen: Schweine tragen einen Chip im Ohr. Damit wird ihnen an der Futterstation automatisch die richtige Menge an Futter ausgeschüttet. Das spart dem Bauern Arbeit und er kann mehr Tiere halten und verkaufen. Für den Verbraucher führt das dazu, dass das Fleisch preiswert und in großer Menge angeboten wird. Ist das Angebot sehr groß, fallen die Preise.

Wiederentdeckung alter Rassen

Während die großen Supermarktketten meist günstiges Schweinefleisch aus Intensivtierhaltung anbieten, verändern einige kleine Metzgereien ihr Angebot. Man findet dort zum Beispiel auch Fleisch des Schwäbisch-Hällischen Landschweines, das bis zu seiner Schlachtung frei und artgerecht leben kann. Die Ställe sind hell und weitläufig, in vielen Betrieben haben die Tiere Auslauf im Freien. Das Fleisch ist fester, etwas dunkler und kräftiger im Geschmack. Es ist aber auch teurer als das übliche Schweinefleisch im Supermarkt.

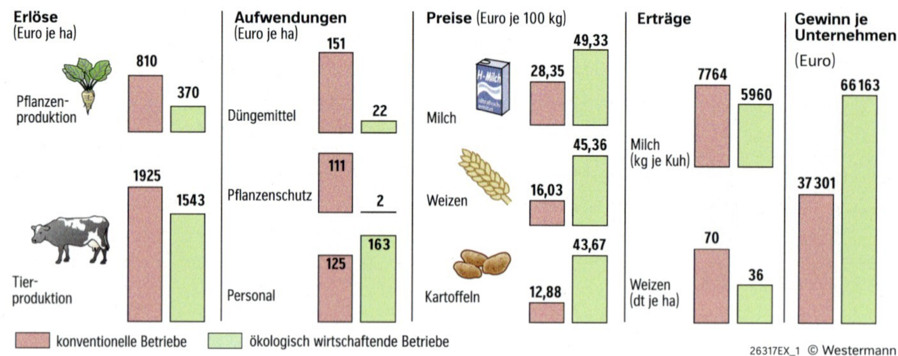

M2 *Vergleich von konventioneller und ökologischer Landwirtschaft*

1 a) Beschreibe die Intensivtierhaltung von Schweinen (M1).
b) Vergleiche diese mit der Haltung des Schwäbisch-Hällischen Landschweins (M3).

2 a) Erstellt eine Übersicht zu den einzelnen Haltungsformen von Schweinen (M1, M3, Info, Internet).
b) Diskutiert das Schweinefleischangebot in eurem Supermarkt.

M4 *Mögliche Fragen an den Landwirt*

Erkundung eines landwirtschaftlichen Betriebes

Wählt gemeinsam in der Klasse einen Betrieb aus. Nehmt Kontakt zum Inhaber des Hofes auf und legt einen Erkundungstermin fest.
Im Unterricht solltet ihr bereits vorab Erkundungsthemen absprechen. Je nach Art des Betriebes könnten beispielsweise folgende Themen festgelegt werden:

- Lage und Anlage des Hofes
- Arbeiten auf dem Bauernhof
- Anbau regionaler Produkte
- Verkauf von Erzeugnissen
- Energieproduktion

Bildet Expertenteams, die jeweils die Erkundung für eines der Themen vorbereiten.

Drei Schritte zur Erkundung eines Landwirtschaftsbetriebes

1. Vorbereitung in den Expertenteams
- Überlegt euch in Expertenteams Fragen, die für euer Thema wichtig sind.
- Besorgt die Arbeitsmittel für die Befragung, zum Zeichnen eines Planes oder für sonstige Notizen.
- Bringt ein Smartphone für die Aufnahme eines Interviews oder das Fotografieren der Hofanlage mit.
- Legt fest, wer für das Fotografieren, wer für das Befragen und wer für Notizen zuständig ist.

2. Durchführung
- Besichtigt die Hofanlage.
- Nehmt Kontakt zu den Interviewpartnern auf.
- Sammelt möglichst viele Informationen zu eurem Thema.
- Fertigt Fotos an, um euer Thema später anschaulich zu präsentieren.

3. Auswertung und Präsentation
- Besprecht in den Expertenteams die Ergebnisse und legt die wichtigsten bzw. interessantesten Informationen gemeinsam fest.
- Besprecht gemeinsam die Art der Präsentation (z. B. Plakat).
- Nutzt die vorhandenen Informationen, Bilder und Skizzen der Betriebserkundung.
- Besprecht vor der Präsentation, wer welche Aufgaben übernimmt.

ℹ Der Bayerischer Bauernverband verweist für die Erkundung landwirtschaftlicher Betriebe auf die „Interessengemeinschaft Lernort Bauernhof – Erlebnishöfe in Bayern“. Zudem finanziert die Bundesanstalt für Landwirtschaft und Ernährung (BLE) ein Programm zur Erkundung von ökologisch wirtschaftenden Bauernhöfen. In ganz Deutschland stehen 242 Demonstrationsbetriebe zur Auswahl.

3 Listet die Unterschiede zwischen der ökologischen und der konventionellen Landwirtschaft in Form einer Tabelle auf (M2, vgl. S. 58–61).

4 Ⓜ a) Führt eine Betriebserkundung in einem landwirtschaftlichen Betrieb durch.
b) Setzt euch dort mit den Fragen in M4 auseinander.

M1 *Windräder auf Agrarflächen*

Energie statt Milch?

Die Nutzung landwirtschaftlicher Flächen hat sich in den letzten Jahrzehnten verändert. Viele Landwirte sind zusätzlich Energiewirte. Sie produzieren elektrische Energie, indem sie Windkraft- oder Solaranlagen auf ihren Feldern aufstellen. Dieser Strom wird in das Stromnetz eingespeist, wofür die Bauern Geld erhalten.

Andere Landwirte produzieren Rohstoffe für die Erzeugung von biologischen Brennstoffen. Aus diesen Stoffen werden neben Strom auch Wärme und Kraftstoff erzeugt.

Immer mehr Menschen entscheiden sich für Strom aus erneuerbaren Energieträgern, da die aus Wind, Sonne und Pflanzen erzeugte Energie umweltfreundlich ist. Die begrenzte Verfügbarkeit nicht erneuerbarer Energieträger macht diese Form der Energiegewinnung zukünftig immer wichtiger.

M2 *Biokraftstoffe – Erzeugung und Verbrauch*

1. Ordne folgende Begriffe den Zahlen in M2 zu: Sonneneinstrahlung, Rapsernte, Ölmühle, Futter, Rapsöl, Biogas, Gülle, Biodiesel, Pflanzen nehmen CO_2 wieder auf.

2. Liste die Möglichkeiten der Landwirte zur Energieerzeugung auf (M1, M2).

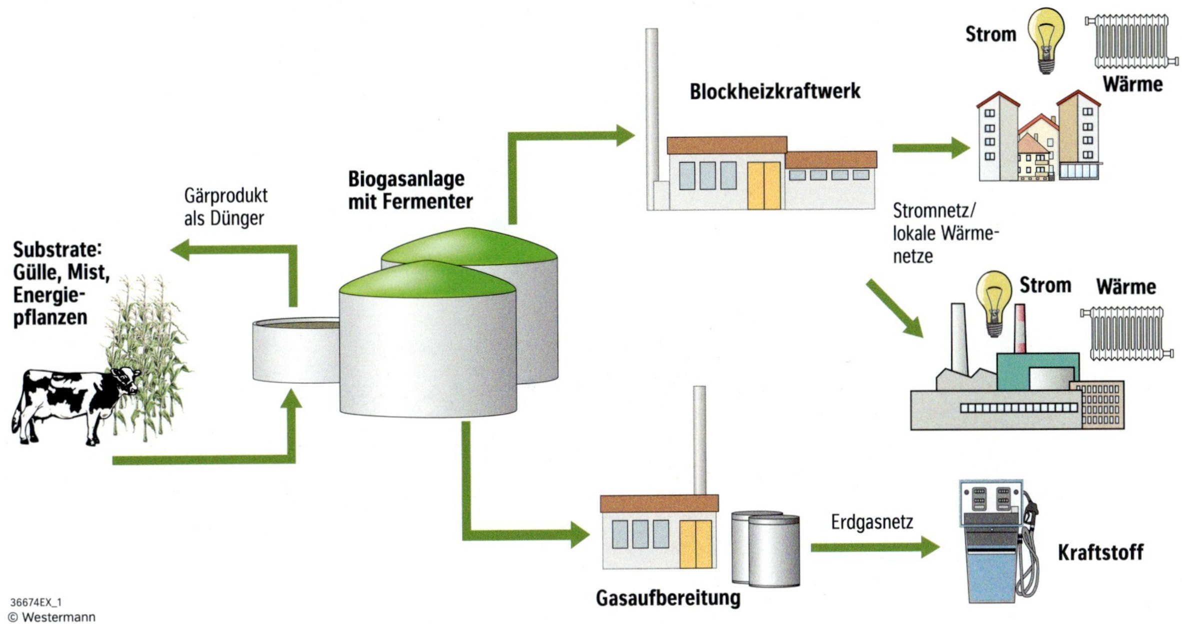

M3 *Funktionsschema einer Biogasanlage*

Biogas – Energieträger der Zukunft?

Ausgangsstoff für die Energiegewinnung in einer Biogasanlage ist **Biomasse**. Als Biomasse genutzt werden können Restprodukte aus der Landwirtschaft wie Gülle, Schnittgut sowie Energiepflanzen wie Mais oder Raps.

Die Biomasse wird in Gärtanks (Fermentern) unter Ausschluss von Licht und Sauerstoff von Mikroorganismen abgebaut. Es entsteht Biogas.

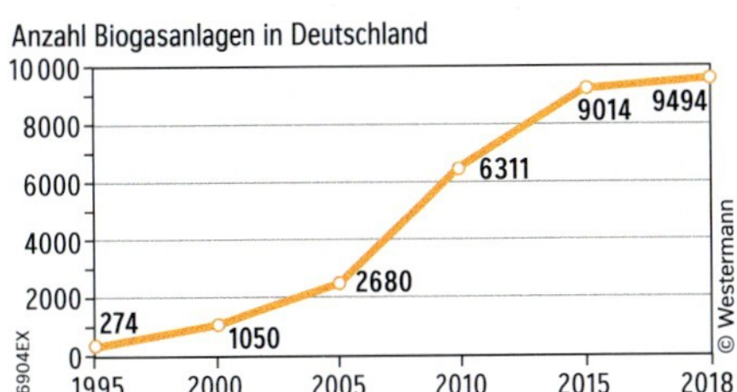

M4 *Entwicklung der Zahl von Biogasanlagen*

Ein Generator erzeugt in Blockheizkraftwerken aus dem Biogas Wärme sowie Strom, der ins öffentliche Netz eingespeist wird. Die Wärme benötigt man für die Fermenter, kann sie aber auch zu Heizzwecken verkaufen. Die anfallenden Reststoffe in den Gärtanks sind als Dünger für die Felder nutzbar.

Biogasanlagen können die alleinige Einnahmequelle sein, indem der Landwirt die eingesetzte Biomasse selbst produziert und durch Verkauf von Strom und Wärme Geld verdient. Manche Landwirte schließen sich für den teuren Bau einer Anlage auch mit anderen zusammen, um unabhängiger von Preisschwankungen für Milch, Fleisch und Getreide zu werden. Biogas stellt so eine weitere Einnahmequelle für die Landwirte dar.

3 Erläutert die Funktionsweise einer Biogasanlage anhand des Schemas (M3).

4 a) Wertet das Diagramm zur Entwicklung der Anzahl von Biogasanlagen aus (M4).
b) Überprüft die Aussage „Biogas – Energieträger der Zukunft“ (M4).

M1 *Maisernte in Niederbayern*

Biokraftstoff

Verkehrsmittel verbrauchen bis zu 40 Prozent des weltweit verfügbaren Mineralöls. Diesen hohen Anteil versucht man durch alternative Antriebstechniken (Hybrid-Fahrzeuge), Einsparmaßnahmen und neue Treibstoffe (Biokraftstoffe) zu reduzieren. Dazu wurde in Deutschland das Biokraftstoffquotengesetz eingeführt: Seit 2015 müssen jährlich drei Prozent (bis 2020 sechs Prozent) der durch Kraftstoffe verursachten Treibhausgase eingespart werden. Dies kann zum Beispiel durch den Einsatz von Biokraftstoffen geschehen. Damit möchte die Regierung den CO_2-Ausstoß verringern.

Allerdings ist diese Form der Energieverwendung umstritten, denn auf den Anbauflächen für die Energiepflanzen können keine für die Ernährung wichtigen Pflanzen angebaut werden. Um 50 Liter Bioethanol zu gewinnen, werden ca. 350 Kilogramm Mais benötigt. Davon könnte ein Mensch in einem Entwicklungsland ein Jahr lang leben.

Hauptanbaugebiet für Mais ist in Bayern die Region Niederbayern rund um Passau.

M2 *Karikatur: „Sorry“*

1. Liste die Kritikpunkte am Anbau von Mais für Biokraftstoff auf (M1–M3).
2. Wertet die Karikatur M2 aus (vgl. Methode S. 203).

[...] Bei Windrädern sprechen Kritiker oft von „Verspargelung" der Landschaft. Wenn es um riesige, schier endlos erscheinende Maisfelder geht, dann ist von „Vermaisung" die Rede. Mais ist die Lieblingspflanze vieler Landwirte, die sich der Biogaserzeugung verschrieben haben. Auf etwa 1,4 Millionen Hektar wird hierzulande Mais als Energiepflanze angebaut. Drei von vier Energiepflanzen sind Maispflanzen.
Mais hat einige Vorteile, unter anderem ist der Biogasertrag recht hoch. Er hat aber auch Nachteile: Mais braucht einiges an Dünger und Pflanzenschutzmitteln, er führt zu Bodenerosion und lockt Wildschweine an. Andererseits finden Insekten in Maisfeldern kaum Pollen und Nektar.
Zur alternativen Energiepflanze mausert sich inzwischen die sogenannte „Durchwachsene Silphie", ein aus Nordamerika stammender Korbblütler. Sie erscheint wie eine kleine Sonnenblume. Besonders in Süddeutschland haben einige Landwirte die Silphie erfolgreich als Alternative zum Mais entdeckt. [...]

(Gerd Stuhlfauth: Silphie als neue Energiepflanze. Alternative zu Mais. In: Deutschlandfunk Online. 17.8.2017)

M3 *Maisanbau für Biokraftstoffe*

M5 *Biosprit – auch an deutschen Tankstellen*

Biokraftstoffe

Biokraftstoffe sind flüssige oder gasförmige Kraftstoffe, die aus Biomasse gewonnen werden. Biomasse besteht aus pflanzlichen Rohstoffen, wie z. B. Ölpflanzen, Getreide und Zuckerrüben.
In Deutschland ist Rapsöl der am meisten verwendete Grundstoff für Biosprit. In Deutschland gibt es seit 2011 den E10-Kraftstoff. Er enthält zwischen fünf und zehn Prozent Bioethanol.

[...] Biokraftstoffe können helfen, unabhängiger vom [Erd]öl zu werden: Öl ist endlich. Mit der immer weiter voranschreitenden Abnahme von Ölreserven wird es zukünftig immer wichtiger, die Abhängigkeit vom Öl zu reduzieren. Biokraftstoffe bieten eine Möglichkeit, die Abhängigkeit vom Öl zu mindern, ohne dass größere Risiken für Mensch und Umwelt eingegangen werden müssen.
[...] Die Kosten der Förderung werden stark zunehmen: Um die Förderung von Öl aufrechtzuerhalten, ist es inzwischen notwendig, Öl aus der Tiefsee zu fördern. Die Katastrophe im Golf von Mexiko hat gezeigt, welche Risiken dies für Mensch und Natur birgt. [...]
Biokraftstoffe können eine bessere CO_2-Bilanz aufweisen als fossile Kraftstoffe: Das Ziel von Biokraftstoffen ist die Reduktion der CO_2-Emissionen. Tatsächlich ist das CO_2-Reduktionspotenzial von Biokraftstoffen sehr unterschiedlich [...], jedoch für die allermeisten Biokraftstoffe der Fall. [...]

(Michael Bräuninger und Leon Leschus: Pro und Kontra Biokraftstoffe. In: Hamburgisches WeltWirtschafts-Institut Online. Ausgabe 03/2011)

M4 *Vorteile von Biosprit*

3 Nenne Gründe für den Einsatz von Biokraftstoffen (M4).

4 Diskutiert die Notwendigkeit des Anbaus von Mais zur Energiegewinnung (M5).

1. Alles Bio?
Erläutere, was unter den in der Abbildung genannten Begriffen zu verstehen ist.

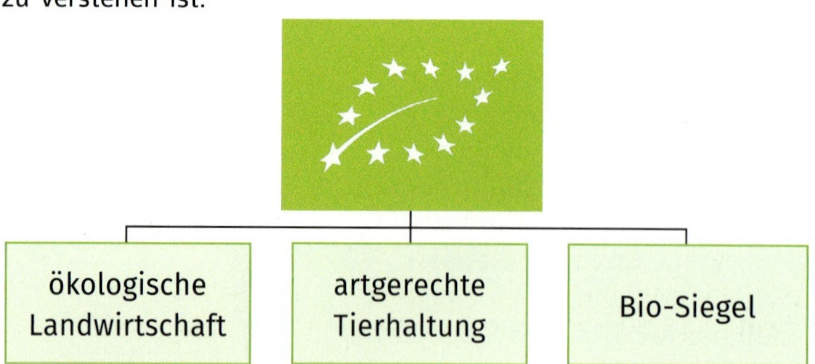

4. Landwirtschaftsregion Bayern
a) Nenne zwei Regionen in Bayern, in denen Gemüse angebaut wird (Atlas).
b) Nenne zwei Regionen in Bayern, die vorwiegend für den Ackerbau genutzt werden (Atlas).

2. Biogas
Erkläre mithilfe der Skizze die Funktionsweise einer Biogasanlage.

3. Karikatur zum Thema Biosprit
Werte die Karikatur aus.

5. Lückentext
Übertrage den Lückentext in dein Heft und vervollständige ihn mithilfe folgender Begriffe.

① Raps, ② Energie, ③ Windräder, ④ Biodiesel, ⑤ Strom, ⑥ Biogas, ⑦ Wärme, ⑧ Mais, ⑨ Kraftstoffe, ⑩ Solaranlagen

Immer mehr Bauern produzieren ? in Form von ?, ? und ?. Auf vielen Feldern befinden sich ? und ?. Aus Feldfrüchten wie ? und ? werden u.a. ? und ? gewonnen.

6. Welcher Begriff passt nicht zu den anderen? Begründe deine Wahl.

Strukturwandel	Mechanisierung	Spezialisierung	Biokraftstoffe
Pflanzenschutz	Mineraldünger	Futtermittel	Fruchtwechsel
Nachhaltigkeit	Intensivtierhaltung	Fruchtwechsel	ökologische Landwirtschaft
Viehwirtschaft	Ackerbau	Forstwirtschaft	Energieerzeugung

7. Landwirtschaft im Wandel

a) Beschreibe die Veränderungen in der Landwirtschaft am Beispiel des unten dargestellten Betriebes.

b) Begründe, warum ein Bauer heute viel mehr Menschen als früher ernähren kann. Verwende die Begriffe Mechanisierung und Spezialisierung.

	früher (um 1975)	**heute (2019)**
Fläche	20 Hektar	70 Hektar
Vieh	30 Kühe, 20 Bullen, 70 Schweine, 80 Hühner, 20 Enten	150 Milchkühe, 110 Jungrinder, 30 Kälber, 1 Zuchtbulle
Nutzung	Grünland, Weizen, Kartoffeln, Gerste, Rüben	Grünland, Mais
Maschinen/ Geräte	2 kleine Schlepper, Egge, Sämaschine, Pflug, Miststreuer, Mähdrescher	3 Schlepper, Melkroboter, Futterroboter, Spaltenroboter, Düngerstreuer, Güllefass mit Schleppschläuchen, Mais-Sämaschine
Arbeitskräfte	Bauer, Bäuerin, Großeltern, Kinder, Knecht	Großvater, Bauer, Bäuerin (Beruf Erzieherin), 3-5 Erntehelfer
Absatz-produkte	Milch, Kartoffeln, Eier, Fleisch	Milch, Nebenprodukt: Rindfleisch
Zuerwerb		Stromverkauf, Hofladen

Aufgabe zur Lernkontrolle:
Beschäftige dich selbstständig mit einer Doppelseite dieses Kapitels. Stelle die wichtigsten Aussagen in einer Mindmap, Skizze oder Tabelle dar (vgl. Anhang S. 200–203). Präsentiere deine Ergebnisse vor der Klasse.

Das hast du in diesem Kapitel gelernt: Du kannst ...

- ✓ die Aufgaben der Landwirtschaft auflisten.
- ✓ den Strukturwandel in der Landwirtschaft erklären.
- ✓ die Wirtschaftsweise eines Ökobetriebes und eines konventionellen Betriebes erläutern.
- ✓ die konventionelle und ökologische Landwirtschaft vergleichen und bewerten.
- ✓ einen landwirtschaftlichen Betrieb erkunden.
- ✓ die günstigen Preise für Schweinefleisch bewerten.
- ✓ gesellschaftliche Auswirkungen des Fortschritts in der Landwirtschaft aufzeigen.
- ✓ den Einsatz nachwachsender Rohstoffe zur Energiegewinnung diskutieren.

Erstelle deine Lernkartei zu den wichtigen Begriffen aus diesem Kapitel.

Grundbegriffe:
artgerechte Tierhaltung
Biomasse
Dreifelderwirtschaft
Fruchtwechsel
Intensivierung
Intensivtierhaltung
konventionelle Landwirtschaft
Kulturlandschaft
Mechanisierung
nachhaltig
ökologische Landwirtschaft
Spezialisierung
Strukturwandel

4 Energie – Bedarf und Möglichkeiten

M1 *Solarpark*

M2 *Ende des Steinkohlebergbaus in Deutschland. Bundespräsident Frank-Walter Steinmeier hält das letzte Stück Steinkohle, das in Deutschland gefördert wurde, zusammen mit Bergleuten in den Händen (2018).*

◁ **M3** *Windkraftanlagen am Alpenrand*

M1 *Rohstoffförderung im Bergbau (Braunkohleabbau im Tagebau)*

Ressourcen und Rohstoffe
Ressourcen sind alle natürlich vorhandenen Vorräte an Stoffen und Energien, die für den Menschen interessant sind. Dazu zählen sowohl die Bodenschätze (Kohle, Erze, Erdöl) als auch Wasser, Böden, Holz, landwirtschaftliche Produkte und die Strahlungsenergie der Sonne.
Rohstoffe sind die Stoffe, die der Natur entnommen werden. Sie können vom Menschen genutzt werden.

Ohne sie geht es nicht

Jeder Mensch verbraucht ständig eine Vielzahl an Gütern. Schon durch das Duschen am Morgen, das Zurechtmachen und das Frühstück hat jeder Trinkwasser, Energie (Strom) und Nahrungsmittel verbraucht. Um allein diese Güter herstellen zu können, müssen verschiedene **Rohstoffe** in großen Mengen verarbeitet werden.

Da diese Güter täglich benötigt werden, müssen der Natur ständig **Ressourcen** entnommen und den verarbeitenden Unternehmen zur Verfügung gestellt werden. Einige Ressourcen werden besonders durch den Bergbau umfangreich abgebaut. Dadurch werden sie immer knapper. Zu diesen Ressourcen gehören unter anderem Kohle, Erdöl und Erze.

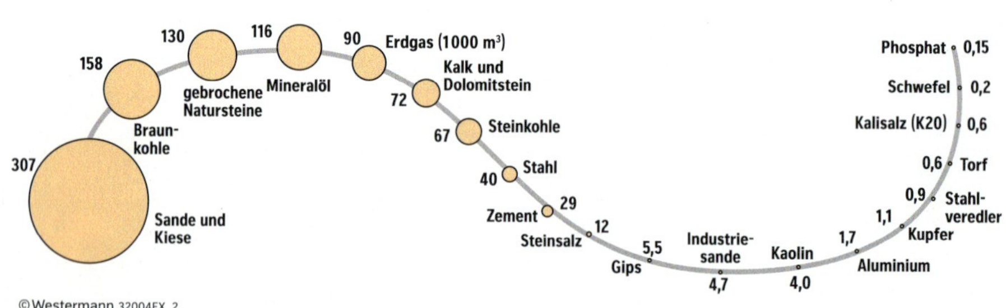

M2 *Rohstoffverbrauch eines Deutschen (Lebenserwartung: etwa 80 Jahre, in Tonnen)*

1. Nenne mind. fünf Rohstoffe, die dir in direkter und verarbeiteter Form im Alltag begegnen (M2).
2. Recherchiere drei Rohstoffe, die dir aus M2 unbekannt sind.
3. Lokalisiere Rohstoffabbaugebiete in Deutschland (M1, M2, Atlas).
4. Begründet, warum die Förderung der Rohstoffe im Bergbau besonders kostspielig ist (M1).

Energieträger

Eine besondere Rolle unter den Ressourcen spielen die **Energieträger**, da sie die Quellen der von uns benötigten Energien sind, zum Beispiel in Form von Strom oder Treibstoffen. Ohne sie würde kein Kühlschrank funktionieren, kein Auto fahren und keine Wohnung warm werden.

Die nicht erneuerbaren Energieträger werden auch als **primäre Energieträger** bezeichnet. Sie schädigen durch ihre Verarbeitung die Umwelt und werden zukünftig immer knapper. Deshalb werden die **erneuerbaren Energien** für den Menschen immer interessanter.

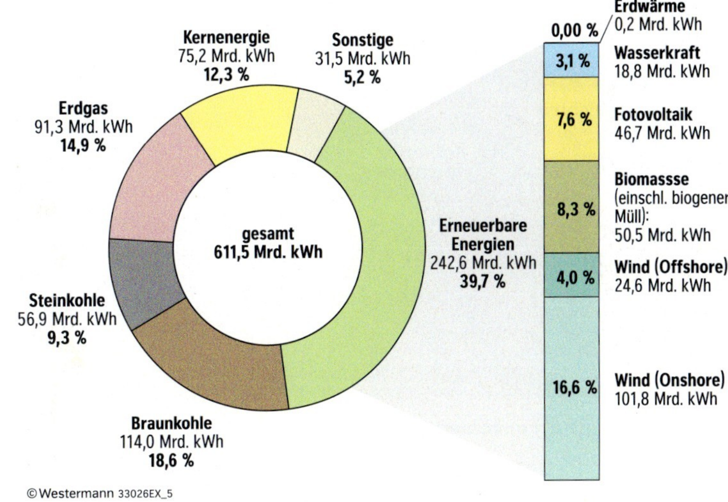

M4 *Stromgewinnung in Deutschland (2019)*

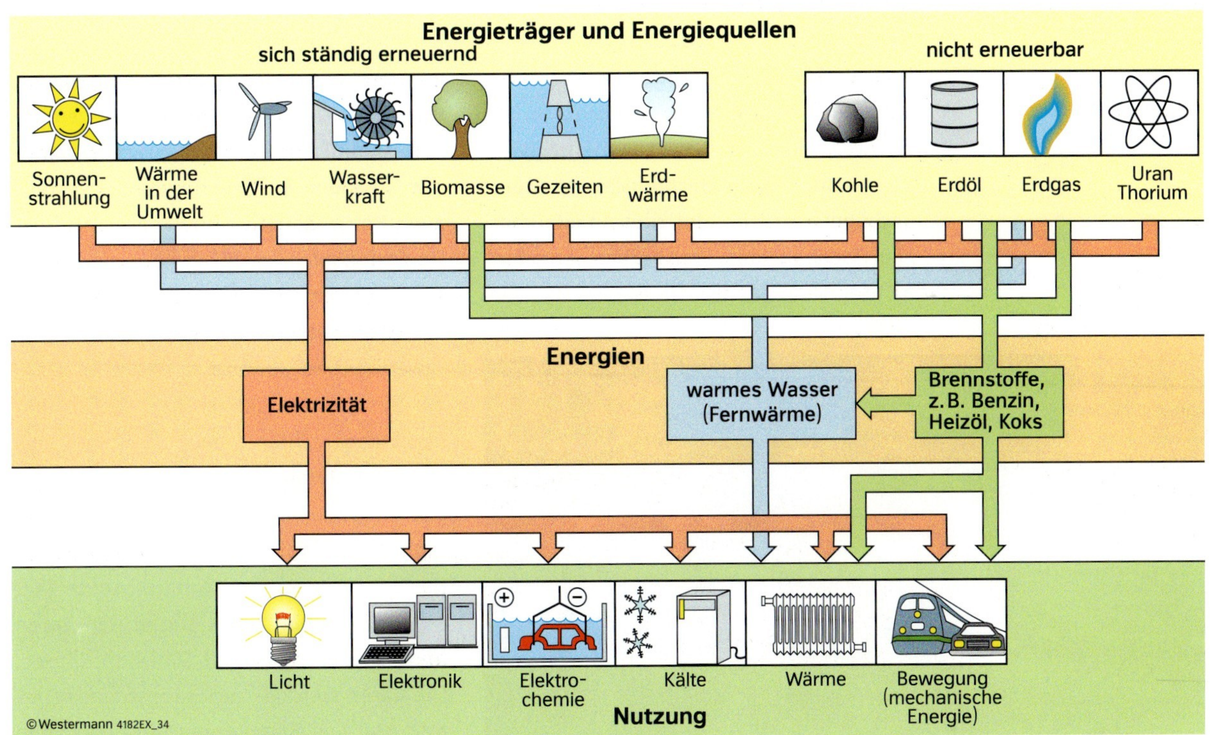

M3 *Überblick über Energieträger und -quellen sowie deren Nutzung*

5 a) Beschreibt die Grafik M3.
b) Ermittelt für folgende Geräte die Energiequellen, die dafür nutzbar gemacht werden können: Lampe, Auto, Klimaanlage, Heizung.

6 (M) a) Recherchiert aktuelle Daten zu M4 und vergleicht diese mit den Werten von 2019 (Internet).
b) Diskutiert die Entwicklung hinsichtlich der Bedeutung einzelner Energieträger.

M1 *Aufbau eines Braunkohletagebaus*

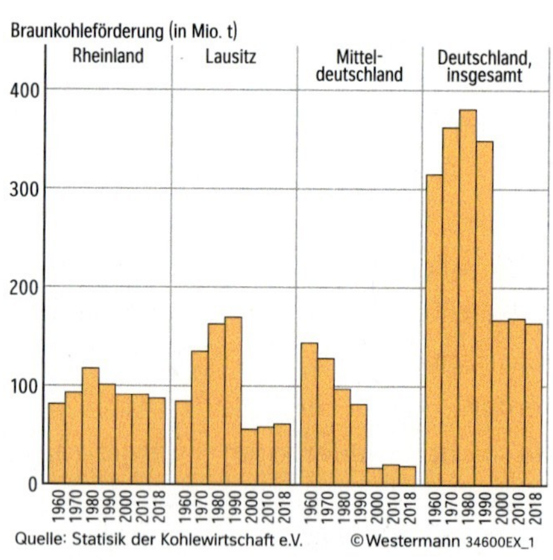

M3 *Entwicklung der Braunkohleförderung in Deutschlands größten Revieren*

Vom Flöz zur Rohkohle

Um Kohle nutzen zu können, muss sie abgebaut werden. Dies geschieht im Tagebau und unter Tage.

Braunkohle wird im Tagebau abgebaut, da sie nur wenige Meter tief liegt. Um an die Kohleschichten heranzukommen, wird der Abraum (Deckschichten) abgebaggert und über Förderbänder zum Absetzer, einem Tagebaugerät, transportiert. Er schüttet den Abraum am Rand der Baggergrube wieder auf. Die Rohbraunkohle wird durch Schaufelradbagger gefördert und über Förderbänder entweder direkt zu einem Wärmekraftwerk gebracht oder auf Güterzüge verladen und zu nahegelegenen Brikettfabriken befördert. Bei längeren Strecken werden für den Transport auch Binnenschiffe eingesetzt.

Da **Steinkohle** wesentlich älter als Braunkohle ist, liegen ihre **Flöze** in größerer Tiefe. Die Steinkohle wird meistens im Untertagebau abgebaut. Dabei entsteht ein System aus senkrechten Schächten und waagerechten Stollen (Bergwerk) bis in eine Tiefe von über 1000 m.

Beim Abbau unter Tage schneidet ein Walzenschrämlader die Kohle entlang des Stollens ab. Die Rohsteinkohle fällt auf ein Fließband, das sie zu den Loren bringt (Behälter, die auf Schienen fahren). Die Loren werden zum Hauptschacht gerollt und mit einem Fahrstuhl nach oben transportiert.

M2 *Steinkohleabbau unter Tage mithilfe eines Walzenschrämladers*

1. Bestimme die Lage von Braunkohlerevieren in Deutschland (Atlas).

2. Beschreibe die Entwicklung der deutschen Kohleförderung (M3, M5).

3. ↗ Beschreibe die Veränderungen der Landschaft durch die Förderung von Braunkohle im Tagebau (M1, M4, M6).

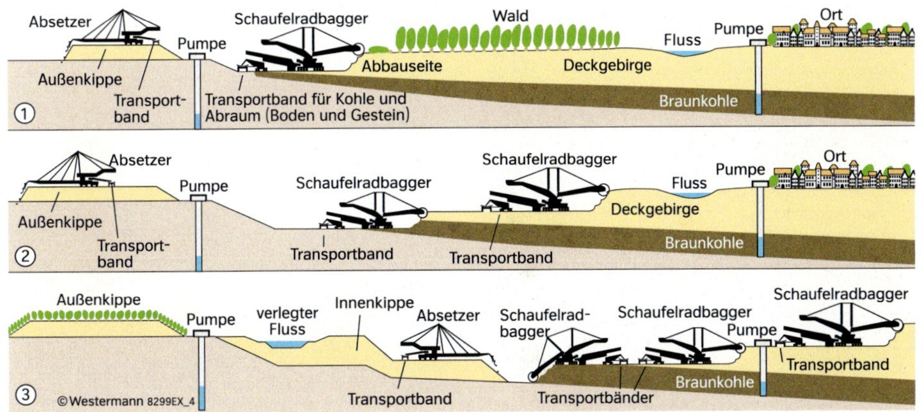

M4 *Veränderung einer Landschaft durch Abbau von Kohle im Tagebau*

Land	geförderte Kohle (in Mio. t)
China	3474
Indien	764
USA	684
Australien	502
Indonesien	474

M7 *Top 5 Förderländer von Kohle (2018)*

Bedeutungswandel der Kohle

Seit dem beginnenden Erdölboom in den 1970er-Jahren sank die weltweite Nachfrage nach teurer Steinkohle aus Deutschland. Die geologischen Bedingungen zur Förderung von Steinkohle sind in Deutschland schlechter als in anderen Ländern. Während der Abbau in Deutschland unter Tage in tiefen Flözen erfolgt, wird die Steinkohle z. B. in Australien im Tagebau gefördert. Dies geht nicht nur schneller, sondern ist auch günstiger als der Abbau unter Tage.

Der Steinkohlebergbau in Deutschland geht daher seit Jahrzehnten immer weiter zurück und ist 2018 ganz eingestellt worden.

Braunkohle hingegen wird weiterhin gefördert. Aber auch aus dem Braunkohleabbau will Deutschland spätestens bis zum Jahr 2038 aussteigen.

Blieben die derzeitigen weltweiten Fördermengen gleich, würde die förderfähige Steinkohle noch etwa 130 Jahre und die Braunkohle etwa 270 Jahre reichen.

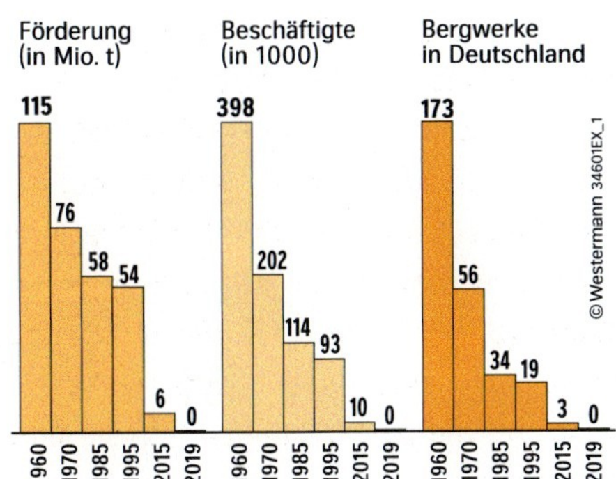

M5 *Entwicklung der Steinkohleförderung*

Der Abbau der Braunkohle stellt einen großen Eingriff in die Natur dar. Um an die Braunkohle zu gelangen, muss beispielsweise der fruchtbare Ackerboden abgetragen und Wälder müssen abgeholzt werden. Bäche und Flüsse müssen umgeleitet werden. Sollten über der Abbaufläche Dörfer liegen, so müssen die Menschen in andere oder neue Dörfer umziehen.
Bei der Verbrennung der Braunkohle entstehen auch schädliche Gase wie das giftige Kohlenmonoxid sowie große Mengen Kohlendioxid (CO_2).

M6 *Braunkohleabbau – Belastung für die Umwelt*

4 ↗ Vergleiche die Abbauverfahren von Braun- und Steinkohle (M1, M2).

5 Ⓜ Bewertet die Zahlen in M7 und stellt eine Entwicklung der weltweiten Kohleförderung von 2018 bis heute dar (M7).

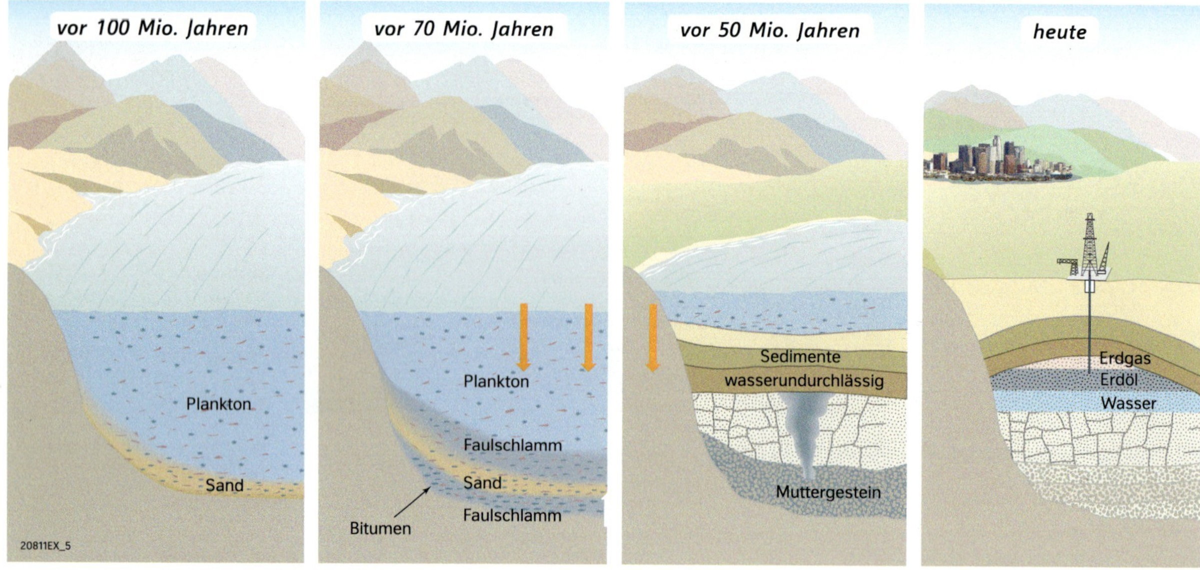

M1 *Entstehung von Erdöl*

Die Entstehung von Erdöl

Erdöl ist ein Gemisch verschiedener Stoffe, zu denen vor allem Kohlenwasserstoffe gehören.

Das Ausgangsmaterial für Erdöl bilden abgestorbene Kleinstlebewesen (Plankton). Überall dort, wo es im Meer viel **Plankton** gibt, kann theoretisch Erdöl entstehen. Dieser Vorgang lässt sich vereinfacht so beschreiben:

1. Abgestorbenes Plankton sinkt auf den Meeresboden. Da es von Sand und Schlick bedeckt wird, gerät es unter Luftabschluss und kann nicht abgebaut werden.
2. Faulschlamm entsteht. Dieser wird durch Bakterien, die ohne Sauerstoff leben können, zu Bitumen (Erdöl mit hohem Wasseranteil) umgewandelt.
3. Auf dem Meeresgrund lagern sich **Sedimente** ab. Durch den steigenden Druck der aufliegenden Schichten trennen sich das Wasser und die Öltröpfchen. Die Öltropfen wandern aus dem Entstehungsgestein (Muttergestein) in löchriges Gestein (Kalk- oder Sandstein), bis sich über diesem ein undurchlässiges Gestein ablagert.
4. Darunter sammelt sich in unterschiedlichen Schichten Wasser, Erdöl und **Erdgas**. Das kann nun durch Bohrungen unter hohem Druck an die Erdoberfläche befördert werden.

M2 *Offshore-Förderung auf einer Bohrinsel*

1. Beschreibe die Entstehung von Erdöl (M1).
2. Beschreibe die Gefahren der Förderung und des Transportes von Erdöl (M2, M4, M5).

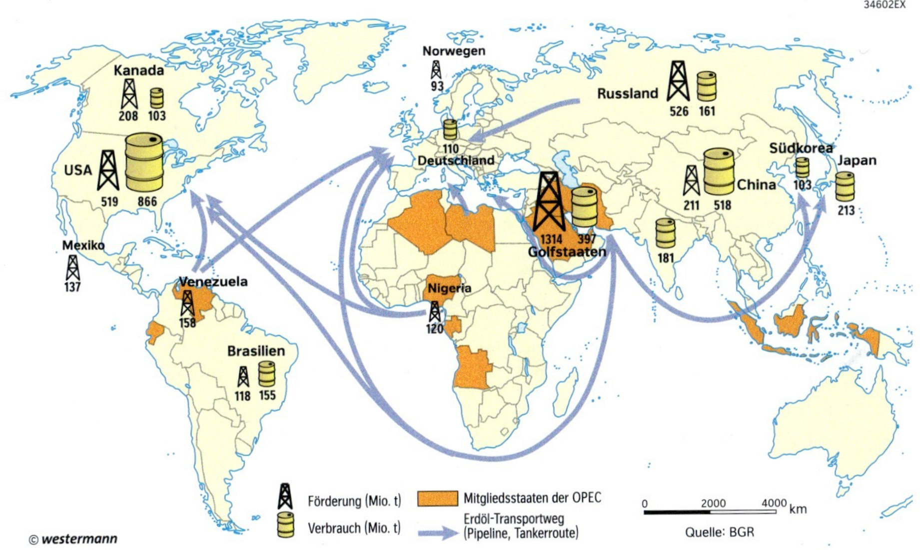

M3 *Die bedeutendsten Erdölproduzenten und größten Erdölverbraucher*

M5 *Pipeline in Alaska*

Förderung und Transport von Erdöl

Das flüssige Erdöl wird oft über das Anbohren einer Lagerstätte gewonnen. Da es in der Lagerstätte meist unter Druck steht, tritt es durch die Bohrlöcher von selbst an der Erdoberfläche aus. Lässt der Druck nach, kommen Pumpen zum Einsatz. Besonders aufwendig ist die Erdölgewinnung im Meer. Diese wird als **Offshore-Förderung** bezeichnet. Dabei kommen schwimmende oder fest verankerte Bohrinseln zum Einsatz. Das dort geförderte Erdöl wird mit Tankschiffen oder durch **Pipelines** transportiert. Die anschließende Verteilung erfolgt mithilfe von Bahn und Binnenschiffen zu den **Raffinerien**. Dort wird das Erdöl aufbereitet, zum Beispiel zu Benzin für Autos.

Von Förderung, Transport und Verarbeitung können große Gefahren für die Umwelt ausgehen.

M4 *Schlagzeilen zu Gefahren der Erdölförderung*

3 Stelle die größten Erdölproduzenten und Erdölverbraucher in einer Tabelle gegenüber (M3).

4 (M) Interpretiere die in M3 dargestellten Fakten.

M1 *199 755 Rohre wie dieses wurden verbaut, um russisches Erdgas durch die Ostsee nach Deutschland zu transportieren (Nord Stream). Der Transport des Erdgases von den Erdgasfeldern im Norden Russlands bis zu den Kunden dauert etwa zwölf Tage.*

Erdgasimporte aus Russland – ein staatenübergreifendes Projekt

Der Verbrauch von Erdgas in der Europäischen Union (EU) nahm in der Vergangenheit, mit wenigen Unterbrechungen, stetig zu. Ein großer Vorteil der Nutzung von Erdgas zur Strom- und Wärmegewinnung besteht darin, dass im Vergleich zu anderen nicht erneuerbaren Energieträgern der CO_2-Ausstoß geringer ist. Die EU verfügt jedoch nur über sehr geringe Erdgasvorkommen, sodass der überwiegende Teil des in der EU genutzten Erdgases importiert wird. Diese Abhängigkeit wird sich nach Einschätzung vieler Experten noch erhöhen. Das Erdgas wird über Pipelinesysteme oder mittels Flüssiggastanker von den Förderländern in die EU transportiert. Russland kommt dabei eine besondere Rolle zu. Rund 36 Prozent des benötigten Erdgases importierte die EU im Jahr 2017 aus Russland. Nach absoluten Zahlen ist Deutschland der größte Abnehmer. In einigen osteuropäischen Staaten ist die Abhängigkeit jedoch noch viel höher. Dort werden fast 100 Prozent aus Russland importiert.

Aufgrund der unsicheren Transitwege baut Russland weitere Erdgaspipelines. So fließt Gas über die Ostseepipeline Nord Stream direkt von Russland nach Deutschland. Die Fertigstellung einer weiteren Ostseepipeline (Nord Stream 2) ist für Ende 2019 geplant.

1. Beschreibe, wie Erdgas aus Russland nach Europa transportiert wird (M1, M2).
2. Informiere dich über Länge, Kosten und Schwierigkeiten beim Bau der Ostseepipeline Nord Stream (M1, M2, Internet).

M2 *Erdgasversorgung Europas*

Russland besetzte 2014 die Halbinsel Krim. Diese Insel liegt auf dem Gebiet der Ukraine. Bis zu diesem Zwischenfall erlaubte die Ukraine Russland, die Häfen auf der Insel als Flottenstützpunkt zu nutzen. Im Gegenzug bekam die Ukraine sehr günstiges Erdgas aus Russland. Mit Beginn dieses Konfliktes stellte Russland kurzzeitig die Gaslieferungen in die Ukraine ein, um danach die Gaspreise um ein Vielfaches zu erhöhen. Über das Staatsgebiet der Ukraine verlaufen auch Pipelines nach Westeuropa. Bei einer Ausweitung des Konfliktes kann es auch zu Lieferschwierigkeiten kommen.

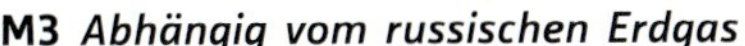

M3 *Abhängig vom russischen Erdgas*

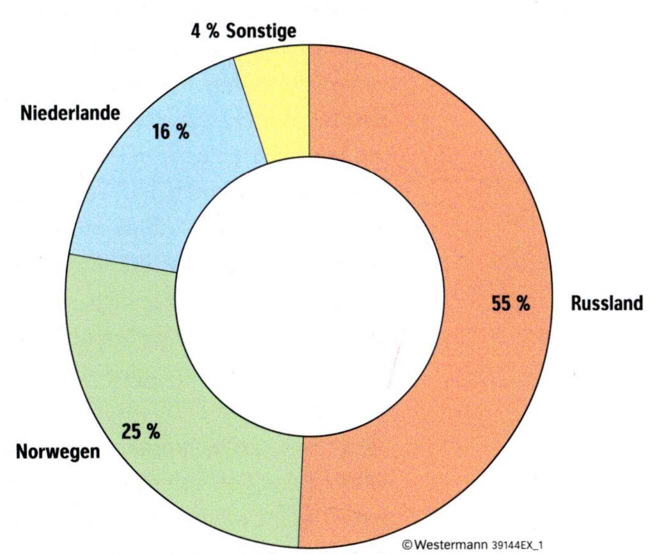

M4 *Erdgasbezugsquellen für Deutschland (2019)*

3 Erkläre die Bedeutung russischen Erdgases für die Wirtschaft und das Leben in Deutschland und der EU (M2, M4).

4 Ⓜ Erörtere die Aussage: „Russland macht mit Energie Politik.“ (M3, M4).

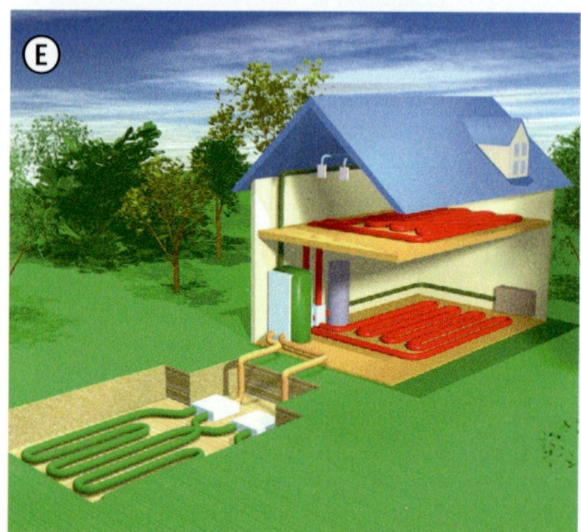

M1 *Nutzung von erneuerbaren Energieträgern (Beispiele)*

Sonne, Wind und Wasser

Die Sonnenstrahlung, der Wind und die Wasserkraft können die Energieträger der Zukunft sein. Sie haben den großen Vorteil, dass sie sich ständig erneuern und deshalb unerschöpflich sind. Doch diese erneuerbaren Energien lassen sich nicht überall in Deutschland und der Welt gleich gut nutzen.

Die Sonnenstrahlung wird mit **Sonnenkollektoren** und **Fotovoltaikanlagen** nutzbar gemacht, um warmes Wasser oder Strom zu gewinnen.

Bei Wind und Wasser ist es die Bewegungsenergie, die zur Stromerzeugung genutzt wird. Generatoren in Windrädern oder in Wasserkraftwerken wandeln die Bewegungsenergie in Strom um. Wasserkraftwerke gibt es an Flüssen, an Stauseen im Gebirge und am Meer.

Auch organische Stoffe wie Pflanzen, Mist oder Gülle können zur Energiegewinnung genutzt werden. Sie werden dafür in große Tanks gefüllt, wo sie nach einiger Zeit gären; dabei entsteht Biogas.

1 Benenne die dargestellten Energieträger Ⓐ–Ⓔ (M1).

2 ↗ Beschreibe die Nutzung von erneuerbaren Energiequellen in deiner täglichen Umgebung.

3 Lokalisiert:
a) Gezeitenkraftwerke in Europa (M3, Atlas).
b) Wasserkraftwerke an bayerischen Flüssen (M1, Atlas).

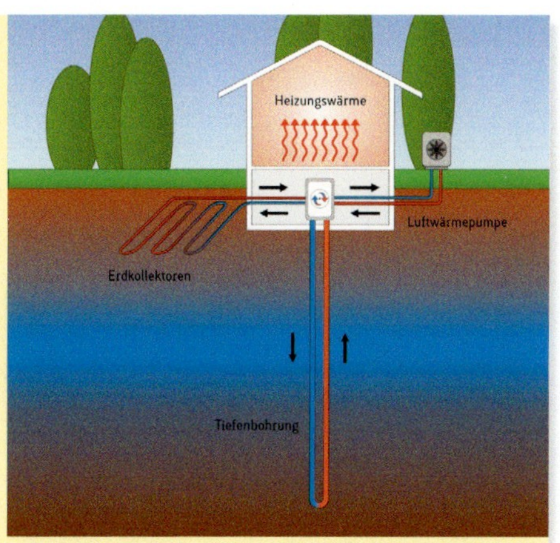

Auch die Erdwärme zählt zu den erneuerbaren Energieträgern. Dabei können warme Wasserquellen aus den tieferen Schichten des Erdreichs zu Heizzwecken oder zur Gewinnung von elektrischem Strom genutzt werden. Dies geschieht besonders in den Regionen, wo die Erdkruste Schwachstellen hat oder wo man durch Bohrung leicht an unterirdische heiße Wasservorräte kommt, z. B. in Island.

Doch auch bei uns in Deutschland kann die Wärme aus der Erde genutzt werden. Schon nach wenigen Metern herrschen im Erdreich gleichbleibende Temperaturen. Durch eine Wärmepumpe lässt sich diese Energie für Heizzwecke im Haushalt nutzen. Da die Wärmepumpe viel Strom verbraucht ist es sinnvoll, diese mit einer Fotovoltaikanlage zu verbinden.

M2 *Nutzung von Erdwärme*

M4 *Geysir auf Island*

Gezeitenkraftwerke können nur an besonderen Standorten genutzt werden. Entscheidend ist ein ausreichend hoher **Tidenhub**. Der Tidenhub ist der Unterschied zwischen dem Hoch- und dem Niedrigwasser. Bei Flut strömt Wasser von der Meerseite durch die Turbinen ins Staubecken. Die Turbinen werden durch die Wasserkraft angetrieben. Diese Bewegungsenergie wird in einem Generator in Strom umgewandelt. Bei Ebbe strömt das Wasser in die umgekehrte Richtung. Die Turbinen werden umgestellt.

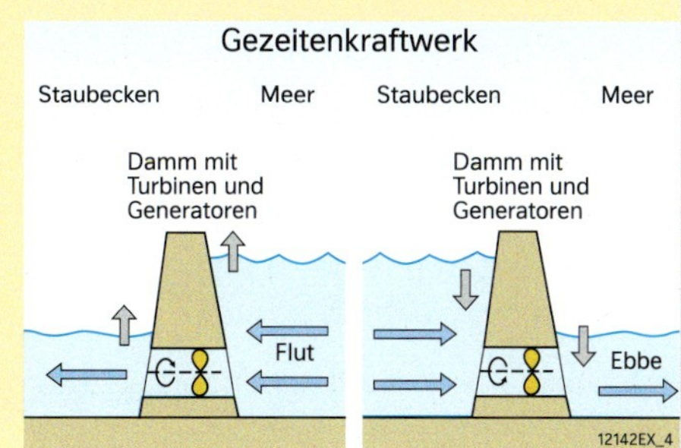

M3 *Funktionsweise eines Gezeitenkraftwerkes*

4 Vergleicht die beiden Methoden der Erdwärmegewinnung (M2).

5 Wähle eine erneuerbare Energiequelle aus und recherchiere weitere Informationen (M1–M4).

a) Erstelle ein Infoblatt, das für diese Energiequelle wirbt oder
b) erstelle eine Präsentation (vgl. Methode S. 203).

M1 *Offshore-Windpark vor der Öresundbrücke in der Ostsee*

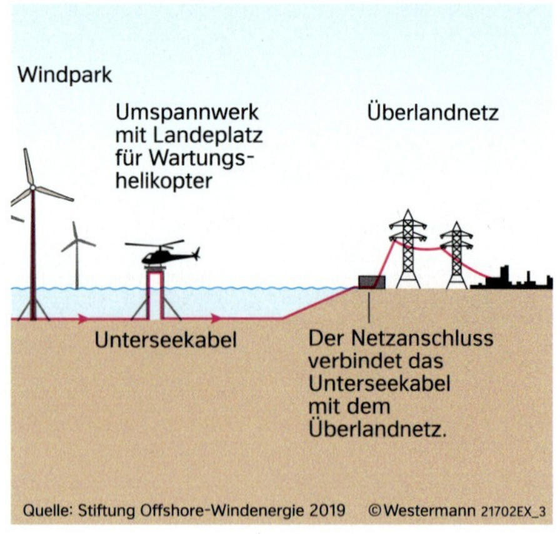

M3 *Transport von Offshore-Energie*

Energieträger mit Gegenwind

In Deutschland leistet der Wind den größten Beitrag der erneuerbaren Energiequellen zur Stromerzeugung. Da die Windkraft über dem Land häufig durch Bäume und Gebäude gebremst wird, werden zusätzlich Windkraftanlagen in sogenannten **Offshore-Windparks** im Meer gebaut. Einerseits ist die Energieausbeute dieser Windparks aufgrund der höheren und konstanteren Windgeschwindigkeiten über dem Meer um ein Vielfaches höher als an Land. Andererseits sind der Bau dieser Anlagen sowie die nötigen Stromleitungen, um den gewonnenen Strom zu den Abnehmern zu transportieren, wesentlich teurer.

Immer mehr Naturschützer fürchten außerdem, dass die Windparks Seevögel verletzen oder töten können. Zusätzlich werden beim Bau der Anlagen der Meeresboden und Lebensraum von Meerestieren zerstört und Fischgründe vernichtet.

M2 *Offshore-Windparks in Nord- und Ostsee*

1. a) Lokalisiere Gebiete mit Windparks in Deutschland (M2, Atlas).
   b) Recherchiere zu fertigen und noch geplanten Windparks in Nord- und Ostsee und stelle sie in einer Tabelle gegenüber (M1, M2).

2. a) Beschreibe den Transport des offshore gewonnenen Stromes zu den Endabnehmern (M3).
   b) Erkläre die Vor- und Nachteile von Offshore-Windparks (M1).

M4 *Solarpark Noor mitten in der Wüste (Marokko)*

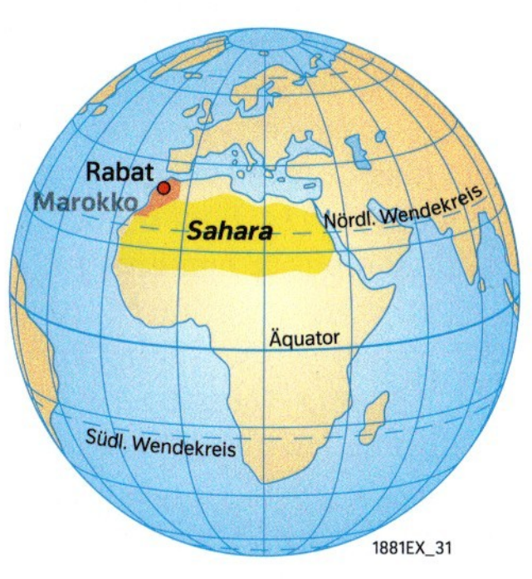

M6 *Lage von Marokko*

Die Sonne machts möglich

In Marokkos Wüste werden derzeit riesige **Solarwärmekraftwerke** gebaut. Das Land hat nur wenige Öl- und Gasreserven und setzt daher verstärkt auf erneuerbare Energiequellen.

Auf großen Flächen wurden drehbare Parabolspiegel aufgestellt. Das sind Spiegel, die das Sonnenlicht bündeln wie in einem Brennglas. Mit der erzeugten Wärme wird Wasser zum Kochen gebracht. Dadurch entsteht Wasserdampf, der in einem Kraftwerk Turbinen antreibt und Strom erzeugt. Die überschüssige Energie wird gespeichert und in den Nachtstunden zur Stromerzeugung genutzt. Diese Speicherung der Wärmeenergie ist zurzeit noch sehr kostspielig. In naher Zukunft könnte der Strom aus der Sahara aber über Fernleitungen auch nach Europa transportiert werden.

Ähnliche Solarwärmekraftwerke sind in Spanien schon erfolgreich in Betrieb.

[...] Youssef Stitou steht auf dem Dach des Maschinenhauses. Über ihm die Sonne. Unter ihm Spiegel. Fast eine halbe Million Spiegel. Stitou schaut auf das größte Solarkraftwerk der Welt. [...] Youssef Stitou [...] gehört zu dem Team von Ingenieuren, die das Solarkraftwerk buchstäblich in den Wüstensand von Ouarzazate gesetzt haben. [...] „Bis 2030 sollen 52 Prozent des Stroms in Marokko mit erneuerbaren Energien produziert werden“, sagt [er]. Bisher muss Marokko mangels eigener Ressourcen Strom importieren. [...] Vor gut acht Jahren allerdings verschrieb König Mohammed VI seinem Land eine Energiewende. Sonne, Wind, Wasser – das sollen die wesentlichen Energiequellen Marokkos werden. [...]

(Jens Borchers: Das größte Solarkraftwerk der Welt. In: Deutschlandfunk Online, 25.7.2017)

M5 *Marokko eröffnet riesigen Solarpark.*

3 Beschreibe die Funktionsweise eines Solarkraftwerkes (M4, M5).

4 a) Erkläre, warum Marokko als Standort für Solarkraftwerke geeignet ist (M4, M5, M6).

b) Nenne Gründe, warum Marokko verstärkt auf Solarkraftwerke setzt (M5).

5 Nehmt Stellung zur Stromerzeugung im Meer und in der Wüste.

Energieeffizienz
Je weniger Energie bei der Herstellung oder beim Verbrauch eines Produktes eingesetzt werden muss, umso energieeffizienter ist es. Ein Produkt mit einer hohen Energieeffizienz verbraucht also in seiner Herstellung und Nutzung wenig Energie ohne Gewinnverluste oder einen geringeren Nutzen.

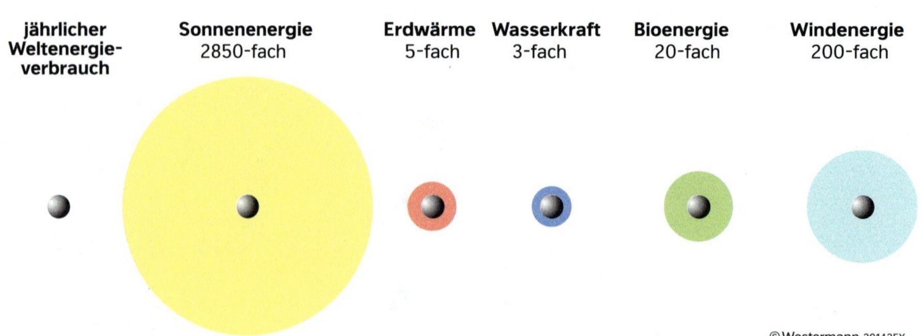

M1 *Weltenergieverbrauch im Vergleich zu den natürlichen Ressourcen an Energie*

Energiewende
Bis 2025 soll in Deutschland etwa die Hälfte des Stroms aus erneuerbaren Energieträgern gewonnen werden. Die nicht erneuerbaren Energieträger wie Kohle, Erdöl oder Erdgas verlieren an Bedeutung. Diesen Wandel zu erneuerbaren Energien nennt man Energiewende.

Der beste Energieträger – gibt es den?

Dass der Mensch das Klima beeinflusst und es dadurch zu einer weltweiten Erwärmung kommt, ist unter den Klimaforschern unbestritten. Dieser Klimawandel wird zu einem großen Teil durch die Treibhausgase, die vor allem bei der Verbrennung der nicht erneuerbaren Energieträger entstehen, stark beeinflusst. Aus diesem Grund werden erneuerbare Energieträger für die Menschheit immer wichtiger. Die Verminderung der Treibhausgase ist eine weltweite, also globale Aufgabe. Wir brauchen eine **Energiewende**.

Jeder Energieträger hat seine Vor- und Nachteile. Verfügbarkeit, Kosten, Standorte, **Energieeffizienz**, Gefahren, Umweltverträglichkeit sind nur einige Faktoren, die bei der Wahl eines Energieträges berücksichtigt werden müssen. Der günstigste Energieträger ist nicht immer der beste, der sauberste nicht immer der energiereichste!
Dies wird eine große Aufgabe sein, denn durch die Begrenztheit der primären Energieträger liegt die Zukunft bei den erneuerbaren Energien.

Energieträger	Verfügbarkeit	CO_2-Ausstoß	Erschließungskosten	Transportkosten	sonstiges
Erdgas	in wenigen Ländern, endlich	hoch	teuer	hoch	variabel einsetzbar (Stromerzeugung, Wärmegewinnung, Kraftstoff für Autos)
Braunkohle	in wenigen Ländern, endlich	sehr hoch	teuer	hoch	Lagerflächen in Deutschland
Solarenergie	in wenigen Ländern, dauerhaft	nicht vorhanden	gering	gering	Netzausbau erforderlich

M2 *Energieträger im Vergleich (Auswahl)*

1 Beschreibe die Abbildung zum jährlichen Weltenergieverbrauch (M1).

2 Liste weitere Energieträger wie in M2 auf und vergleiche sie (vgl. S. 74–83).

3 a) Ermittle mit dem CO_2-Rechner des Bundesumweltministeriums deinen eigenen CO_2-Fußabdruck (Internet).
b) Vergleiche ihn mit den Angaben in M3.

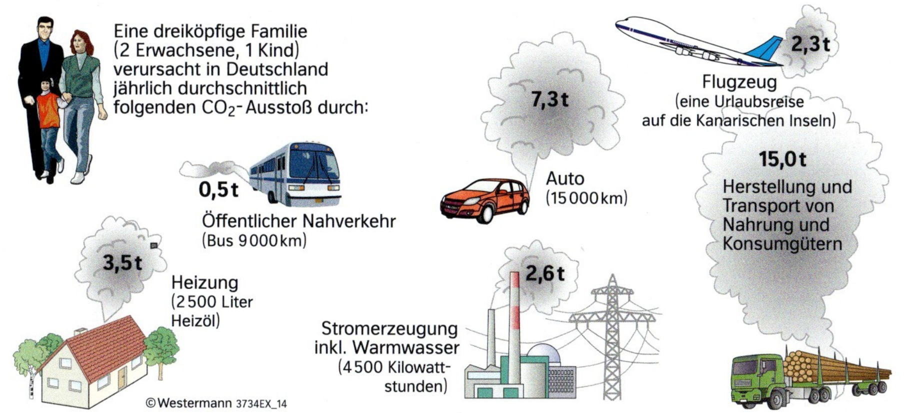

M3 *Durchschnittlicher CO_2-Ausstoß einer dreiköpfigen Familie in Deutschland pro Jahr*

ℹ CO_2-Fußabdruck

Der CO_2-Fußabdruck gibt an, wie viel CO_2 ein Mensch pro Jahr ausstößt. Hierzu werden die Bereiche Wohnen/Energie, Mobilität, Ernährung und Konsum bewertet. Du kannst deinen CO_2-Fußabdruck im Internet berechnen.

Dein persönlicher CO_2-Ausstoß

Seit dem Beginn der Industrialisierung ist der Anteil des Treibhausgases CO_2 in der Atmosphäre dramatisch angestiegen und beschleunigt den Klimawandel.

Ursache für den Anstieg ist vor allem die Verbrennung von primären Energieträgern wie Erdöl, Erdgas, Steinkohle und Braunkohle.

Auch deine Handlungen setzen CO_2 frei: die Fahrt mit dem Bus, die Nutzung des Smartphones oder der Verzehr einer Mahlzeit. So hinterlässt du deinen persönlichen CO_2-Fußabdruck. Sicherlich gibt es auch Dinge, mit denen du CO_2 einsparen kannst. So kannst du deinen ganz persönlichen Beitrag zum Schutz der Erde leisten.

Auch durch den Kauf von Geräten, die eine hohe Energieeffizienz haben, handelst du umweltfreundlich und sparst Strom.

Insgesamt konnte der **Primärenergieverbrauch** in Deutschland durch den Einsatz regenerativer Energieträger und einer besseren Technik deutlich gesenkt werden.

M5 *EU-Energielabel eines Fernsehers*

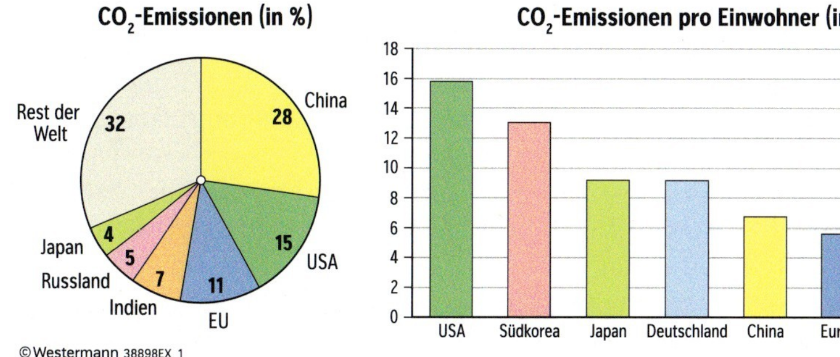

M4 *Die größten Klimasünder weltweit (2017)*

4 Liste Möglichkeiten auf, wie und wo du persönlich Energie einsparen kannst (M3, M5).

5 Bewertet eure persönlichen Möglichkeiten zum Energiesparen.

6 a) „Der Schutz der Erde ist eine globale Aufgabe." Diskutiert diese Aussage (M3, M4).
b) Erstellt eine Präsentation zu diesem Thema (vgl. Methode S. 203).

M1 *Freileitungen überall in Deutschland zu sehen*

M3 *Viele Bürger – viele Meinungen*

M2 *Proteste gegen den Ausbau des Hochspannungsleitungsnetzes*

Ausbau der Stromnetze

Die Nutzung erneuerbarer Energiequellen ist aus ökologischen Gründen sinnvoll. Im Zuge der Energiewende in Deutschland wird die Stromerzeugung aus Sonne, Wind, Wasser und Biomasse gefördert. Bis 2022 soll ihr Anteil auf 35 Prozent steigen. Ende 2022 soll in Deutschland das letzte Atomkraftwerk abgeschaltet werden.

Um den erzeugten Strom zu den Verbrauchern zu leiten, sind oft lange Strecken zu überwinden. Die Standorte der Windkraftanlagen in Nord- und Ostsee sind zum Beispiel weit entfernt von den Industriezentren, die den Strom brauchen. Das vorhandene Leitungsnetz in Deutschland reicht nicht aus.

Deshalb sollen neue **Stromtrassen** (Hochspannungsleitungen) gebaut werden. Insgesamt soll das Leitungsnetz bis 2022 in einer Länge von 3800 Kilometern neu gebaut werden.

In vielen Gemeinden, auf deren Gebiet die neuen Stromtrassen verlaufen sollen, wehren sich die Bürger gegen den Bau der Leitungen. Sie finden, dass die Leitungen die Landschaft verunstalten. Außerdem befürchten sie Auswirkungen auf ihre Gesundheit durch elektromagnetische Strahlung. Daher sollen die Stromleitungen als Erdkabel unter die Erde verlegt werden. Doch hat auch diese Methode einige Nachteile: Hohe Bau- und Reparaturkosten, eine Absenkung des Grundwasserspiegels ist möglich, Wärmeableitungen in den Boden, über dem Erdkabel ist keine Bepflanzung mit Bäumen möglich.

Die Grundstücksbesitzer, über deren Grundstücke die Kabel verlaufen, müssen entweder ihr Land verkaufen oder eine Überleitung über ihr Grundstück genehmigen. Im schlimmsten Fall droht eine Enteignung, das heißt, ihnen wird ihr Land zwangsweise abgekauft.

M4 *Widerstand gegen Hochleitungen – Alternative Erdkabel?*

1 a) Lokalisiert den Verlauf der Suedlink-Stromtrasse (M6, Atlas).

b) Listet Argumente der Befürworter und Gegner dieser Stromtrasse auf (M1–M4, Internet).

Vier Schritte zur Führung einer Pro- und Kontra-Diskussion

1. Interessengruppen festlegen
- Notiert mögliche Interessengruppen für die Diskussion.
- Legt fest, wer in welcher Interessengruppe mitarbeitet.
- Bestimmt einen Diskussionsleiter.

2. Vorbereitung
- Arbeitet das Material im Buch durch.
- Besorgt euch weitere Materialien (z. B. Zeitungen, Internet).
- Sammelt und notiert Pro- und Kontra-Argumente.
- Notiert auch Alternativen und Kompromisse.
- Einigt euch darauf, wer als Mitglied eurer Gruppe an der Diskussion teilnehmen soll.
- Gestaltet Namenskärtchen für die Diskussionsteilnehmer.
- Der Diskussionsleiter informiert sich vorab über die Argumente beider Seiten.

3. Durchführung
- Die Vertreter aus den Interessengruppen setzen sich zur Diskussionsrunde zusammen. Alle anderen sind Beobachter der Diskussion.
- Führt die Diskussion durch. Achtet dabei darauf, dass ihr eure Argumente überzeugend präsentiert und auf die Argumente der anderen eingeht. Der Diskussionsleiter gibt Impulse.
- Die Beobachter notieren, wie die Diskussion geführt wird und welche Argumente überzeugend vorgebracht werden.

4. Auswertung
- Die Teilnehmer der Diskussion bewerten den Verlauf der Diskussion und ihren eigenen Beitrag.
- Die Beobachter geben den Teilnehmern der Diskussion ein Feedback. Sie stellen heraus, welche Argumente besonders überzeugend waren.
- Verbesserungsvorschläge werden für eine spätere Pro- und Kontra-Diskussion festgehalten.

Die neue Stromtrasse (Suedlink) soll von Norddeutschland bis nach Bayern führen. Obwohl ein Großteil dieser neu geplanten Strecke als Erdkabel verlegt werden soll, regt sich in vielen Städten und Gemeinden nahe der Stromtrasse erheblicher Widerstand. Die Bundesnetzagentur, die verantwortlich für Planung und Bau ist, rechnet mit vielen Klagen und Gerichtsverfahren. Doch die Zeit drängt: Bis 2021 müssen die Planungen abgeschlossen sein, damit mit dem Bau begonnen werden kann.

M5 *Stromleitung – Suedlink*

M6 *Stromnetzausbau in Deutschland*

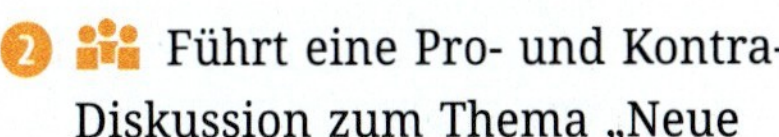

2 Führt eine Pro- und Kontra-Diskussion zum Thema „Neue Stromtrassen – notwendig für die Energiewende?“ durch (M1–M6).

1. Energieträger
a) Notiere, welche Energieträger dargestellt sind.
b) Ordne die Energieträger nach erneuerbaren und nicht erneuerbaren Quellen.
c) Begründe, warum erneuerbare Energieträger genutzt werden sollten.

2. Karikatur
a) Werte die Karikatur aus (vgl. Methode S. 203).
b) Finde eine geeignete Überschrift.

4. Zuordnungsaufgabe
a) Ordne die einzelnen Aussagen den entsprechenden Energieträgern zu. (Es können auch mehrere Energieträger genannt werden!)
b) Begründe deine Zuordnung.

Wird durch Pipelines geleitet.

Wird untertage gefördert.

Ist älter als Braunkohle.

Führt zur Reduzierung von Treibhausgasen.

Fotovoltaikanlagen sind notwendig.

Offshore-Parks stehen in Nord- und Ostsee.

Ist unbegrenzt verfügbar.

3. Welcher Begriff passt nicht zu den anderen? Begründe deine Wahl.

Steinkohle	Braunkohle	Erdöl	Erdwärme
Sonnenenergie	Licht	Wasserkraft	Erdgas
Rheinische Braunkohlerevier	Tagebau	Pipeline	Schaufelradbagger
Tidenhub	Bohrinsel	Offshore	Tanker
Wind	Biomasse	Wasser	Fotovoltaikanlage
CO_2-Ausstoß	Energiewende	Rohstoffe	Klimawandel

5. Staatenübergreifende Energieversorgung

a) Nenne die Energiebereiche, in denen die Nordsee-Länder gut zusammenarbeiten könnten.

b) Erkläre, wie die Zusammenarbeit der Nordsee-Länder in diesem Energiebereich aussehen könnte.

Nordsee-Länder einigen sich über engere Zusammenarbeit im Energiebereich
(Luxemburg, 6. Juni 2016, Europäische Kommission – Pressemitteilung)

„Die Nordsee-Länder (Belgien, Dänemark, Deutschland, Frankreich, Irland, Luxemburg, die Niederlande, Norwegen und Schweden) haben heute vereinbart, ihre Zusammenarbeit im Energiebereich weiter auszubauen."

Aufgabe zur Lernkontrolle:
Beschäftige dich selbstständig mit einer Doppelseite dieses Kapitels. Stelle die wichtigsten Aussagen in einer Mindmap, Skizze oder Tabelle dar (vgl. Anhang S. 200 – 203). Präsentiere deine Ergebnisse vor der Klasse.

6. Windkraftanlagen

Führe eine Pro- und Kontra-Diskussion zum Thema „Deutschland braucht mehr Windkraftanlagen".

Windkrafträder braucht jede Gemeinde!

Windkrafträder zerstören das Landschaftsbild!

...

Strom aus Windkraftanlagen ist umweltfreundlich – nur so ist die Energiewende in Deutschland zu schaffen!

Strom aus Windkraftanlagen wird immer günstiger!

Zu wenig Wind für Windkraftanlagen in Deutschland – geringe Auslastung!

Extreme Lärmbelästigung durch Windkraftanlage!

Das hast du in diesem Kapitel gelernt: Du kannst ...

- ✓ die Entstehung und den Abbau von Kohle erklären.
- ✓ die Entstehung von Erdöl und Erdgas erklären.
- ✓ die Förderung und den Transport von Erdöl und Erdgas sowie die damit verbundenen Schwierigkeiten beschreiben.
- ✓ den Unterschied zwischen primären und erneuerbaren Energieträgern beschreiben.
- ✓ erneuerbare Energieträger benennen und beschreiben, wo und wie sie besonders genutzt werden können.
- ✓ die Vor- und Nachteile der unterschiedlichen Energieträger benennen und die Energieträger im Hinblick auf ihre Effizienz miteinander vergleichen.
- ✓ die Bedeutung von staatenübergreifenden Energieprojekten erklären.
- ✓ eine Pro- und Kontra-Diskussion führen.

Erstelle deine Lernkartei zu den wichtigen Begriffen aus diesem Kapitel.

Grundbegriffe:
Braunkohle
Energieeffizienz
Energieträger
Energiewende
Erdgas
Erdöl
erneuerbare Energien
Flöz
Fotovoltaikanlage
Gezeitenkraftwerk
Offshore-Förderung
Offshore-Windpark
Pipeline
Plankton
primärer Energieträger
Primärenergieverbrauch
Raffinerie
Ressource
Rohstoff
Sediment
Solarwärmekraftwerk
Sonnenkollektor
Steinkohle
Stromtrasse
Tidenhub

EIN VOLK - EIN REICH - EIN FÜHRER
EIN VOLK - EIN R

5 Der Weg in den Nationalsozialismus und der Zweite Weltkrieg

M1 *Demonstration gegen die Weltanschauung der heutigen Neonazis und deren Auftreten in der Öffentlichkeit*

M2 *Gedenken an die Opfer der NS-Herrschaft am 27.1.2015 anlässlich des 70. Jahrestages der Befreiung des Vernichtungslagers Auschwitz-Birkenau*

◁ **M3** *Eine der vielen Propagandaveranstaltungen der NSDAP, wie es sie ab Mitte der 1930er-Jahre oft gab*

Alles für das Volk, alles durch das Volk. [...] Seid einig, treu und pflichtbewusst! Das Alte und Morsche, die Monarchie, ist zusammengebrochen. Es lebe das Neue! Es lebe die deutsche Republik!

M1 *Philipp Scheidemann ruft die Republik aus.*

M2 *Ausrufung der Deutschen Republik durch Philipp Scheidemann am 9.11.1918*

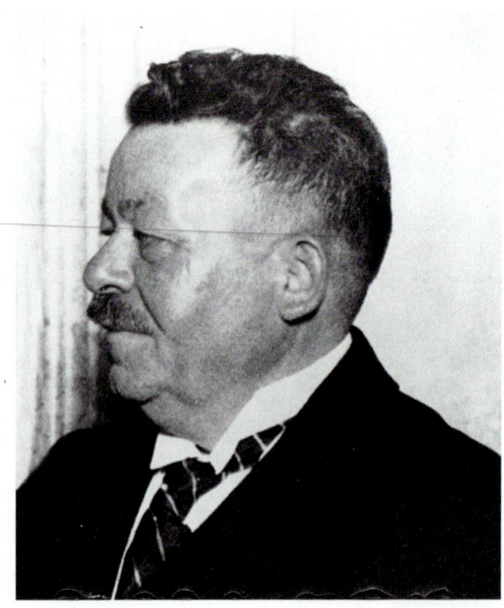

M4 *Friedrich Ebert: 1918 Reichskanzler, 1919 Reichspräsident der Weimarer Republik*

Das Ende des Ersten Weltkrieges

Du hast bereits im letzten Schuljahr erfahren, dass mit dem Ende des Ersten Weltkrieges auch die Monarchie in Deutschland zu Ende ging. Als Folge der Novemberrevolution wurde am 9. November 1918 die Abdankung von Kaiser Wilhelm II. verkündet und der Vorsitzende der Sozialdemokratischen Partei Deutschlands (SPD), Friedrich Ebert, zum neuen Reichskanzler ernannt. Noch am selben Tag wurde vom SPD-Politiker Philipp Scheidemann die „Deutsche Republik" ausgerufen. Doch wie sollte diese Republik aussehen? Welches Recht und welche Gesetze würden gelten? Und wer sollte darüber entscheiden? Diese Fragen führten zu großer Unsicherheit in der Bevölkerung. Daher wurde der „Rat der Volksbeauftragten" gebildet, der Wahlen für den Januar 1919 vorbereitete. Trotzdem kam es zu Straßenkämpfen und Protesten der verschiedenen politischen Gruppierungen.

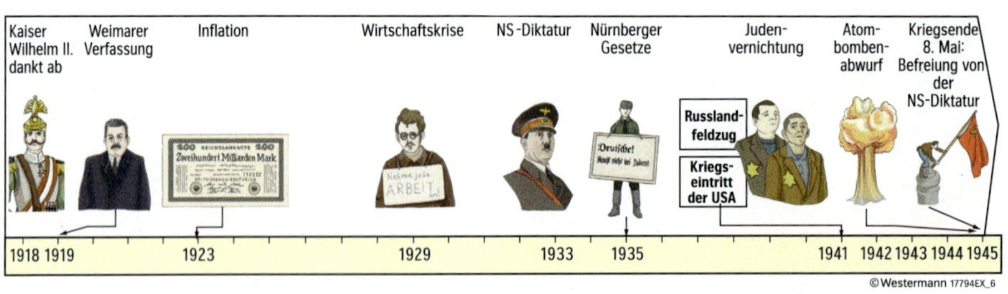

M3 *Zeitleiste der Weimarer Republik und der nationalsozialistischen Herrschaft*

1. Listet auf, was ihr noch alles über den Ersten Weltkrieg wisst.
2. Fasse zusammen, was sich am 9.11.1918 ereignet hat (M1–M4).
3. Was war bei der Wahl 1919 neu?
4. Benenne die Bevölkerungsgruppen, die in der Nationalversammlung am stärksten vertreten waren (M7).

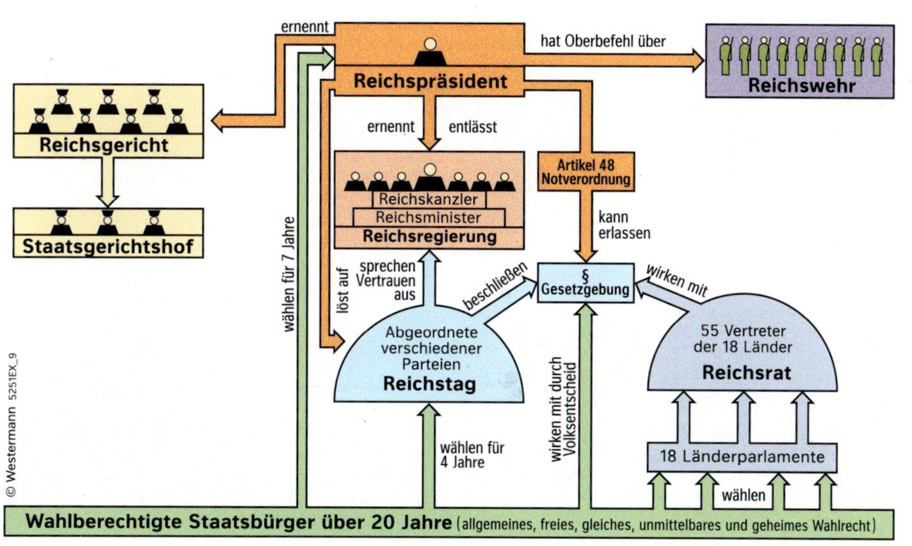

M5 *Demokratische Strukturen der Weimarer Verfassung*

Sitzverteilung in der Nationalversammlung am 19.01.1919

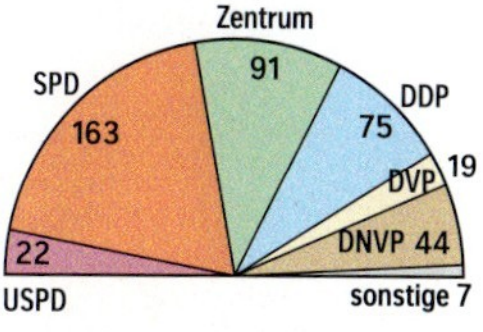

Die Parteien vertraten ...

SPD	*Arbeiter*
DDP	*Handwerker und Händler*
Zentrum	*Mittelstand, vor allem Katholiken*
USPD	*Revolutionäre*
DVP/ DNVP	*Industrielle, Großgrundbesitzer, Kaisertreue*

5249EX_7 © Westermann

M7 *Ergebnisse der Wahl zur Nationalversammlung*

Die erste Demokratie in Deutschland

Am 19. Januar 1919 wurde die Nationalversammlung gewählt. Sie wollte eine Verfassung für Deutschland erarbeiten. Zum ersten Mal durften neben den Männern auch Frauen an der Wahl teilnehmen. Da keine Partei alleine die absolute Mehrheit erhielt, beschlossen SPD, Zentrum und Deutsche Demokratische Partei (DDP) zusammenzuarbeiten – sie bildeten eine **Koalition**. Die Mitglieder der Nationalversammlung wählten am 11. Februar 1919 Philipp Scheidemann zum neuen Reichskanzler. Friedrich Ebert wurde der erste Reichspräsident.

Da es in Berlin immer wieder Ausschreitungen und Unruhen gab, tagte die Nationalversammlung im thüringischen Weimar. Dort wurde die demokratische Weimarer Verfassung erarbeitet und am 31. Juli 1919 verabschiedet. Sie garantierte wichtige Grundrechte für die Bürger und gab dem Reichspräsidenten viel Macht.

Artikel 109
(1) Alle Deutschen sind vor dem Gesetze gleich. Männer und Frauen haben grundsätzlich dieselben staatsbürgerlichen Rechte und Pflichten.

Artikel 118
(1) Jeder Deutsche hat das Recht, innerhalb der Schranken der allgemeinen Gesetze seine Meinung durch Wort, Schrift, Druck, Bild oder in sonstiger Weise frei zu äußern.

M6 *Auszug aus den Grundrechten der Weimarer Verfassung*

5 Erläutere, welche Aufgaben die Bürger, der Reichstag, die Reichsregierung und der Reichspräsident nach der Weimarer Verfassung haben (M5).

6 ↗ Nimm Stellung zu der Aussage: „Die Weimarer Verfassung hat einen demokratischen Charakter.“ (M5–M7).

M1 *Unterzeichnung des Versailler Vertrages am 28.6.1919 im Spiegelsaal des Schlosses von Versailles (Frankreich) durch den deutschen Außenminister Hermann Müller (in der Mitte, mit dem Rücken zum Betrachter)*

Deutschland muss unterzeichnen

Während in Deutschland an der Verfassung der **Weimarer Republik** gearbeitet wurde, entwickelten die Siegermächte des Ersten Weltkrieges den **Versailler Vertrag**. Es wurde festgelegt, welche Auflagen Deutschland als Verlierer des Ersten Weltkrieges zu erfüllen hatte. Vertreter Deutschlands durften an diesen Gesprächen nicht teilnehmen. Die deutschen Politiker mussten diesen Friedensvertrag trotz der harten Bestimmungen am 28. Juni 1919 unterzeichnen. Nur so konnten sie eine Besetzung des Landes verhindern.

Inhalte des Versailler Vertrages

1. Deutschland muss die alleinige Schuld am Ausbruch des Ersten Weltkrieges anerkennen. Es ist daher für die Kriegsschäden in den anderen Ländern haftbar.
2. Deutschland zahlt Reparationen (Schadensersatz) in Höhe von 132 Milliarden Goldmark, daneben müssen noch Rohstoffe, Maschinen, Fahrzeuge etc. abgegeben werden.
3. Deutschland muss große Gebiete an Polen und Frankreich abtreten und verliert alle Kolonien.
4. Das Heer wird auf 100 000 Mann, die Marine auf 150 000 Mann verkleinert. Moderne Waffen wie Panzer, Flugzeuge oder U-Boote sind verboten.
5. Deutschland darf sich nicht mit Österreich vereinigen.
6. Das Rheinland wird von den Alliierten besetzt und nach deren Abzug entmilitarisiert. Das Saargebiet wird vom Völkerbund verwaltet, die Kohlegruben gehen als Reparationen an Frankreich.

1. Werte das Bild M1 aus (vgl. Methode S. 202).
2. Erläutere die Auswirkungen des Versailler Vertrages für Deutschland (M2, Info).

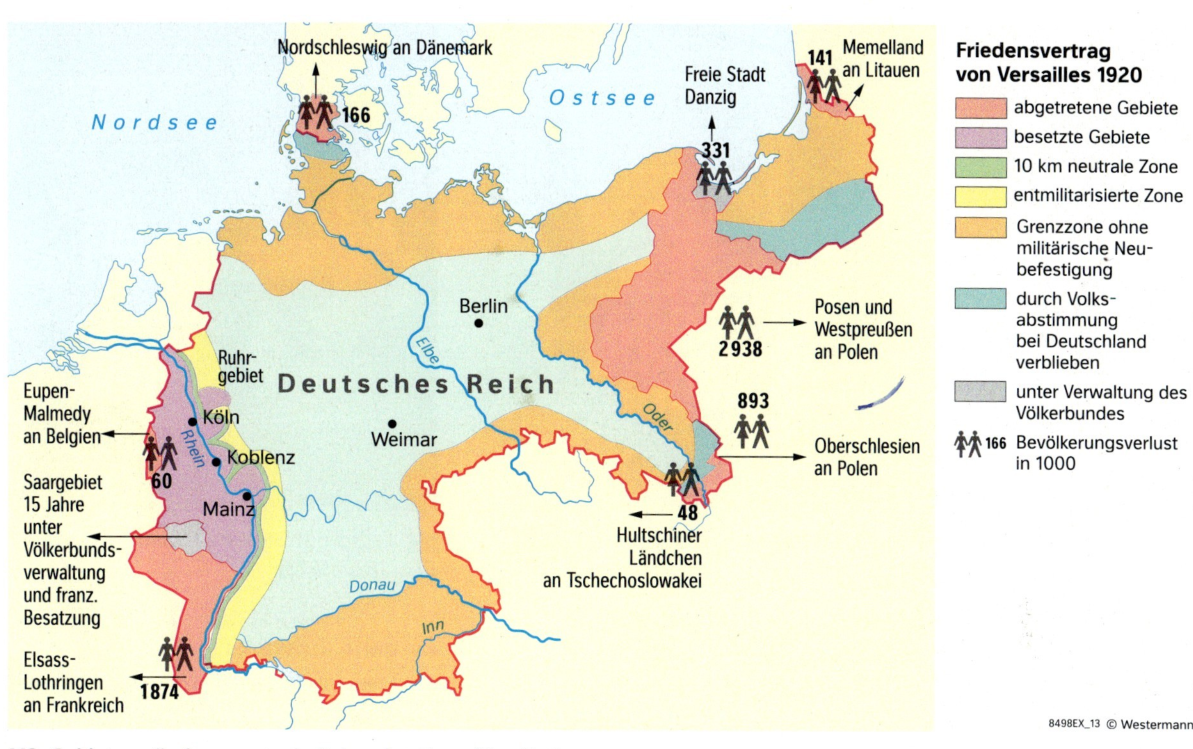

M2 *Gebietsveränderungen als Folge des Versailler Vertrages*

Die Dolchstoßlegende

Ganz Deutschland war über diesen Vertrag empört. Besonders die Feinde der Demokratie machten nun Stimmung gegen die Regierung, z. B. durch die Verbreitung der **Dolchstoßlegende**: Die kaiserliche Armee sei auf dem Schlachtfeld unbesiegt gewesen. Erst mit der Novemberrevolution und der Bitte um Waffenstillstand hätten die demokratischen Politiker der Armee den Dolch in den Rücken gestoßen. Sie seien schuld an der Niederlage im Krieg und wurden als „Novemberverbrecher" bezeichnet.

Auch in den folgenden Jahren waren die Bestimmungen des Versailler Vertrages eine große Belastung für die Weimarer Republik und eines der wichtigsten politischen Themen in Deutschland.

M3 *Plakat zur Dolchstoßlegende (1924)*

3 Erklärt die Empörung in Deutschland über den Versailler Vertrag.

4 Diskutiert den Begriff Novemberrevolution im Zusammenhang mit der Dolchstoßlegende (M3).

Jahr	Preis für 1 kg Brot (in Mark)
1914	0,32
1919	0,80
Juni 1921	3,90
Juli 1922	53,15
Jan. 1923	250,00
Juli 1923	3465,00
Sept. 1923	1512000,00
Nov. 1923	201 Mrd.

M1 *Entwicklung des Brotpreises*

M3 *Inflationsgeld als Spielzeug (1923)*

M4 *Ausschnitt aus einem Bild von Otto Dix (1926/1927)*

Deutschland wird arm

Nach dem Ersten Weltkrieg ging es vielen Menschen in Deutschland schlecht: Viele waren arbeitslos, sie hungerten und es gab kaum etwas zu kaufen. Die Regierung musste die Arbeitslosen, Kriegsversehrten und Hinterbliebenen unterstützen und die **Reparationen** an die Siegermächte zahlen. Weil die Regierung kein Geld mehr hatte, ließ sie immer mehr Banknoten drucken. Bald gab es mehr Geld als Sachwerte. Das Geld verlor immer schneller seinen Wert – es kam zur **Inflation**. Wer Schulden hatte, konnte diese mit wertlosem Geld zurückzahlen, aber gespartes Geld war nichts mehr wert. Schließlich führte die Regierung am 15. Januar 1923 eine **Währungsreform** durch: Für eine Billion Mark erhielt man eine „Rentenmark".

M2 *Geldschein aus dem Jahr 1923*

Es geht aufwärts

Nach der Währungsreform führten zwei Tatsachen zu einem wirtschaftlichen Aufschwung: Die Siegermächte verringerten die Schulden und die USA gewährten Deutschland Millionenkredite.

In den folgenden Jahren wurden Autos, Schiffe und Flugzeuge gebaut und Autobahnen entstanden. Deutsche Produkte waren im In- und Ausland wieder gefragt. Für viele Menschen verbesserten sich die Lebensbedingungen. Die Zeit zwischen 1924 und 1929 nennt man daher die Goldenen Zwanziger. Wer es sich leisten konnte, ging tanzen, besuchte Konzerte, Kinos und Theateraufführungen. Unterhaltung und Luxus waren aber nur für einen Teil der Bevölkerung möglich, denn in den Arbeitervierteln herrschten noch immer Hunger, Wohnungsnot und Armut.

1. Nenne zwei Gründe für die Inflation.

2. ↗ Erläutere, wer die Gewinner und Verlierer der Inflation waren (M1–M3).

3. ↗ Recherchiere zu einer berühmten Person aus den Goldenen Zwanzigern und stelle sie in einer Präsentation vor (M4, vgl. Methode S. 203, Internet).

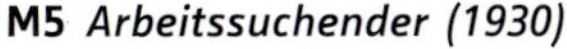

M5 *Arbeitssuchender (1930)*

M6 *Wahlplakat der NSDAP*

M7 *Wahlplakat der KPD*

Die Wirtschaft bricht zusammen

Der wirtschaftliche Aufschwung in Deutschland wurde fast nur mit Krediten aus den USA finanziert. Im Herbst 1929 brach in den USA eine Wirtschaftskrise aus. Der 24. Oktober 1929 ging als Schwarzer Donnerstag in die Geschichte ein. Die US-Banken gaben keine Kredite mehr und forderten ihr Geld von Deutschland zurück. Es kam zu einer **Weltwirtschaftskrise**.

In Deutschland stieg die Arbeitslosenzahl auf über sechs Millionen. Betriebe mussten schließen, Banken wurden zahlungsunfähig und die Sparer verloren ihr Geld. Arbeitslosengeld wie heute gab es noch nicht. Große Teile der Bevölkerung trauerten der „guten alten Zeit" des Kaiserreiches nach. Unruhen und Gewalttaten verunsicherten das Volk. Die Menschen gaben der Regierung die Schuld am Chaos und an der schlechten wirtschaftlichen Lage. Sie glaubten vor allem den Politikern, die ihnen Brot und Arbeit versprachen. Diese Politiker gehörten hauptsächlich den radikalen Parteien an. Ihre Wählerzahlen stiegen parallel zu den Arbeitslosenzahlen.

Radikale Parteien

Radikale Parteien lehnen die Demokratie ab. Sie nutzen die Ängste und Hoffnungen der Menschen aus und sind bereit, ihre Ideen auch mit Gewalt durchzusetzen.
Es gibt rechts- und linksradikale Parteien. Im Reichstag der Weimarer Republik saßen die „Rechten" auf der rechten Seite, die „Linken" auf der linken Seite.
Die **Nationalsozialistische Deutsche Arbeiterpartei (NSDAP)** war rechtsradikal. Wegen der Farbe ihrer Uniform nannte man ihre Mitglieder auch „die Braunen". Die Kommunistische Partei Deutschlands (KPD) war linksradikal. Wegen der Farbe ihrer Fahne nannte man ihre Mitglieder auch „die Roten".

4 Begründe, warum die Wirtschaftskrise in den USA Auswirkungen auf Deutschland hatte.

5 Beschreibe die Situation und Stimmung der Arbeitslosen (M5).

6 (M) Beurteilt, inwiefern die radikalen Parteien die Not der Menschen ausnutzten (M6, M7, Info).

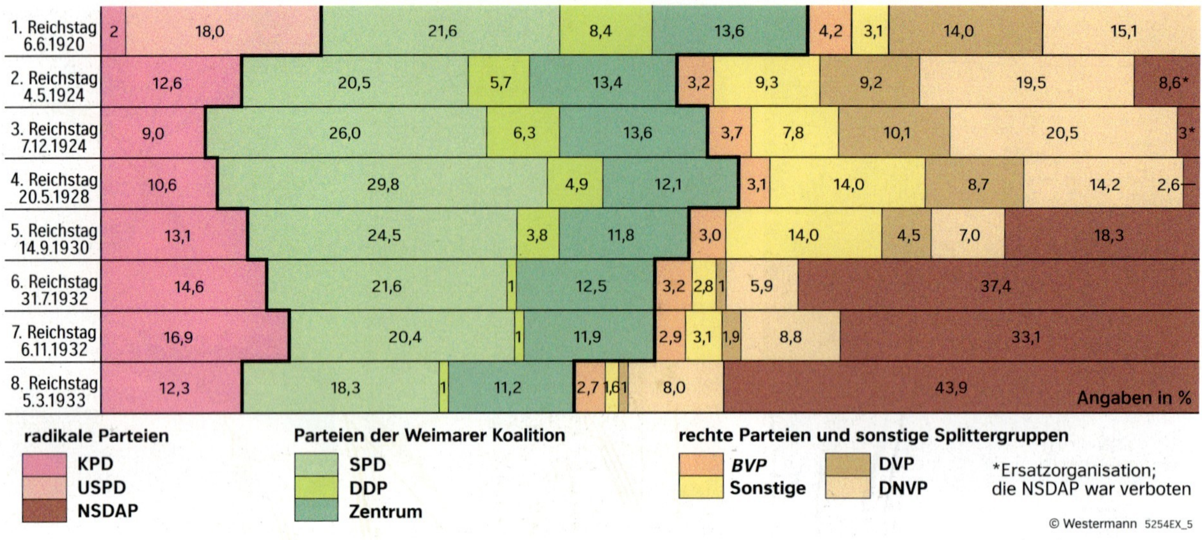

M1 *Die Ergebnisse der Reichstagswahlen von 1920 bis 1933*

Der Aufstieg Adolf Hitlers und der NSDAP

Am 20. April 1889 wurde Adolf Hitler in Braunau am Inn (Österreich) geboren. Als erfolgloser Künstler trat er 1919 einer Partei bei, die er bald in die NSDAP umformte und leitete. Schon früh gelang es ihm, durch seine Reden die Menschen zu begeistern. Nach einem erfolglosen Putschversuch 1923 in München kam er ins Gefängnis. Dort schrieb er sein Buch „Mein Kampf". Nach nur einem Jahr wurde er bereits wieder entlassen.

Mit den Reichstagswahlen 1930 begann der Aufstieg der NSDAP. Gründe waren die Unzufriedenheit vieler Menschen mit der Weimarer Republik und die **Propaganda** Hitlers. Er versprach den Menschen, was sie hören wollten: Beseitigung der Massenarbeitslosigkeit, politische Einheit, Abschaffung des Versailler Vertrages. Seine Botschaften wurden in Zeitungen, auf Plakaten und Schallplatten, im Kino und bei Massenveranstaltungen verbreitet. Hitler reiste dabei teilweise mit dem Flugzeug – etwas vollkommen Neues in dieser Zeit – und konnte dadurch mehr Auftritte absolvieren als die anderen Politiker.

In den folgenden Jahren wurde der Reichstag oft neu gewählt, weil keine stabile Regierung zustande kam. Bei diesen Wahlen wurde die NSDAP immer bedeutender. Reichspräsident Hindenburg hatte sich lange Zeit geweigert, Hitler die Macht zu übertragen. Am 30. Januar 1933 jedoch ernannte er Adolf Hitler schließlich zum deutschen Reichskanzler. Man glaubte, Hitler durch das Parlament und den Reichspräsidenten kontrollieren zu können – eine Fehleinschätzung, wie sich zeigen sollte.

M2 *Wahlplakat der NSDAP (1932)*

1. Liste auf, was du über Hitlers Biografie erfährst.
2. ↗ Beschreibe den Aufstieg der NSDAP (M1).
3. Beschreibe das Wahlplakat (M2, vgl. Methode S. 159).
4. Erläutere, wie es Hitler und der NSDAP gelang, die Wähler für sich zu gewinnen.

M3 *Reichspräsident Hindenburg und Hitler nach dessen Ernennung zum Reichskanzler*

M5 *Der Fackelzug zu Ehren des neuen Reichskanzlers Adolf Hitler am Abend des 30.1.1933 in Berlin*

Das Ende der Weimarer Republik

Die Gegner der Demokratie wurden bei den Reichstagswahlen immer stärker und die demokratischen Parteien immer schwächer. Mit Adolf Hitler war ein erklärter Feind der Demokratie und der Weimarer Republik zum Reichskanzler ernannt worden. Der Beginn der Herrschaft seiner NSDAP markierte das Ende der Weimarer Republik.

Die Wirtschaftskrise und die hohen Arbeitslosenzahlen hatten daran ebenso Anteil wie die häufigen Regierungswechsel und der Wunsch nach einem „starken Mann" an der Spitze.

Wir erlebten in Berlin den Fackelzug der Nationalsozialisten. Etwas Unheimliches ist mir von dieser Nacht her gegenwärtig geblieben. Das Hämmern der Schritte, die düstere Feierlichkeit roter und schwarzer Fahnen. Stundenlang marschierten die Kolonnen vorüber, unter ihnen immer wieder Gruppen von Jungen und Mädchen. In ihren Gesichtern lag ein Ernst, der mich beschämte. Was war ich: ein Kind. Und ich brannte darauf, mich in diesen Strom zu werfen, in ihm unterzugehen und mitgetragen zu werden.

(Melita Maschmann: Fazit: Kein Rechtfertigungsversuch. DVA. Stuttgart 1963, S. 16)

M4 *Augenzeugenbericht*

5 Analysiere das Foto M3 (vgl. Methode S. 202)

6 Erläutert die Wirkung, die der Fackelzug auf die Zuschauer hatte (M4, M5).

7 Entwickelt eine Mindmap zum Thema „Gründe für das Scheitern der Weimarer Republik" (vgl. S. 94–97, Methode S. 200).

SA, SS, Gestapo
Die SA (Sturmabteilung) war die leicht bewaffnete Kampf- und Schlägertruppe der NSDAP. Sie wuchs von 77 000 Mitgliedern (1931) auf 700 000 (1933) an, verlor aber nach 1934 an Bedeutung.
Die SS (Schutzstaffel) bildete anfangs die Schutztruppe Hitlers und der NSDAP-Führung. Sie hatte 1939 240 000 hauptberufliche Mitglieder.
Die Gestapo (Geheime Staatspolizei) verhaftete seit April 1933 Menschen ohne richterlichen Beschluss.

M1 *Das brennende Reichstagsgebäude in der Nacht vom 27. auf den 28.2.1933*

Reichstagsbrand und Ermächtigungsgesetz

Während des Wahlkampfes für die Reichstagswahlen brannte am 27. Februar 1933 der Reichstag. Die Nationalsozialisten machten dafür die linken Parteien verantwortlich. Für Hitler war dies eine willkommene Gelegenheit, politische Gegner auszuschalten. Eine von ihm ausgerufene Notverordnung schränkte Grundrechte wie Presse- und Versammlungsfreiheit ein und erlaubte grundlose Verhaftungen und Durchsuchungen. Mitglieder der Sturmabteilung (SA) und Schutzstaffel (SS) terrorisierten politische Gegner.

Bei der ersten Sitzung des neu gewählten Reichstages war das Gebäude von SA- und SS-Leuten besetzt. Vor dieser Drohkulisse verlangte Hitler, dass seine Regierung auch ohne Mitwirkung des Reichstages Gesetze erlassen darf. Er versprach, diese Macht nicht auszunutzen. Eine klare Mehrheit des Reichstages stimmte für dieses **Ermächtigungsgesetz** – allein die 94 Abgeordneten der SPD stimmten dagegen. Durch ihre Zustimmung verzichteten die Abgeordneten auf ihr Recht, Gesetze zu beschließen.

[...] Noch niemals, seit es einen Deutschen Reichstag gibt, ist die Kontrolle der öffentlichen Angelegenheiten durch die gewählten Vertreter des Volkes in solchem Maße ausgeschaltet worden, wie es durch das neue Ermächtigungsgesetz noch mehr geschehen soll. Eine solche Allmacht der Regierung muss sich umso schwerer auswirken, als auch die Presse jeder Bewegungsfreiheit entbehrt. [...]

(Otto Wels: Rede im Reichstag. In: Paul Meier-Benneckenstein (Hrsg.): Dokumente der deutschen Politik. Bd.1. Junker u. Dünnhaupt Verlag. Berlin 1933, S. 36 ff)

M2 *Rede des SPD-Abgeordneten Otto Wels zum Ermächtigungsgesetz (23.3.1933)*

1. Beschreibe die Aufgaben von SA, SS und Gestapo.
2. „Die Nationalsozialisten nutzten den Reichstagsbrand für ihre Zwecke.“ Erkläre diese Aussage (M1).
3. Erläutere, warum die SPD-Abgeordneten geschlossen gegen dass Ermächtigungsgesetz stimmten (M2).

März 1933:
Gründung des Ministeriums für Volksaufklärung und Propaganda

März 1933:
Alle Länder und Gemeinden erhalten eine NSDAP-Regierung (Ministerpräsidenten, Bürgermeister).

April 1933:
Beamtengesetz: Beamte, die politisch oder „rassisch" unbeliebt sind, werden entlassen.

Mai 1933:
Zerschlagung der Gewerkschaften: Gewerkschaftsführer werden verhaftet und misshandelt.

Juli 1933:
Gesetz gegen die Neubildung von Parteien. Einzige erlaubte Partei ist die NSDAP.

September 1933: Gründung der Reichskulturkammer: Sie kontrolliert Musik, Literatur, Film, Rundfunk und Presse. Was nicht zur NS-Ideologie passt, wird verboten.

M3 *Gleichschaltung – der Weg in die Diktatur*

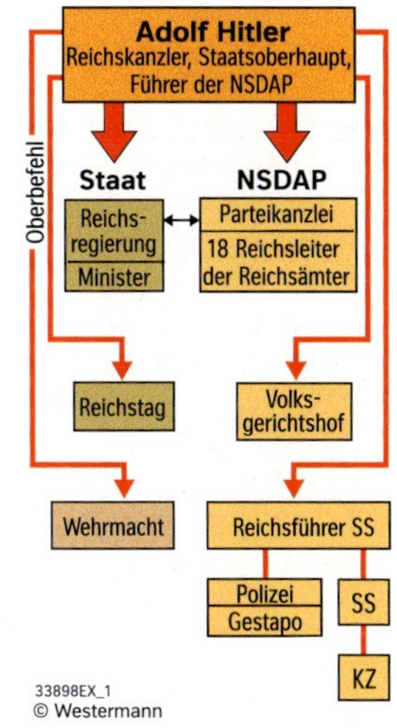

M5 *Das „Führerprinzip"*

Gleichschaltung und Machtsicherung

Bereits 1933 begann die **Gleichschaltung**. Wichtige Ämter in allen gesellschaftlichen und politischen Bereichen wurden mit Nationalsozialisten besetzt: in Rathäusern, Vereinen, Theatern, Zeitungen, Verbänden und Filmstudios. Regimekritische Personen wurden abgesetzt, kritische Einrichtungen wie **Gewerkschaften** verboten. Musik und Kunst, die nicht zur NS-Vorstellung passten, wurden verboten, Bücher wurden verbrannt. Die geheime Staatspolizei (Gestapo) verfolgte Andersdenkende. Das Leben der Menschen wurde auf Hitler und die NSDAP ausgerichtet.

Gegner in seiner eigenen Partei schaltete Hitler aus: SA-Chef Ernst Röhm beispielsweise wurde verhaftet und erschossen. Nach dem Tode Hindenburgs am 2. August 1934 wurde Hitler auch Reichspräsident und damit Oberbefehlshaber der Wehrmacht.

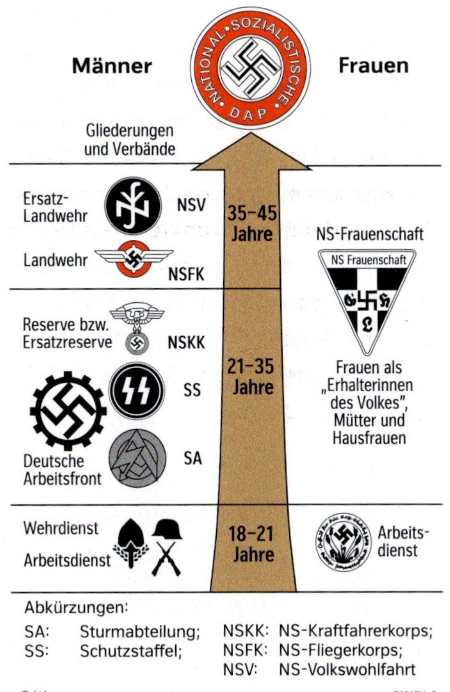

M4 *Der Weg zum gleichgeschalteten Bürger*

4 a) Beschreibe, wie die NS-Diktatur errichtet wurde.
b) Erkläre, wie der Aufbau der Diktatur organisiert war (M3, M5).

5 Erklärt die „Gleichschaltung" und diskutiert ihre Folgen (M4).

6 Erörtert, warum der NS-Staat eine Diktatur war.

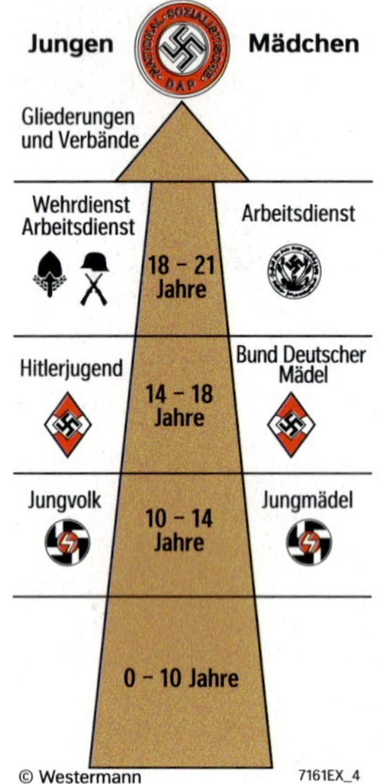

M1 *Gleichschaltung der Jugend*

M2 *Zeltlager des Bundes Deutscher Mädel (Foto von 1938)*

Gleichschaltung der Kinder und Jugendlichen

Nach ihrer Machtübernahme begannen die Nationalsozialisten auch die Jugend „gleichzuschalten". Die Jungen mussten sich der **Hitlerjugend (HJ)** anschließen, die Mädchen dem **Bund Deutscher Mädel (BDM)**.

Am 1. Dezember 1936 wurde die HJ mit allen angeschlossenen Organisationen zur Staatsjugend erklärt: Sie war für die gesamte Erziehung der Jugend außerhalb des Elternhauses verantwortlich. Die Jungen wurden auf ihre Rolle als Soldaten vorbereitet, die Mädchen auf ihre Aufgabe als Hausfrau und Mutter. Sie sollten ihre Rolle in der Familie sehen und als „Hüterinnen der Rasse" möglichst viele Kinder bekommen. BDM und HJ organisierten auch Freizeitaktivitäten: Wanderungen, Übernachtungen in Jugendherbergen, Singen am Lagerfeuer, Sport.

Diese Jugend, die lernt ja nichts anderes als deutsch denken, deutsch handeln. Und wenn so diese Knaben, diese Mädchen mit zehn Jahren in unsere Organisationen hineinkommen, [...] dann kommen sie vier Jahre zum Jungvolk und dann in die Hitlerjugend und da behalten wir sie wieder vier Jahre [...] und sie werden nicht mehr frei ihr ganzes Leben.

(Jürgen Soenke (Hrsg.): Die Reden des Führers nach der Machtübernahme. Eher Verlag. Berlin 1939, S. 176)

M3 *Hitler über Jugendliche*

1. Stelle zusammenfassend dar, welche Rolle die Jugend im NS-Staat übernehmen sollte (M1–M7).

2. Vergleicht das Leben der damaligen Jugendlichen mit eurem heutigen Leben.

M4 *„Jugend dient dem Führer" (Propaganda-Plakat der Hitlerjugend 1935)*

M6 *Flaggenappell 1935 in Köln. Alle Schüler und Lehrer mussten sich in Formation aufstellen und dem Hissen der Reichsflagge beiwohnen.*

Strophe 1

Vorwärts! Vorwärts!
Schmettern die hellen Fanfaren.
Vorwärts! Vorwärts!
Jugend kennt keine Gefahren.
Deutschland, du wirst leuchtend stehn,
Mögen wir auch untergehn.

Refrain

Uns're Fahne flattert uns voran.
In die Zukunft ziehen wir Mann für Mann.
Wir marschieren für Hitler
Durch Nacht und durch Not
Mit der Fahne der Jugend
Für Freiheit und Brot.
Uns're Fahne flattert uns voran,
Uns're Fahne ist die neue Zeit.
Und die Fahne führt uns in die Ewigkeit!
Ja die Fahne ist mehr als der Tod!

(Baldur von Schirach: Unsre Fahne flattert uns voran (1933). In: Geschichte in Liedern Online, Stand: 2019)

M5 *Fahnenlied der Hitlerjugend*

Eine gewalttätige, herrische, unerschrockene, grausame Jugend will ich. Schmerzen muss sie ertragen. Es darf nichts Schwaches und Zärtliches an ihr sein. Stark und schön will ich meine Jugend. Ich will eine athletische Jugend. […] Der junge, gesunde Knabe soll auch Schläge ertragen lernen. […] Nicht im ehrbaren Spießbürger oder der tugendhaften alten Jungfer sieht er sein Menschheitsideal, sondern in der trotzigen Verkörperung männlicher Kraft und in Weibern, die wieder Männer zur Welt zu bringen vermögen. […] Das Ziel der weiblichen Erziehung muss unverrückbar die kommende Mutter sein.

(Hermann Rauschning (Hrsg.): Gespräche mit Hitler. Europa Verlag, Zürich / New York 1940, S. 237)

M7 *„Meine Jugend ist hart."*

3 In der Erziehung geht es normalerweise darum, Kinder und Jugendliche zur Selbstständigkeit zu erziehen. Stelle dem Hitlers Erziehungsziele gegenüber (M3, M7).

4 ↗ Vergleiche die Inhalte des Liedtextes M5 mit dem Plakat M4.

M1 *Werbung für den Volksempfänger*

M2 *Hitler redet vor der SS auf dem Reichsparteitag in Nürnberg 1935. Die Reichsparteitage der NSDAP waren ein wichtiges Mittel der Propaganda.*

Alltägliche Propaganda

Die Propaganda im Dritten Reich diente dazu, die Bevölkerung immer enger an die NS-Diktatur zu binden, sodass der Glaube an den Nationalsozialismus religiöse Züge bekam.

Die Methoden waren vielfältig. Zu vielen Gelegenheiten wurden Feste und Aufmärsche abgehalten, die so geplant waren, dass sich jeder Einzelne als Teil eines großen Ganzen fühlen konnte. Hitlers Bild war allgegenwärtig, die angeblichen Erfolge seiner Regierung wurden stark betont. Neu entwickelte Radios wie der Volksempfänger wurden günstig angeboten, sodass jeder auch zu Hause die Propagandameldungen und Hitlers Reden hören konnte.

Da es keine unabhängigen Medien mehr gab, wurde auch keine Kritik mehr an Hitler und seiner Regierung veröffentlicht.

Jede Propaganda hat volkstümlich zu sein und ihr geistiges Niveau einzustellen nach der Aufnahmefähigkeit des Beschränktesten unter denen, an die sie sich richtet. [...] Gerade darin liegt die Kunst der Propaganda, dass sie in psychologisch richtiger Form den Weg der Aufmerksamkeit und zum Herzen der breiten Masse findet. [...] Aus diesen Tatsachen heraus hat sich jede wirkungsvolle Propaganda auf nur sehr wenige Punkte zu beschränken und diese schlagwortartig so lange zu vertreten, bis auch bestimmt der Letzte unter einem solchen Worte das Gewollte sich vorzustellen vermag.

(Adolf Hitler: Mein Kampf. 11. Aufl. Eher Verlag. München 1933, S. 197 f)

M3 *Adolf Hitler über „Propaganda" (1925)*

1. Liste auf, welche Möglichkeiten der Propaganda im Dritten Reich genutzt wurden (M1, M2, M4).

2. Fasst zusammen, wie Hitler sich Propaganda vorstellte (M3).

3. (M) Stellt dar, inwieweit der Volksempfänger eine besondere Rolle in der NS-Propaganda spielte und bewertet seinen Nutzen (M1).

Jetzt wird rücksichtslos durchgegriffen
Kommunistische Brandstifter zünden das Reichstagsgebäude an – Der Mitteltrakt mit dem großen Sitzungssaal vernichtet – Kommunistische Brandstifter verhaftet – Das Zeichen zur Entfesselung des kommunistischen Aufruhrs – Schärfste Maßnahmen gegen die Terroristen – Alle kommunistischen Abgeordneten in Haft – Alle marxistischen Zeitungen verboten

Norddeutsche Ausgabe
Norddeutsche Ausgabe
Berlin, Mittwoch, 1. März 1933
VÖLKISCHER BEOBACHTER
Herausgeber Adolf Hitler
Die Brennessel heute neu!
Das Maß ist voll!
Jetzt wird rücksichtslos durchgegriffen
Kommunistische Brandstifter zünden das Reichstagsgebäude an – Der Mitteltrakt mit dem großen Sitzungssaal vernichtet – Kommunistische Brandstifter verhaftet – Das Zeichen zur Entfesselung des kommunistischen Aufruhrs – Schärfste Maßnahmen gegen die Terroristen – Alle kommunistischen Abgeordneten in Haft – Alle marxistischen Zeitungen verboten

M4 *Titelseite der NS-Zeitung „Völkischer Beobachter" zum Reichstagsbrand (daneben: Inhalt in heutiger Schrift)*

Die Rolle der Medien früher und heute

Im Dritten Reich wurden Zeitungen, Radio und Film vom Staat kontrolliert. Die Menschen erfuhren also nur das, was die Regierung wollte.
Auch heute informieren sich Menschen über Ereignisse in den Massenmedien wie Zeitung, Fernsehen, Radio oder Internet. Da wir in einer Demokratie leben, können die Medien frei, unabhängig und ohne **Zensur** über alles berichten. So übernehmen sie heute eine wichtige Funktion, die sie in der NS-Diktatur nicht ausüben konnten: Sie beobachten die Regierungen, decken Missstände auf und informieren die Bürger darüber. Daher gilt in einer Demokratie die Pressefreiheit.
Ohne unabhängige Medien wäre die Demokratie gefährdet: Man würde es nie erfahren, wenn Politiker ihre Macht missbrauchen.

Jeder hat das Recht, seine Meinung in Wort, Schrift und Bild frei zu äußern und zu verbreiten und sich selbst aus allgemein zugänglichen Quellen ungehindert zu unterrichten. Die Pressefreiheit und die Freiheit der Berichterstattung durch Rundfunk und Film werden gewährleistet. Eine Zensur findet nicht statt.

M5 *Artikel 5, Abs. 1 Grundgesetz*

Die Presse ist ein Erziehungsinstrument, um ein Siebzig-Millionen-Volk in eine einheitliche Weltanschauung zu bringen.

(Bernhard Schulz: Zeitungspresse als Machtinstrument. Hitlers tägliche Helfer. In: Der Tagesspiegel Online, 21.05.2013)

M6 *Hitler über die Presse (1934)*

4 (M) Analysiert den Propaganda-Text (M4, vgl. Methode S. 203).

5 Vergleicht die Rolle der Medien in Demokratie und Diktatur (M5, M6).

6 (M) Beurteilt die Bedeutung von Pressefreiheit und objektiver Berichterstattung in einer Demokratie (M5, M6).

Ideologie
Der Begriff Ideologie bezeichnet eine Weltanschauung oder eine umfassende Theorie, mit der Gesellschaft und Staat erklärt werden. Sie erhebt den Anspruch auf eine beweisbare Wahrheit. Die Ideologie der Nationalsozialisten diente der Herrschaftssicherung. Ihre ideologischen Grundannahmen setzten die Nazis mit den Mitteln der Propaganda und des Terrors durch.

M1 *Rassenlehre*

NS-Ideologie

Bereits 1924 hatte Adolf Hitler in seinem Buch „Mein Kampf“ wesentliche Punkte der NS-Ideologie dargelegt.
Neben dem Führerprinzip vertrat er die These von unterschiedlich wertvollen Menschenrassen. Demnach gäbe es vor allem im norddeutschen und skandinavischen Raum eine „arische“ Rasse, die er als Herrenmenschen bezeichnete. Typische Merkmale wären blonde Haare, blaue Augen und bestimmte Charaktereigenschaften wie Mut und Sinn für Kultur. Das deutsche Volk sei eine Mischung verschiedener Rassen. Ziel war es, in der Volksgemeinschaft zu einem reinen Volk zu kommen und es vor minderwertigen Rassen oder Gruppen zu schützen.
Dabei war auch die Gewinnung von Lebensraum im Osten ein zentrales Anliegen Hitlers.

Judenhass

Der Hass auf die Juden war in Europa nichts Neues. Seit dem Mittelalter hatten die Juden immer wieder unter Verfolgung und Diskriminierung zu leiden. Dies hatte zunächst religiöse Gründe, später verbreitete sich die Vorstellung, die Juden gehörten einem anderen Volk an als die Deutschen.
Woher Hitlers Judenhass kam, lässt sich nicht genau bestimmen. Ob seine Erlebnisse als Soldat während des Ersten Weltkrieges oder das Vorbild anderer, radikaler Politiker entscheidend waren, ist nicht eindeutig geklärt.
Fest steht, dass Hitler seit Beginn seiner politischen Karriere die Juden als Feindbild in seiner Rassenlehre propagierte. So wurde der Kampf gegen die Juden als Überlebenskampf des deutschen Volkes verherrlicht.

1. Ordne die Zitate Hitlers den passenden Bildern zu (M1–M4).

2. Erläutert die Schlagworte: „arische Rasse“, „Herrenmenschen“, „Lebensraum“ und „Judenhass“.

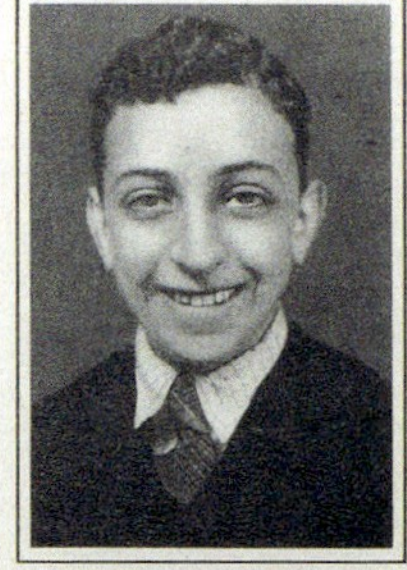

8jähriges Judenmädchen

M2 ***Vergleich deutsche und jüdische Jugend***

Das Grossdeutschland in der Zukunft.

Reichsraum, Vorfeld

M4 ***Lebensraum im Osten***

Volksgemeinschaft

Das Wort versprach eine Gesellschaft ohne Klassen und Standesunterschiede. Die Realität jedoch sah anders aus. Wer zur Volksgemeinschaft gehörte, bestimmten die Nationalsozialisten. Nicht zur Volksgemeinschaft zählten politische Gegner, Juden, Sinti, Roma, aber auch Menschen mit Behinderung, Obdachlose und Homosexuelle. Sie wurden von Anfang an ausgegrenzt und terrorisiert.

(1) Die völkische Weltanschauung glaubt keineswegs an eine Gleichheit der Rassen, sondern erkennt mit ihrer Verschiedenheit auch ihren höheren oder minderen Wert. [...]

(2) Würde man die Menschen in [...] Kulturbegründer, Kulturträger und Kulturzerstörer (einteilen), dann kämen als Vertreter der ersten wohl nur die Arier infrage. (Der Arier) [...] liefert die [...] Pläne zu allem Fortschritt [...]. Den gewaltigsten Gegensatz zum Arier bildet der Jude. Die feindliche Haltung des Judentums gegenüber dem deutschen Volke und Reich [...] erfordert entschiedene Abwehr und harte Sühne.

(3) Deutschland wird entweder Weltmacht oder überhaupt nicht sein. [...] Wenn wir [...] von neuem Grund und Boden reden, können wir [...] nur an Russland [...] denken. Wenn uns der Ural mit seinen unermesslichen Rohstoffschätzen und die sibirischen Wälder zur Verfügung stehen und wenn die endlosen Weizenfelder der Ukraine zu Deutschland gehören, wird unser Land im Überfluss schwimmen.

(4) [Der völkische Staat] hat die Rasse in den Mittelpunkt des allgemeinen Lebens zu stellen. Er hat für ihre Reinerhaltung zu sorgen.

(5) Der Jude [...] war immer nur Parasit im Körper anderer Völker. [...] Er sucht immer Nährboden für seine Rasse.

(6) So ist der Jude heute der große Hetzer zur restlosen Zerstörung Deutschlands. [...] befreit sich Deutschland aus dieser Umklammerung, so darf diese größte Völkergefahr als für die ganze Welt gebrochen gelten.

(Adolf Hitler: Mein Kampf. 11. Aufl. Eher Verlag. München 1933, S. 420, 318, 324, 329, 334, 705, 332, 334)

M3 ***Auszüge aus Hitlers „Mein Kampf"***

3 Beschreibe, wie Hitler die Juden charakterisiert (M1, M2, M3).

4 Bewertet Hitlers Sichtweise auf die Menschen im Vergleich zu unserer heutigen Sichtweise.

M1 *Liebe zwischen Christen und Juden wurde angeprangert (1933).*

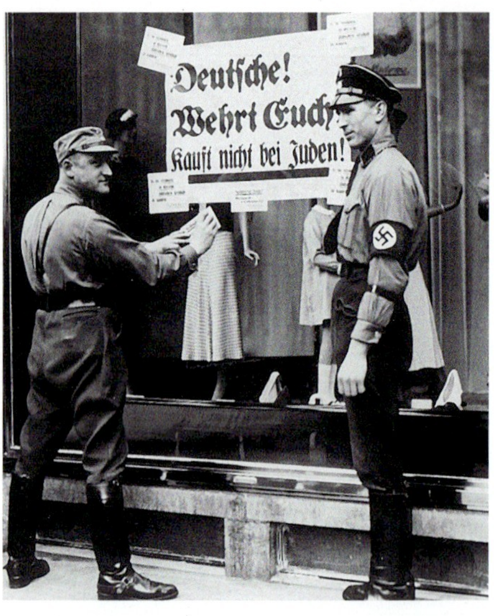

M3 *Boykott jüdischer Geschäfte (1933)*

Entrechtet, ausgegrenzt, ermordet

Durch das Ermächtigungsgesetz konnte Hitler ungehindert gegen Juden in Deutschland vorgehen. Im April 1933 riefen die Nationalsozialisten zum Boykott jüdischer Geschäfte auf und es wurden Berufsverbote gegen Juden ausgesprochen. 1935 erließen die Nazis die **Nürnberger Gesetze** und eine Reihe weiterer Maßnahmen, die den Rassismus rechtlich absicherten. Nur sehr wenige aus der Bevölkerung sprachen sich dagegen aus.

Juden nicht-deutscher Nationalität wurden abgeschoben: Allein 17 000 polnische Juden wurden des Landes verwiesen. Aus Verzweiflung und Angst vor der Abschiebung seiner Familie erschoss der 17-jährige Herschel Grynszpan einen deutschen Diplomaten. Die nationalsozialistische Propaganda nutzte diese Tat und behauptete, es gäbe eine „Verschwörung des Weltjudentums". Diese Tat bot Hitler einen willkommenen Anlass, Hass zu säen: Angeblich aus Rache brannten SA- und SS-Leute über 250 Synagogen nieder und zerstörten mehr als 7000 jüdische Geschäfte. Dabei wurden sie von zahlreichen Sympathisanten unterstützt.

„Gesetz zum Schutze des deutschen Blutes und der deutschen Ehre"

§ 1 (1) Eheschließungen zwischen Juden und Staatsangehörigen deutschen oder artverwandten Blutes sind verboten. Trotzdem geschlossene Ehen sind nichtig. [...]
§ 2 Außerehelicher Verkehr zwischen Juden und Staatsangehörigen deutschen oder artverwandten Blutes ist verboten. [...]
§5 (1) Wer dem Verbot von § 1 zuwiderhandelt, wird mit Zuchthaus bestraft.

M2 *Auszug aus den Nürnberger Gesetzen vom 15.9.1935*

1 ↗ Beschreibe das Leben der Juden in den Jahren 1933–1941 (M1–M7).

2 Vergleiche die Inhalte des Bildes M1 mit dem Gesetzesauszug in M2.

3 ↗ Ihr lebt im Jahr 1933 und kommt auf der Straße an der Gruppe auf dem Foto M1 vorbei. Diskutiert, wie ihr reagieren würdet und welche Folgen dies haben könnte.

> [...] Es müssen Bestien gewesen sein, die in ihrem Hass keine Grenzen mehr sahen. [...] Im Wohnzimmer lagen die Scherben so hoch, dass man kaum zu gehen vermochte. [...] Dr. Weinstock konnte es nicht überwinden, dass man ihn [...] wie einen Verbrecher behandelte, einzig und allein seiner Abstammung wegen. Er nahm sich das Leben! [...]
>
> (Stadtarchiv Nürnberg (Hrsg.): Schicksal jüdischer Mitbürger in Nürnberg 1850 – 1945. 1965, S. 32f.)

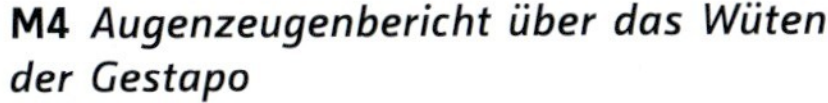

M4 *Augenzeugenbericht über das Wüten der Gestapo*

M5 *Reichspogromnacht am 9.11.1938. So wie diese Synagoge in Frankfurt am Main brannten viele Synagogen und Häuser.*

Die Reichspogromnacht

Die Zerstörung der Geschäfte und Synagogen am 9. November 1938 wird als **Reichspogromnacht** bezeichnet. Sie wird auch verharmlosend „Reichskristallnacht" genannt, weil viele Fensterscheiben zerschlagen wurden. Hunderte Menschen wurden ermordet oder starben infolge von Misshandlungen. Es entstand riesiger Sachschaden. Die Juden mussten ihn durch Zahlung von einer Milliarde Reichsmark selbst begleichen. 30000 Juden wurden inhaftiert und erst dann – kahlgeschoren und misshandelt – entlassen, wenn sie sich zur Auswanderung verpflichteten.

In Deutschland wurden die Rechte der Juden immer weiter eingeschränkt: Sie durften keine Kinos mehr besuchen, keine öffentlichen Verkehrsmittel benutzen und keine Autos besitzen. Außerdem durften Juden nur von 16 bis 17 Uhr Lebensmittel einkaufen und abends ihre Wohnung nicht mehr verlassen. Jüdischen Kindern war es verboten, öffentliche Schule zu besuchen, jüdischen Mietern wurde gekündigt und Berufsverbote wurden erlassen. Ab September 1941 mussten Juden als Erkennungssymbol den gelben „Judenstern" auf ihrer Kleidung tragen.

M7 *Judenstern*

> § 1 Juden, die das sechste Lebensjahr vollendet haben, ist es verboten, sich in der Öffentlichkeit ohne einen Judenstern zu zeigen.
>
> (Alfred Dehlinger: Systematische Übersicht über 76 Jahrgänge Reichsgesetzblatt 1867 – 1942. Verlag W. Kohlhammer. Stuttgart / Berlin 1943, S. 547)

M6 *Polizeiverordnung über die Kennzeichnung der Juden vom 1.9.1941*

4 Du bist am 9.11.1938 ausländischer Journalist in Deutschland und erlebst die Reichspogromnacht mit. Schreibe einen Artikel über das Erlebte und die Folgen für die Betroffenen (M5).

5 a) Beschreibe aktuelle Beispiele für Demütigungen, Brandstiftungen usw.
b) Beurteile, ob man die Situation der Gegenwart mit der historischen vergleichen kann.
c) Begründe deine Meinung.

M1 *Das Rheinland wurde am 7.3.1936 besetzt.*

M3 *Österreich wurde am 12.3.1938 „angeschlossen".*

M4 *Das Sudetenland (Tschechoslowakei) wurde am 1.10.1938 einverleibt.*

Hitlers Kriegsvorbereitungen

Hitler versuchte, die Befürchtungen der anderen europäischen Staaten, dass Deutschland stark werden könnte, in zahlreichen Reden zu zerstreuen. Gleichzeitig startete er ein Aufrüstungsprogramm in nie da gewesenem Ausmaß. Sein Ziel war die Aufhebung des Versailler Vertrages und eine Vergrößerung des deutschen Staatsgebietes.

Deshalb marschierte er 1936 ins entmilitarisierte Rheinland ein und schloss mit Italien einen Freundschaftspakt. Im März 1938 schickte er Truppen in seine Heimat Österreich und rief das „Großdeutsche Reich" aus. Hitler forderte zudem die Abtretung der westlichen Grenzgebiete der Tschechoslowakei (Sudetenland).

Um darüber zu verhandeln, trafen sich im September 1938 Vertreter von Großbritannien, Italien, Frankreich und Deutschland in München. Sie vereinbarten im **Münchner Abkommen**, dass das Sudetenland, in dem drei Millionen Deutsche lebten, schrittweise an Deutschland übergehen sollte. Hitler erklärte als Gegenleistung, dass damit seine Gebietsansprüche erfüllt seien.

Doch schon im März 1939 besetzte die deutsche Wehrmacht das ganze Land. Die Erklärungen Hitlers offenbarten sich als Taktik: Die Appeasement-(Beschwichtigungs-)Politik der europäischen Staaten war gescheitert.

Ähnlich der militärischen und politischen Aufrüstung hat auch eine wirtschaftliche zu erfolgen. Wir sind übervölkert und können uns auf der eigenen Grundlage nicht ernähren. Die endgültige Lösung liegt in der Erweiterung des Lebensraumes. Ich stelle die folgenden Aufgaben:
1. Die deutsche Armee muss in vier Jahren einsatzfähig sein.
2. Die deutsche Wirtschaft muss in vier Jahren kriegsfähig sein.

(Wilhelm Treue: Vierteljahreshefte für Zeitgeschichte. Heft 3. hrsg. von Theodor Eschenburg, Hans Rothfels, Helmut Krausnick. DVA. Stuttgart 1965)

M2 *Aus einer geheimen Denkschrift Hitlers (1936)*

1. Stelle in einer Zeitleiste die auf dieser Doppelseite genannten Ereignisse dar. Überschrift: „Der Weg in den Krieg" (M1, M3, M4, M7).

2. a) Betrachte die Bilder und erläutere, warum die Menschen jubeln (M1, M3, M4).
   b) Verfasse ein Streitgespräch zwischen einem Jubilierenden und einem Gegner des NS-Regimes.

M5 *US-amerikanische Karikatur (1933)*

M6 *Herstellung von Panzern*

Hitler-Stalin-Pakt

Im August 1939 schloss Hitler seine Kriegsvorbereitungen ab. In Berlin wurde von den Außenministern Deutschlands und der Sowjetunion ein Nichtangriffspakt unterzeichnet, der sogenannte **Hitler-Stalin-Pakt**. In einem geheimen Zusatzprotokoll wurde von Hitler und dem damaligen Staatschef der Sowjetunion, Josef Stalin, zudem genau festgelegt, wie die beiden Länder Polen aufteilen wollten. Hitler war nun abgesichert: Er konnte Polen angreifen, ohne befürchten zu müssen, in einen Krieg mit der Sowjetunion verwickelt zu werden. Außerdem hatte die Sowjetunion zugesichert, sich keinem Bündnis gegen das Deutsche Reich anzuschließen. Die Gefahr, dass sich – ähnlich wie im Ersten Weltkrieg – erneut ein Zwei-Fronten-Krieg entwickeln würde, war vorerst ausgeschlossen.

M7 *Vergrößerung des Deutschen Reiches (1935 – 1939)*

3 a) Wertet die Karikatur aus (M5, vgl. Methode S. 203).
b) Erläutert Hitlers Doppelstrategie in der Außenpolitik (M2, M6).

4 Das Verhalten des Auslandes gegenüber Hitler wird Appeasementpolitik genannt. Erörtere, was für und was gegen eine solche Politik sprach.

Der „totale Krieg“

Am 1. September 1939 überfiel die deutsche Wehrmacht Polen. Daraufhin erklärten England und Frankreich Deutschland den Krieg. Der Zweite Weltkrieg begann.

In einem fünfwöchigen **Blitzkrieg** wurde Polen besiegt und aufgeteilt. 1940 besetzten deutsche Truppen weitere Länder: Dänemark, Norwegen, die Benelux-Staaten, Teile Frankreichs. Hitler unterstützte den Verbündeten Italien, indem er im „Balkanfeldzug“ im April 1941 das ehemalige Jugoslawien und Griechenland unterwarf. Außerdem schickte er Truppen nach Libyen, da dort die italienische Armee gegen die britische Armee kämpfte.

Im Juni 1941 griffen deutsche Truppen die Sowjetunion an. Hitler wollte damit „Lebensraum im Osten“ gewinnen. Außerdem wollte er durch die Einnahme des rohstoffreichen Landes die Versorgung des Deutschen Reiches mit kriegswichtigen Bodenschätzen sicherstellen. Das „Unternehmen Barbarossa“ – wie es in der Planung der Wehrmacht hieß – war als Blitzkrieg angelegt.

Mit Einbruch des Winters 1941 kam der deutsche Vormarsch erstmals zum Erliegen. Im November 1941 wurde die deutsche Wehrmacht vor Moskau durch die Rote Armee, das sowjetische Heer, gestoppt. Der Blitzkrieg war gescheitert.

M1 *Der Zweite Weltkrieg in Europa (1933–1942)*

1. Stelle in einer Zeitleiste mit dem Zeitraum 1939 bis 1945 die auf dieser Doppelseite genannten Ereignisse dar. Überschrift: „Der Zweite Weltkrieg in Europa“.

2. Liste auf, welche Länder das Deutsche Reich bis 1942 besetzt hatte (M1).

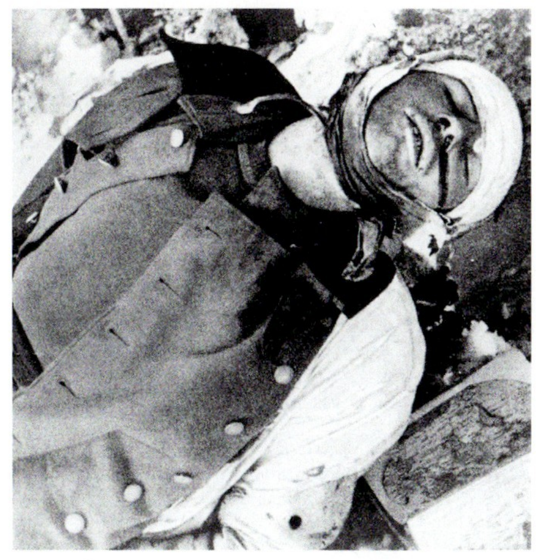

M2 *Gefallener Soldat bei Stalingrad*

M4 *Bei der Rede von Goebbels im Sportpalast am 18.2.1943*

Stalingrad – der Anfang vom Ende

Die Schlacht um **Stalingrad** im Winter 1942/1943 war der Anfang vom Ende des „Russlandfeldzuges“: 280000 Soldaten der 6. Armee waren seit Ende 1942 von sowjetischen Soldaten eingekesselt. Auf Befehl Hitlers mussten sie die Stellung halten, obwohl warme Kleidung und Nahrung fehlten und die Temperaturen auf unter -20 °C fielen. Anfang Februar 1943 gaben die deutschen Truppen auf. 150000 deutsche Soldaten waren gefallen, 90000 kamen in russische Kriegsgefangenschaft. Nur 6000 kehrten nach dem Krieg zurück. Die deutsche Bevölkerung litt ab 1942 unter Bombenangriffen und schlechter Lebensmittelversorgung. Mit Propagandareden sollte die Kriegsbegeisterung aufrechterhalten werden.

Ich frage euch: Glaubt ihr mit dem Führer an den endgültigen totalen Sieg des deutschen Volkes? *(Stürmische Rufe: „Ja!“ Starker Beifall.)*
Die Engländer behaupten, das deutsche Volk wehrt sich gegen die totalen Kriegsmaßnahmen der Regierung. *(Rufe: „Nein!“)*
Es will nicht den totalen Krieg, sagen die Engländer, sondern die Kapitulation! *(Stürmische Rufe, u. a.: „Nein!“, „Pfui!“)*
Ich frage euch: Wollt ihr den totalen Krieg?
(Stürmische Rufe: „Ja!“ Starker Beifall.)
Wollt ihr ihn *(Rufe: „Wir wollen ihn!“)*, wenn nötig totaler, radikaler, als wir ihn uns heute überhaupt erst vorstellen können?
(Stürmische Rufe: „Ja!“ Beifall.)

(Helmut Heiber (Hrsg.): Goebbels-Reden 1932–1945. Bd. 2. Droste. Düsseldorf 1972, S. 204 f)

M3 *Auszug aus einer Rede von Reichspropagandaminister Goebbels (Berlin 18.2.1943)*

3 Erläutere die Aussage: „Der Krieg hat viele Gesichter.“ (M2, M4).

4 Erklärt, was Goebbels unter „totalem Krieg“ verstand (M3).

5 a) Vergleiche Goebbels Rede über den totalen Krieg mit der Realität des Krieges (M2, M3).
b) Verfasse einen Aufruf gegen den Krieg.

Nach Zeugenaussagen waren an der Erschießung der Kommissare Wehrmachtsangehörige und spezielle Einsatztruppen beteiligt. (Auszug)

Morgenmeldung vom 27.7.1941

[...] 1 Kommissar erschossen.

Abendmeldung vom 10.8.1941

[...] 1 Kommissar und 7 Partisanen erschossen.

Abendmeldung vom 17.8.1941

[...] 4 Kommissare und 47 Partisanen wurden erschossen. [...]

Abendmeldung vom 14.9.1941

[...] 35 Partisanen erschossen, 3 Kommissare erschossen, 1 Kollektivmaßnahme. [...]

(Hannes Heer u. a. (Hrsg.): Verbrechen der Wehrmacht. Ausstellungskatalog. 2., stark veränderte Aufl. Hamburger Edition. Hamburg 2002, S. 235)

M1 *Umsetzung des „Kommissarbefehls" am Beispiel des Armee-Oberkommandos 16 im Durchgangslager DULAG 203*

M2 *Zwangsarbeiterinnen beim Ausbessern einer Straße*

Eroberungs-, Raub- und Vernichtungskrieg

Im Zweiten Weltkrieg begingen die Deutschen schwere Verbrechen. Der „Generalplan Ost" sah einen deutschen Herrschaftsraum bis zum Ural vor. Erklärte Kriegsziele waren, die „slawischen Untermenschen" zu unterwerfen und den „Raum im Osten" zu gewinnen. Wehrmacht, Polizei, SS und sonstige Einsatztruppen ermordeten Kriegsgefangene, Zivilbevölkerung, Widerständische sowie Juden. Über 3,3 Mio. Kriegsgefangene kamen in deutscher Gefangenschaft ums Leben.

Der „Kommissarbefehl" vom Juni 1941 befahl die unmittelbare Erschießung der sowjetischen Offiziere – ein klarer Verstoß gegen das Völkerrecht.

Die wirtschaftliche Ausplünderung der Ostgebiete hatte zur Folge, dass die Menschen millionenfach an Hunger starben. Über 7,9 Mio. Menschen wurden zur Zwangsarbeit herangezogen oder verschleppt. Widerständler (Partisanen) wurden ermordet.

Juden wurden schon seit der Eroberung Polens verfolgt und vernichtet. Es wurden **Gettos** eingerichtet. Dort starben viele Menschen an Hunger und Krankheiten. Allein in den zwei größten Gettos in Polen (Lodz und Warschau) starben über 125 000 Menschen.

Ab März 1942 setzten die **Deportationen** und damit die gezielte Ermordung ein.

1. Ergänze deine Zeitleiste (vgl. S. 112/1) mit den Ereignissen dieser Doppelseite.
2. Begründet, inwiefern man von einem Vernichtungskrieg der Deutschen sprechen kann (M1–M5).
3. Erläutere die Rolle, die der „Kommissarbefehl" hatte (M1).
4. Die Villa, in der die Wannsee-Konferenz stattgefunden hat, ist heute eine Bildungs- und Gedenkstätte.

1941 herrschte schrecklicher Hunger im Getto. Wir mussten arbeiten. [...] Wir haben ein Brot in der Woche bekommen und davon musste man sich für jeden Tag eine Portion abteilen, damit man etwas isst und am Leben bleibt. [...] Und dann kam dieses schreckliche Jahr 1942. [...] Mein Bruder [...] war ein junger, hübscher, kräftiger Mann, aber [...] er ist schwach geworden. [...] Am Montagmorgen kam man zu uns [...] und man erzählte uns, dass mein Bruder gestorben ist.

(Esther Reiss: Die Wannsee-Konferenz und der Völkermord an den europäischen Juden hrsg. von Norbert Kampe u. a. Berlin 2006, S. 142)

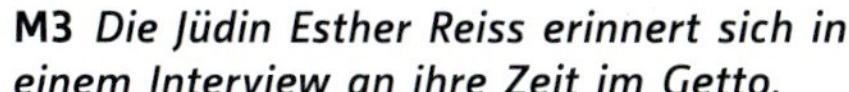

M3 *Die Jüdin Esther Reiss erinnert sich in einem Interview an ihre Zeit im Getto.*

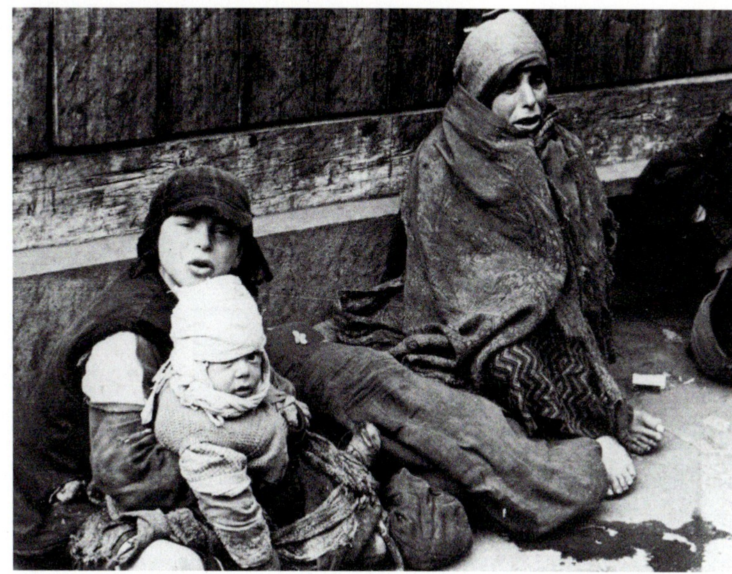

M4 *Leid im Warschauer Getto (1941)*

Völkermord an den Juden

1941 wurde deutschen Juden die deutsche Staatsangehörigkeit aberkannt, ihr Besitz beschlagnahmt und sie wurden deportiert. Im Januar 1942 kamen hochrangige Vertreter des NS-Regimes auf der **„Wannsee-Konferenz"** zusammen: Sie beschlossen die „Säuberung" Europas, bei der planmäßig elf Millionen Juden ermordet werden sollten. Von nun an rollten die Deportationszüge in Richtung Osten: Der **Holocaust** hatte begonnen. In den Vernichtungslagern wurden die Menschen vergast, da mit dieser Tötungsart schnell viele Menschen ermordet werden konnten. Insgesamt fielen etwa sechs Millionen Juden diesem Völkermord zum Opfer.

Land		Zahl
A. Altreich		131.800
Ostmark		43.700
Ostgebiete		420.000
Generalgouvernement		2.284.000
Bialystok		400.000
Protektorat Böhmen und Mähren		74.200
Estland - judenfrei -		
Lettland		3.500
Litauen		34.000
Belgien		43.000
Dänemark		5.600
Frankreich / Besetztes Gebiet		165.000
Unbesetztes Gebiet		700.000
Griechenland		69.600
Niederlande		160.800
Norwegen		1.300
B. Bulgarien		48.000
England		330.000
Finnland		2.300
Irland		4.000
Italien einschl. Sardinien		58.000
Albanien		200
Kroatien		40.000
Portugal		3.000
Rumänien einschl. Bessarabien		342.000
Schweden		8.000
Schweiz		18.000
Serbien		10.000
Slowakei		88.000
Spanien		6.000
Türkei (europ. Teil)		55.500
Ungarn		742.800
UdSSR		5.000.000
Ukraine	2.994.684	
Weißrußland ausschl. Bialystok	446.484	
Zusammen: über		11.000.000

◁ **M5** *Auszug aus dem Protokoll der „Wannsee-Konferenz", S. 6: Auflistung der Anzahl der zu ermordenden Juden*

a) Erklärt, warum die Villa zu einer Gedenkstätte umgestaltet wurde (M5).
b) Besucht die Online-Ausstellungen der Gedenkstätte unter dem Punkt „Ausstellungen" (Internet).

5 Auf der Wannsee-Konferenz ging es um die „Endlösung der europäischen Judenfrage". Diskutiert den Sinn dieser verharmlosenden Formulierung für den millionenfachen Mord.

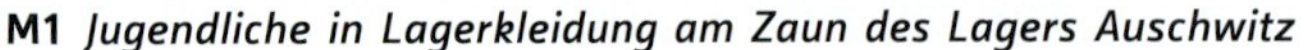

M1 *Jugendliche in Lagerkleidung am Zaun des Lagers Auschwitz*

M3 *Im KZ ermordet: Anne Frank*

Massenmord an den europäischen Juden

Bereits ab dem Jahr 1933 wurden von den Nationalsozialisten **Konzentrationslager**, sogenannte KZs, errichtet. Diese wurden von der SS geleitet. Die Häftlinge wurden ab 1938 vor allem in der Rüstungsindustrie als Zwangsarbeiter eingesetzt.

Ab 1941 wurden vor allem in Polen große Massenvernichtungslager errichtet. Juden aus den eroberten Gebieten wurden mit Eisenbahnzügen in diese Lager gebracht, um sie dort gezielt zu ermorden.

Allein in **Auschwitz** wurden Millionen Menschen getötet: Sie wurden vergast, starben qualvoll an Hunger oder Krankheiten, wurden zu Tode gefoltert oder im Rahmen medizinischer Versuche ermordet.

Die Abläufe in den Vernichtungslagern waren wie in einem Industriebetrieb organisiert: Gleich nach der Ankunft wurden die Juden in zwei Gruppen aufgeteilt: Die Arbeitsfähigen mussten unter unmenschlichen Bedingungen in den benachbarten Industriebetrieben Zwangsarbeit leisten. Die meisten überlebten das nicht lange. Alle anderen wurden sofort in den als Duschraum getarnten Gaskammern ermordet und anschließend in den Krematorien verbrannt. Ihre Kleidung und sonstigen Besitztümer sowie das Zahngold wurden gesammelt und weiterverwertet.

Einer Schätzung zufolge wurden für jeweils 500 Häftlinge 50 Aufseher benötigt. Überträgt man diese Zahl auf die mehr als 10 000 deutschen Lager, dann wird deutlich, dass enorm viele Menschen im Vernichtungssystem Dienst taten.

(Daniel Jonah Goldhagen: Hitlers willige Vollstrecker. Siedler. Berlin 1996, S. 204)

M2 *Viele Beteiligte*

1. Benenne Vernichtungslager und beschreibe ihre Lage (Atlas).

2. Begründet, warum Auschwitz oft stellvertretend für alle Vernichtungslager genannt wird (M1, M5, M6).

3. ↗ Bewerte den Schriftzug „Arbeit macht frei“ am Eingangstor des Konzentrationslagers Auschwitz (M1, M3–M6).

M4 *Eingangstor zum ehemaligen Konzentrationslager Auschwitz*

M6 *„Der letzte Schrei – Am Ende" (Gemälde des Auschwitzhäftlings Adolf Frankl, der 1945 befreit werden konnte). Frankl war von den Gräueltaten, die er erlebt hatte, traumatisiert und verarbeitete das Erlebte in seinen Bildern.*

Was wussten die Deutschen?

Die Nationalsozialisten versuchten, die Ermordung der Juden geheim zu halten. Haben also die Deutschen nichts davon gewusst?

Zumindest die Verhaftungen und der Abtransport der jüdischen Mitbürger konnten den Menschen nicht verborgen bleiben. Zudem waren an der Organisation der Transporte und der Massenvernichtung selbst viele Behörden, Ämter und Dienststellen mit Tausenden Mitarbeitern beteiligt. Aber im Dritten Reich galt: Wer etwas gegen die Machthaber sagte, setzte schnell sein eigenes Leben aufs Spiel.

Die zur Vernichtung bestimmten Juden wurden möglichst ruhig – Männer und Frauen getrennt – zu den Krematorien geführt. Nach der Entkleidung gingen die Juden in die Gaskammer, die mit Brausen und Wasserleitungsröhren versehen völlig den Eindruck eines Badezimmers machte. Zuerst kamen die Frauen mit den Kindern hinein, hernach die Männer. Die Tür wurde nun schnell zugeschraubt und das Gas sofort durch die bereitstehenden Desinfektoren in die Einwurfluken durch die Decke der Gaskammer in einem Luftschacht bis zum Boden geworfen. Nach spätestens 20 Minuten regte sich keiner mehr. [...]

(Rudolf Höß u. Martin Broszat (Hrsg.): Kommandant in Auschwitz. DTV. München 1978, S. 170)

M5 *Endlösung der Judenfrage*

4 Aus „rassischen" Motiven ermordet.
a) Recherchiert die Lebensgeschichte von Anne Frank (M3, Internet).
b) Stellt eure Ergebnisse in einer Präsentation vor (vgl. Methode S. 203).

5 Nimm Stellung zu der Aussage: „Die Deutschen waren Hitlers willige Vollstrecker." (M2).

Berlin, den 1. Sept. 1939

Reichsleiter Bouhler und Dr. med. Brandt sind unter Verantwortung beauftragt, die Befugnisse namentlich zu bestimmender Ärtze so zu erweitern, dass nach menschlichem Ermessen unheilbar Kranken bei kritischer Beurteilung ihres Krankheitszustandes der Gnadentod gewährt werden kann.

A. Hitler

M1 *Anweisung Hitlers vom 1. September 1939*

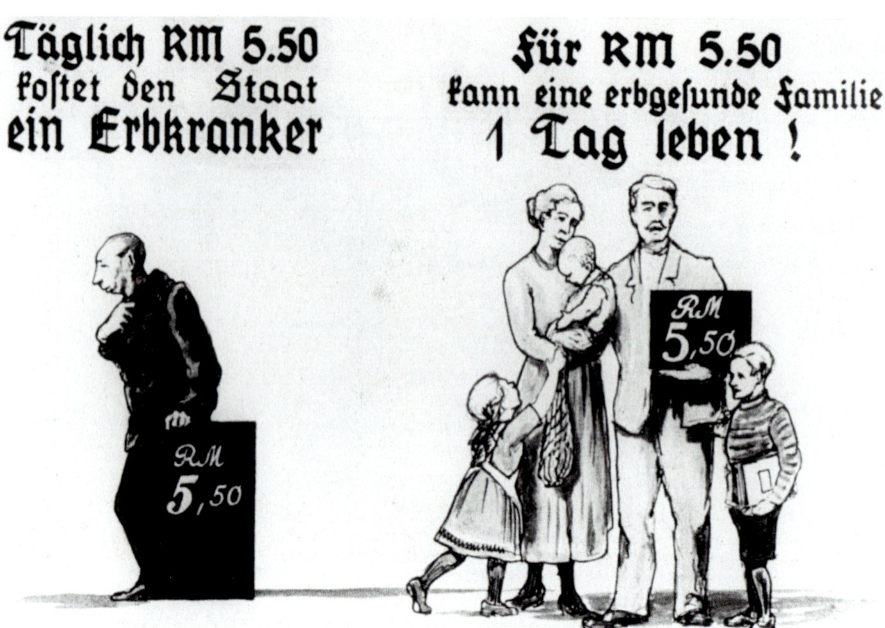

M2 *„Töten statt heilen" – nationalsozialistisches Propagandaplakat*

Sterilisationen und „Euthanasie"

Mit dem „Gesetz zur Verhütung erbkranken Nachwuchses" vom 14. Juli 1933 setzten die Nationalsozialisten ihre Rassenpolitik durch: Das Gesetz ermöglichte Sterilisationen auch gegen den Willen der Betroffenen. Es wurden mehr als 400 000 Zwangssterilisationen durchgeführt. Mit Kriegsbeginn begann in allen deutschen Heilanstalten die Aussortierung des „unwerten Lebens". Geisteskranke, die für unheilbar galten, wurden in Vernichtungsanstalten überwiesen, wo sie von Ärzten getötet wurden.
200 000 Menschen fielen dem in den Folgejahren durchgesetzten Massenmord zum Opfer. Die Begriffe „Gnadentod" und „Euthanasie" („schöner Tod") dienten der propagandistischen Verschleierung.

Sehr geehrter Herr K.!
Im Rahmen großzügiger Verlegungsmaßnahmen von Geisteskranken, [...], wurde auch Ihr Sohn Theodor Heinrich K. am 29. November 1940 in die hiesige Anstalt überführt. Dieser ist nun zu unserem Bedauern am 3. Dezember 1940 ganz plötzlich an Lungentuberculose mit anschließendem Blutsturz verstorben. Bei der geistigen, unheilbaren Erkrankung Ihres Sohnes ist der Tod eine Erlösung für ihn und seine Umwelt. [...]

(Landeszentrale für politische Bildung Baden-Württemberg [Hrsg.]: Grafeneck 1940 „Wohin bringt ihr uns?" NS-„Euthanasie" im deutschen Südwesten. Stuttgart: Landeszentrale für politische Bildung 2011, S. 28)

M3 *Todesnachricht an die Eltern eines durch die Nationalsozialisten getöteten Patienten*

1. ↗ Beschreibe das Plakat M2.

2. Erläutere, in welcher Weise das NS-Regime seine Rassenlehre durchsetzte (M1–M5).

3. Ⓜ a) Analysiere das Plakat M2 im Zusammenhang mit der NS-Ideologie und Propaganda.
b) Erläutere die Wirkung, die mit dem Plakat erzielt werden sollte.

M4 *Propagandaplakat von 1938*

Sinti und Roma
Die Sinti und Roma leben seit Jahrhunderten in Europa und stellen in ihren Heimatländern eine Minderheit dar. Minderheit bedeutet hier eine kleine Bevölkerungsgruppe, die sich in Hinblick auf Sprache, Herkunft oder Religion von der großen Mehrheit der Bevölkerung unterscheidet. Auch in Deutschland lebt die früher als „Zigeuner" bezeichnete Minderheit seit über 600 Jahren.

Verfolgung und Vernichtung von Minderheiten

Ab 1936 wurden zentral alle Daten von Angehörigen der Sinti und Roma gesammelt. Sogenannte Rassenforscher untersuchten die verwandtschaftlichen Verhältnisse und nahmen Vermessungen der Köpfe und Körper vor. Anhand dieser Untersuchungen erstellten sie „Rassegutachten". Auf dieser Grundlage wurden die Sinti und Roma in Internierungslager gebracht. Von den rund 40000 erfassten Sinti und Roma wurden über 25000 ermordet. Auch politisch Andersdenkende oder homosexuelle Menschen, vor allem Männer, wurden verfolgt. Homosexualität galt als Krankheit. Für homosexuelle Männer galt öffentliche Kennzeichnungspflicht. Nach Schätzungen wurden etwa 15000 ermordet.

Schon seit Generationen lebten Roma in Szczurowa. Auch ich habe hier als Kind zusammen mit meinen Eltern gelebt. Bis zum 3. Juli 1943. Am frühen Morgen, so gegen drei oder vier Uhr, sind die Häuser der Romafamilien umzingelt worden, sodass es keine Chance gab zu fliehen. Sie haben uns alle auf die Brücke geführt, wo die Wachen schon bereitstanden, um uns zum Friedhof zu bringen. Dort spielte sich die ganze Tragödie ab. 94 Menschen wurden erschossen.

M5 *Augenzeugenbericht eines Überlebenden aus Szczurowa (Polen)*

4 ↗ Werte das Propagandaplakat M4 aus (vgl. Methode S. 203).

5 In einigen Städten wurden Gedenkorte für die ermordeten Sinti und Roma geschaffen. Recherchiere und berichte der Klasse (Internet).

Widerstand
Unter Widerstand versteht man ein Verhalten, das sich gegen die bestehenden Verhältnisse wendet. Der Widerstand kann von einzelnen Menschen oder von Gruppen ausgehen.
Aktiver Widerstand umfasst Handlungen, die eine direkte Veränderung der Verhältnisse bewirken sollen. Vom passiven Widerstand spricht man, wenn zum Beispiel Anordnungen oder Befehle verzögert oder nicht ausgeführt werden.

M1 *„Edelweißpiraten"*

Widerstand hat viele Gesichter

Die Mehrheit der Bevölkerung sympathisierte mit den Nazis. Einige Menschen leisteten jedoch Widerstand. Sie taten dies wegen ihrer politischen oder religiösen Überzeugung als Gewerkschafter oder Priester. Andere wollten den Krieg verhindern oder die Niederlage abwenden. Es gab Jugendliche, die sich gegen den Drill in den Jugendorganisationen wehrten. Manche wollten einfach nur nach eigenen Vorstellungen leben wie die „Swing-Jugend" oder die „Edelweißpiraten". Die „Weiße Rose", eine Gruppe um die Geschwister Hans und Sophie Scholl, protestierte unter anderem mit Flugblättern gegen das Nazi-Regime.
All diese Menschen liefen ständig Gefahr, verhaftet und hingerichtet zu werden. Sie mussten auf der Hut sein, dass Nachbarn sie nicht anzeigten. Selbst in den letzten Kriegsjahren wurden nach Verrat immer wieder Widerstandskämpfer ermordet.

Die Jungen hatten lange Haare, die sie mit Zuckerwasser nach hinten kämmten. Die Mädchen trugen ihre Haare lang und offen, nicht selten mit Dauerwelle. Die Haartracht war ein Symbol des Protests, denn sie stand in scharfem Gegensatz zu dem in der Hitlerjugend üblichen kurzen Jungen-Haarschnitt und den Zopffrisuren für Mädchen. Jungen trugen Hosen mit weitem Schlag und Schuhe mit dicker Kreppsohle.

Wir tanzen Swing und zwar nach Noten. Wir swingen hot, das ist verboten.

M2 *Die Swing-Jugend*

1. Beschreibe, welche Motive die Menschen hatten, die Widerstand leisteten (M4–M6).

2. Recherchiere zu den „Edelweißpiraten" oder der „Swing-Jugend" und präsentiere dein Ergebnis (M1, M2, Internet).

[...] So ist unser heutiges Gedenken Verneigung vor dem Mut und der Tapferkeit von Oppositionellen und Widerstandskämpfern. Aber zugleich ist es Aufforderung an uns Heutige, mit unserer Kraft für das einzustehen, wofür sie damals ihr Leben gegeben haben: für Menschlichkeit und Anstand, für Freiheit und Rechtsstaat. [...]

(Joachim Gauck: Gedächtnisvorlesung zum 70. Jahrestag der Hinrichtung von Mitgliedern der studentischen Widerstandsgruppe „Weiße Rose", Bundespräsident Online, 30.1.2013)

M3 *Joachim Gauck zu Widerstandskämpfern*

Widerstand der Kirche

Auch Vertreter der evangelischen und katholischen Kirche wandten sich gegen Hitler. So erklärte Pater Rupert Mayer, ein Katholik könne nicht Nationalsozialist sein und predigte gegen das Regime. Dietrich Bonhoeffer und Martin Niemöller gründeten die „Bekennende Kirche" und kritisierten offen die NS-Regierung und ihren Umgang mit den Juden. Beide wurden verhaftet und ins Konzentrationslager gebracht – Niemöller überlebte, Bonhoeffer wurde 1945 in Flossenbürg ermordet.

M4 *Dietrich Bonhoeffer*

Der 20. Juli 1944

Eine Gruppe von Offizieren, Beamten und ehemaligen Politikern wollte Hitler töten und in Deutschland wieder einen Rechtsstaat aufbauen. Unter ihnen war Claus Schenk Graf von Stauffenberg. Am 20. Juli 1944 musste er zu einer von Hitler einberufenen Besprechung in das Führerhauptquartier. In einer Aktentasche hatte er eine Bombe mit Zeitzünder. Er stellte die Tasche neben Hitler im Besprechungszimmer ab und verließ den Raum. Die Bombe explodierte. Hitler wurde jedoch nur leicht verletzt.

Noch am selben Abend wurden Stauffenberg und vier weitere Widerstandskämpfer erschossen. Es folgte eine gnadenlose Menschenjagd. Über 200 Männer und Frauen aus dem engeren Widerstandskreis wurden hingerichtet, etwa 7 000 verhaftet. Rund 5 000 von ihnen wurden teilweise noch kurz vor Kriegsende ermordet.

M5 *Claus Schenk Graf von Stauffenberg*

Die „Weiße Rose"

1942 gründete der Medizin-Student Hans Scholl die Widerstandsgruppe „Weiße Rose". Hans und seine Schwester Sophie verfassten mit Freunden und Studenten zwischen Juni 1942 und Februar 1943 sechs Flugblätter gegen die Terrorherrschaft der Nazis, den von Hitler entfesselten Krieg und den Mord an den Juden. Sie wünschten sich ein anderes Deutschland in einem geeinten Europa. Ihre „Waffen" waren zwei Schreibmaschinen, eine Druckmaschine, Druckfarbe, Papier, Briefumschläge und -marken sowie ihre Gedanken. Bei der Auslegung des sechsten Flugblatts in der Universität München am 18. Februar 1943 wurden Hans und Sophie Scholl von einem Hausmeister beobachtet. Sie wurden von der Gestapo festgenommen und wenig später hingerichtet.

M6 *Hans und Sophie Scholl*

3 Erstelle einen Hefteintrag unter der Überschrift „Widerstand hat viele Gesichter" (M1–M6).

4 Bewertet die unterschiedlichen Formen des Widerstandes (M1–M6).

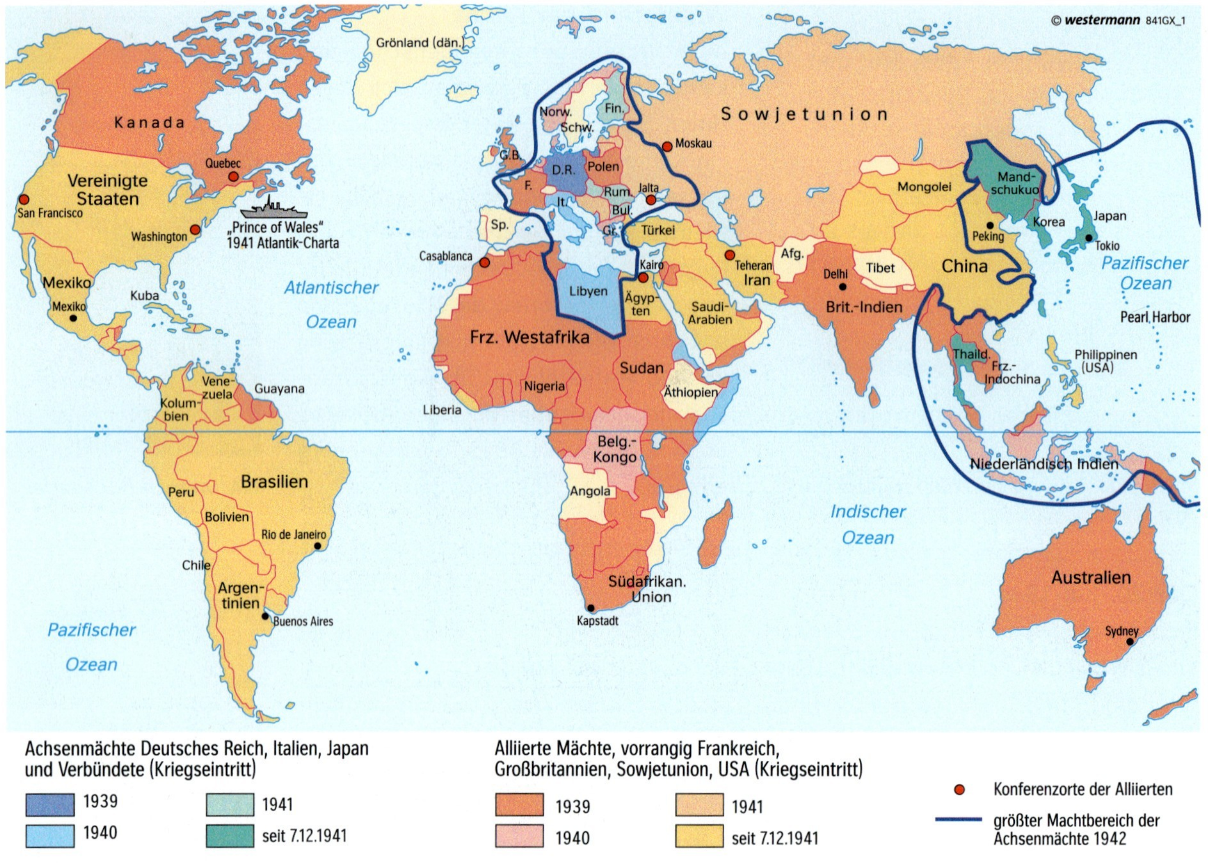

M1 *Die Welt im Zweiten Weltkrieg*

Der Krieg in Ostasien

Parallel zu den Kriegshandlungen in Europa tobte auch in Ostasien ein Krieg. Am 7. Juli 1937 waren japanische Truppen in China eingefallen. Japan war seit seinem Sieg über Russland im Krieg von 1904/05 die erste moderne Großmacht in Ostasien. Das Land strebte die Vorherrschaft in dieser Region an und eroberte bis 1942 einen Großteil Ost- und Südostasiens.

Mit der Parole „Asien den Asiaten“ stellte Japan den Völkern Ostasiens Selbstbestimmung und Wohlstand in Aussicht. Die Wirklichkeit aber sah anders aus: Schon 1910 hatten japanische Truppen Korea, Teile Chinas und Inseln im West-Pazifik besetzt, um Rohstoffe und „Lebensraum“ zu gewinnen. Jetzt wurden diese Länder brutal ausgebeutet.

1. ↗ Stelle die Geschehnisse in Ostasien in einer Zeitleiste dar.

2. Liste Gründe auf, die zum Krieg zwischen den USA und Japan führten.

3. Begründe, warum der Angriff auf Pearl Harbor der Auslöser für den Kriegseintritt der USA war (M1–M3).

M2 *Japanischer Angriff auf den US-Stützpunkt Pearl Harbor auf Hawaii am 7.12.1941*

„Remember Pearl Harbor" – Mit diesem Spruch gedenken noch heute viele US-Amerikaner des Angriffs der Japaner auf den Militärstützpunkt Pearl Harbor. Dieser Angriff, überraschend und unangekündigt, traf die US-amerikanische Bevölkerung bis ins Mark. Ähnlich wie beim Terrorangriff von Al Qaida (11.9.2001) war es für die meisten US-Amerikaner undenkbar, dass jemand es wagen würde, die USA auf ihrem eigenen Territorium anzugreifen.

M3 *„Remember Pearl Harbor"*

Der globale Krieg

Großbritannien und die Niederlande empfanden das japanische Vorgehen als Bedrohung für ihre Kolonien. Die USA sahen ihre Handelsinteressen gefährdet. So reagierten diese Länder mit einer Wirtschaftsblockade gegen Japan. Die japanische Luftwaffe antwortete am 7. Dezember 1941 mit dem Überfall auf den US-Luftwaffenstützpunkt Pearl Harbor im Pazifik. Darauf folgte die Kriegserklärung der USA an Japan. Deutschland und Italien erklärten ihrerseits den USA am 11. Dezember 1941 den Krieg. So kam es zum globalen Krieg.

Japan verlor in den Kriegen seit 1937 etwa 1,7 Mio. Soldaten und 350 000 Zivilisten. Die Anzahl toter alliierter Soldaten im Pazifikkrieg betrug über 200 000. Dazu kamen die Opfer auf chinesischer Seite im Japanisch-Chinesischen Krieg.

4 Vergleiche Hitlers Außenpolitik mit der Japans in Ostasien.

5 Erkläre, warum die Bezeichnung „Weltkrieg" für diesen Krieg zutreffend ist (M1).

6 M3 vergleicht zwei historische Ereignisse.
a) Listet auf, was ihr jeweils darüber wisst.
b) Diskutiert, inwieweit man diese Ereignisse vergleichen kann.

M1 *Landung der Alliierten in der Normandie*

M2 *Überlebende eines Luftangriffs auf Mannheim (1943)*

D-Day
Am 6. Juni 1944, dem D-Day, landeten die Alliierten, in der Normandie. Kriegsschiffe brachten 1,5 Mio. Soldaten an Land. Zehntausende Soldaten landeten mit Fallschirmen im Hinterland. Sie befreiten in den kommenden Monaten Frankreich und rückten von Westen her auf Deutschland vor.

Bedingungslose Kapitulation Deutschlands: Kriegsende in Europa

Nach der Landung britischer und US-amerikanischer Truppen in der Normandie im Juni 1944 wurden die deutschen Truppen nach und nach an allen Fronten zurückgedrängt. 16- bis 60-Jährige wurden ab September 1944 eingezogen und im sogenannten „Volkssturm" in den schon verlorenen Krieg geschickt.

Am 30. April 1945 beging Hitler im umkämpften Berlin Selbstmord, einen Tag später Propagandaminister Goebbels. Am 8. Mai unterzeichnete die deutsche Führung die Kapitulationsurkunde.

Für die meisten Deutschen war das Ende des Krieges eine Befreiung. Die Bombenangriffe der **Alliierten** hatten die deutschen Städte in Schutt und Asche gelegt. Unzählige Menschen waren ohne Dach über dem Kopf. Millionen von Menschen flohen aus ihrer ostdeutschen Heimat vor der sowjetischen Armee. Weitere Millionen wurden vertrieben. Die Bilanz des von Deutschland verursachten Leids war katastrophal: Verwüstungen und Zerstörung, Verbrechen an den Menschen im Osten Europas und der Völkermord an den Juden.

Allein die Sowjetunion hatte ca. 27 Mio. Tote zu beklagen, Deutschland und Polen je etwa sechs Millionen.

1. Ergänze deine Zeitleisten (vgl. S. 110/1, S. 122/1) mit den auf dieser Doppelseite genannten Ereignissen (M1, M3, M4).

2. ↗ Erläutere, warum es schwierig ist, ein Datum für das Ende des Zweiten Weltkrieges anzugeben.

3. Der 8. Mai 1945 wurde in Deutschland nach dem Krieg nicht einheitlich bewertet: War er ein Tag der Niederlage oder der Befreiung? Nehmt begründet Stellung (M2).

M3 *Der Atompilz nach der Explosion*

M4 *Hiroshima nach dem Atombombenabwurf – Zehntausende Menschen verglühten in wenigen Minuten.*

Atombombenabwurf auf Japan – Kriegsende in Ostasien

Der Krieg in Ostasien zog sich hin, obwohl die Alliierten bis zum Sommer 1945 den größten Teil des pazifischen Raums zurückerobert hatten. Der US-amerikanische Präsident Harry S. Truman setzte eine neu entwickelte Massenvernichtungswaffe ein: die **Atombombe**. Nach ihrem Kriegseintritt 1941 hatten die USA fieberhaft an der Entwicklung der Bombe gearbeitet. Am 6. August 1945 wurde über der Stadt Hiroshima die erste Atombombe gezündet, drei Tage später über Nagasaki die zweite. Eine katastrophale Entscheidung, an deren Folgen die Menschen dort bis heute leiden.

Den Atomangriffen fielen über 70 000 Menschen zum Opfer. Die Zahl erhöhte sich auf 240 000 durch die Spätfolgen der atomaren Verstrahlung. Der Krieg in Ostasien war jäh zu Ende, Japan kapitulierte am 2. September 1945.

Mit dieser Machtdemonstration wollten die USA ihren Anspruch als Führungsmacht in der Welt geltend machen. Eine neue Epoche in der Entwicklung der Waffentechnik und in den Beziehungen zwischen den zwei Großmächten USA und Sowjetunion begann.

Todesrate der Bevölkerung nach der Zündung der Bombe in einem Umkreis von

0–0,5 km:	98 %
0,5–1 km:	90 %
1–1,5 km:	46 %
1,5–2 km:	23 %

M5 *Die Folgen für Hiroshima*

4 a) Trage in einer Karte deines Heimatortes die Umkreise der Todesrate von Hiroshima ein (M5).
b) Werte die Folgen eines solchen Abwurfes aus (M3–M5).

5 a) Informiert euch über Atomwaffen (Internet).
b) Führt eine Pro- und Kontra-Diskussion zum Verbot von Atomwaffen (vgl. Methode S. 87).

6 Erörtert, ob der Atombombenabwurf gerechtfertigt war (M3–M5).

METHODE: Einen historischen Spielfilm auswerten

Filmvorschläge
- Schindlers Liste (1993)
- Das Leben ist schön (1997)
- Die Brücke (1959)
- Der Junge im gestreiften Pyjama (2008)
- Ein Sack voll Murmeln (2017)
- Napola (2004)
- Nackt unter Wölfen (2015)

M1 *Historische Spielfilme, die die Zeit des Nationalsozialismus thematisieren*

Historische Spielfilme – eine rekonstruierte Vergangenheit

Historische Spielfilme sind im Fernsehen und Kino sehr beliebt. Sie beeinflussen entscheidend unsere Vorstellungen über die Vergangenheit. Historische Spielfilme bilden Ereignisse oder Entwicklungen der Vergangenheit nach. Häufig werden gesellschaftliche Veränderungen oder das Leben bekannter Personen verfilmt.

Obwohl historische Spielfilme den aktuellen Forschungsstand berücksichtigen, Experten mitarbeiten und Quellen (Tagebücher, Tonaufnahmen oder Zeitzeugenaussagen) zu Rate ziehen, handelt es sich um (freie) Nachbildungen der Vergangenheit. Handlungen oder das, was Personen eines Films sagen, denken oder fühlen, sind oft frei erfunden. Bestimmte Informationen werden besonders hervorgehoben, andere Fakten werden bewusst vernachlässigt. Wirtschaftliche Motive (staatliche Fördergelder, Produktionskosten, Verkaufszahlen, Quoten) spielen eine wichtige Rolle bei der Entstehung eines Films. Die Absicht des Produzenten kann in der reinen Unterhaltung der Zuschauer liegen. Filme, die sich besonders kritisch mit der Vergangenheit auseinandersetzen, haben im Allgemeinen einen hohen Wahrheitsgehalt.

Im Folgenden wird der historische Spielfilm „Elser" vorgestellt. Mit diesen Informationen können erste Schritte einer Filmauswertung durchgeführt werden.

1. Begründe, warum sich historische Spielfilme nicht als Quelle zu geschichtlichen Ereignissen eignen.

2. a) Beschreibe, wie Elser auf dem Filmplakat dargestellt wird (M2).
b) Charakterisiere die Person Elser. Überprüfe dies durch eine Recherche (Internet).

Vier Schritte zur Auswertung eines historischen Spielfilms

1. Inhalt
Nenne folgende Punkte:
- Titel/Untertitel/Filmthema
- Zeitraum, in dem der Film spielt
- die Perspektive, aus der der Film erzählt wird (z.B. ein Sprecher, die Hauptfigur)
- die Orte der Filmhandlung.

Beschreibe die Haupt- und Nebenfiguren (z.B. Namen, Aussehen, Charakter, in welcher Beziehung sie zueinander stehen).
Skizziere den Handlungsverlauf.

2. Überprüfung des Inhalts auf seinen Wahrheitsgehalt
Überprüfe die Haupt- und Nebenfiguren sowie den Handlungsverlauf auf ihre „Echtheit" (z.B. Recherche Internet, Fachbücher).

3. Machart des Films
Untersuche folgende Aspekte anhand einer von dir ausgewählten Filmszene:
- Ton (gesprochene Sprache, Atmosphäre durch Musik/Geräusche)
- Kameraeinstellungen (z.B. Bildgröße: nah/fern, Perspektive: von oben/unten, Kamera bewegt sich auf ein Objekt zu oder weg)
- Montage/Schnitt (Abfolge einzelner Szenen, Ortswechsel, Zeitwechsel)

4. Hintergrund des Films
Recherchiere die Bereiche:
- Produktion: Drehorte, Entstehungszeit, Kosten
- Regisseur, Schauspieler
- Erfolg: Kritiken, Zuschauerzahlen, Filmpreise
- Moral/Intention des Films

Es waren 13 Minuten, und Georg Elser hätte die Weltgeschichte verändern können. 13 Minuten, die gefehlt haben, Hitler mit einer von ihm gebauten Bombe zu töten. Dass es an diesem 8. November 1939 im Münchner Bürgerbräukeller nicht dazu kommt, liegt daran, dass Hitler den Ort des Attentats zu früh verlässt. Elser scheitert.
„Wer war dieser Mann, der aus einfachen Verhältnissen kam, der aber die Gefahr, die von Hitler ausging, früher erkannte als die meisten anderen, der bereit war zu handeln, als andere mitliefen oder schwiegen? [...] Vor dem Hintergrund historischer Begebenheiten erzählt Regisseur Oliver Hirschbiegel mit „Elser" die packende Geschichte von Georg Elser. [...] Er schildert dabei nicht nur die Hintergründe seines fehlgeschlagenen Anschlags, sondern begleitet ihn von seinen frühen Tagen auf der schwäbischen Alb bis hin zu seinen letzten Tagen im KZ Dachau, wo er kurz vor Kriegsende auf Befehl desjenigen ermordet wird, den er selbst zur Strecke bringen wollte. So wird „Elser" zum faszinierenden Portrait eines bislang weitestgehend unbekannten Mannes, der nur wenige Minuten davon entfernt war, Weltgeschichte zu schreiben. Und der [...] in Kauf nahm, durch seine Tat auch andere Menschen zu töten als denjenigen, dem sie eigentlich galt. [...]

(Philipp Graf: Elser – er hätte die Welt verändert. © NFP, Berlin, 22.10.2015)

M2 *Inhalt des deutschen Films „Elser"*

3 Diskutiert in der Klasse, welche Erwartungen mit dem Satz „Er hätte die Welt verändert" bei den Kinobesuchern geweckt werden (sollen) (M2).

4 Schaut gemeinsam einen der genannten Filme (M1, M2, Info). Diskutiert und bewertet ihn im Anschluss.

M1 *Gedenktafel für die NSU-Opfer*

M3 *Demonstration von Rechtsextremen*

... nichts gelernt?

Trotz der Schrecken des Nationalsozialismus gibt es heute Menschen, die nationalsozialistisches Gedankengut vertreten, die Neonazis. Sie haben sich in rechtsextremen Jugendgruppen, politischen Parteien oder Gruppen zusammengeschlossen. Nach Angabe des Bundesamtes für Verfassungsschutz zum Rechtsextremismus gab es in Deutschland 2017 rund 24 000 Rechtsextremisten. Die rechtsextremen Parteien hatten etwa 6 050 Mitglieder. Die Zahl gewaltbereiter Rechtsextremisten lag 2017 bei rund 12 700 Personen. Knapp 19 500 Straftaten wurden verübt, darunter rund 1 050 Gewaltdelikte, die meisten davon fremdenfeindlich motiviert.

„NSU" – Die bekannteste Terrorgruppe wird 2011 aufgedeckt: Beate Zschäpe, Uwe Mundlos und Uwe Böhnhardt leben fast 14 Jahre lang im Untergrund und morden als „Nationalsozialistischer Untergrund" (NSU). Die beiden Männer töteten zehn Menschen, begingen zwei Sprengstoffanschläge mit vielen Verletzten und mehrere Raubüberfälle. Am Ende nahmen sie sich das Leben. Nach mehr als fünf Jahren Prozess wurde Zschäpe im Juli 2018 wegen der Mordserie und der Mitgliedschaft in einer terroristischen Vereinigung zu lebenslanger Haft verurteilt.

„Gruppe Freital" – [...] Die Gruppe hatte 2015 fünf Sprengstoffanschläge auf Flüchtlingsunterkünfte und politische Gegner in Freital und Dresden verübt. Dabei wurden zwei Menschen leicht verletzt. [...]

(Rechtsextremer Terror in Deutschland. In: Tagesschau Online. 1.10.2018; verändert)

M2 *Rechtsextremer Terror in Deutschland*

1. Informiert euch genauer über die Taten des NSU und den Prozess (M1, M2, Internet).
2. Werte die Karikatur aus (M6, vgl. Methode S. 203).

M4 *Demo gegen Rechtsextremismus*

M6 *Karikatur „Ein Gespenst geht um"*

Rechtsextreme im Internet

Die Anzahl der von Deutschen betriebenen rechtsextremen Homepages liegt bei rund Tausend. Das Internet ist das wichtigste Mittel zur Kommunikation in der Neonazi-Szene. Häufig wechseln allerdings die Betreiber der Seiten ihren Webseitenbetreiber: Unfreiwillig wegen Sperrung durch den Provider oder sie stellen ihre Internet-Aktivitäten ganz ein. Es erscheinen fast täglich neue rechtsextreme Internet-Präsenzen.

Die eingestellten Inhalte sind in der Regel so formuliert, dass die rechtsextreme Zielsetzung klar erkennbar ist, ohne dass die Grenze zur Strafbarkeit überschritten wird.

[...] Das Bündnis „Schüler gegen Rechts" positioniert sich gegen jegliche Form von Rechtsextremismus. Wir sind einheitlich gegen jegliche rechte Positionen! Wir sehen den Kampf gegen rechte Gruppierungen und Meinungen als eine zentrale gesellschaftliche Aufgabe an. Im einfachen Wahrnehmen sehen wir keine Lösung, es muss aktiv gegen Rechte und Rechtsextremismus vorgegangen werden. „Schüler*innen gegen Rechts" möchte auf der einen Seite vor allem Schülerinnen und Schüler erreichen, und auf der anderen Seite auch die Kölner Öffentlichkeit auf die akute und leider dauerhafte Thematik aufmerksam machen. Durch die Arbeit wollen wir deutliche Signale und Zeichen setzen. Im Kampf gegen Rechts erwünschen wir die Unterstützung von allen antirassistischen und antifaschistischen Kräften. [...]

(Schüler*innen gegen Rechts Online, Bezirksschüler-Innenvertretung Köln, Stand: 09/2019)

M5 *Selbstverständnis von „Schüler gegen Rechts" (SgR)*

3 Aktiv gegen Rechts.

a) Macht Vorschläge, wie man effektiver gegen Rechtsextremismus vorgehen kann.

b) Verfasst eine E-Mail, in der ihr einem Bündnis gegen Rechts begründet beitretet (M4, M5).

PRAXIS: Aus der Vergangenheit lernen

Anregung 1:

Im Mai 2005 wurde das „Denkmal für die ermordeten Juden Europas“ in Berlin (M1) feierlich der Öffentlichkeit übergeben. Pro Jahr besuchen es etwa 1,2 Mio. Menschen aus aller Welt.

a) Informiere dich über das Holocaust-Mahnmal und berichte darüber (Internet).

b) Es gibt Personen, die diese Gedenkstätte für den Holocaust kritisieren. Nimm Stellung dazu.

M1 *Denkmal für die ermordeten Juden Europas in Berlin*

Anregung 2:

a) Sprecht in Gruppen über die Wörter „Stolpern“ und „Stolpersteine“.

b) Recherchiert über die NS-Zeit in eurer Heimatgemeinde. Macht eine Plakatausstellung mit euren Ergebnissen.

Ein Stein – ein Name – ein Mensch

Der Künstler Gunter Demnig erinnert an die Opfer der NS-Zeit, indem er vor ihren letzten selbstgewählten Wohnorten Gedenktafeln aus Messing in die Fußwege einlässt. Inzwischen liegen diese „Stolpersteine“ in über 500 Orten Deutschlands und in mehreren Ländern Europas.

„Ein Mensch ist erst vergessen, wenn sein Name vergessen ist“, sagt Gunter Demnig. Mit den Steinen vor den Häusern wird die Erinnerung an die Menschen lebendig gehalten, die einst hier wohnten. Auf den Steinen steht geschrieben:

HIER WOHNTE ... . Für 120 Euro kann jeder eine Patenschaft für die Herstellung und Verlegung eines „Stolpersteins“ übernehmen.

Anregung 3:

Erarbeitet als Klasse einen Projektplan, wie ihr eure Schule zur „Schule ohne Rassismus“ machen könnt.

Schule ohne Rassismus – Schule mit Courage

Schule ohne Rassismus
Schule mit Courage

Was ist „Schule ohne Rassismus“?

Das ist ein Projekt für alle Schulmitglieder. Es bietet euch die Möglichkeit, das Klima an eurer Schule aktiv mitzugestalten, indem ihr euch bewusst gegen jede Form von Diskriminierung, Mobbing und Gewalt wendet. Über 3 000 Schulen gehören inzwischen dazu (2019).

Wie wird man eine Schule ohne Rassismus?

Jede Schule kann den Titel erwerben, wenn mindestens 70 Prozent aller Menschen, die an einer Schule lernen und arbeiten, sich verpflichten, aktiv gegen jede Form von Diskriminierung an ihrer Schule vorzugehen, bei Konflikten einzugreifen und regelmäßig Projekttage zum Thema durchzuführen.

Zeitzeugen berichten

Auf der Internetseite des Deutschen Bundestages findest du eine Rede, die Anita Lasker-Wallfisch, eine der letzten Überlebenden des Holocausts, anlässlich des Gedenktages für die Opfer des Nationalsozialismus am 27. Januar 2018 gehalten hat.

M2 *Anita Lasker-Wallfisch bei ihrer Rede vor dem Deutschen Bundestag*

Anregung 4:
Hör dir die Rede von Anita Lasker-Wallfisch an.

a) Fasse ihre Erlebnisse im Nationalsozialismus zusammen.
b) Erstelle eine Kurz-Biografie über sie. Welchen Einfluss hatte die NS-Zeit auf ihr weiteres Leben?
c) Erläutere, wie sie Deutschland heute sieht.
d) Ⓜ Recherchiere selbstständig weitere Zeitzeugen. Informiere dich über ihre Biografien sowie über die Motive, aus denen sie im Dritten Reich verfolgt wurden. Welchen Einfluss hatte die NS-Zeit auf ihr weiteres Leben?

Auswahl an Büchern zum Nationalsozialismus

W. Bruckner: Die toten Engel
B. Gehrts: Nie wieder ein Wort davon?
J. Kerr: Als Hitler das rosa Kaninchen stahl
W. Kirchner: Wir durften nichts davon wissen
G. Koppel: Untergetaucht. Eine Flucht aus Deutschland
K. Kordon: Mit dem Rücken zur Wand
M. Levoy: Der gelbe Vogel
H. G. Noack: Die Webers. Eine deutsche Familie 1932–1945
U. Orlev: Die Insel in der Vogelstraße
C. Philipps: Großvater und das Vierte Reich
K. Recheis: Lena, unser Dorf und der Krieg
H.P. Richter: Damals war es Friedrich
C. Ross: … aber Steine reden nicht
L. Leyson: Der Junge auf der Holzkiste. Wie Schindlers Liste mein Leben rettete
B. Apitz: Nackt unter Wölfen
A. Frank: Das Tagebuch der Anne Frank
J. Boyne: Der Junge im gestreiften Pyjama
M. Zusak: Die Bücherdiebin

M3 *Jugendbücher zum Nationalsozialismus*

Anregung 5:
Wähle ein Buch aus und lies es.

a) Schreibe eine Ich-Erzählung aus der Sicht einer Figur deiner Wahl.
b) Wähle dir ein Schwerpunktthema aus dem Zusammenhang, den das Buch erzählt (z.B. Widerstand), und gestalte eine Informationsseite.
c) Erstellt anschließend mit euren Texten eine Broschüre.

1. Hitlers Weg an die Macht

a) Bringe die folgenden Ereignisse in die richtige zeitliche Reihenfolge.

b) Wenn du die richtige Reihenfolge gefunden hast, ergeben die Buchstaben in den Klammern einen Begriff, der viel mit dem Aufstieg Hitlers zu tun hat. Erläutere diesen Begriff.

Ermächtigungsgesetz (D)

Weltwirtschaftskrise (P)

Gleichschaltung (A)

Inflation (R)

Währungsreform (O)

Reichstagsbrand (N)

Wahlerfolge der NSDAP (G)

Massenarbeitslosigkeit in Deutschland (A)

Versailler Vertrag (P)

Hitler wird Reichskanzler (A)

4. Jugend im NS-Staat

a) Nenne die Ziele der Nationalsozialisten in Bezug auf die Jugend.

b) Benenne und beschreibe die NS-Jugendorganisationen für Jungen und Mädchen.

c) „Die große Mehrheit der Jugendlichen war begeistert dabei, nur sehr wenige waren ungehorsam oder ausgeschlossen." Nimm Stellung zu dieser Aussage.

2. Probleme der Weimarer Republik

Beschreibe die Fotos und erläutere die geschichtlichen Hintergründe.

Arbeitslose vor dem Arbeitsamt

3. Welcher Begriff passt nicht zu den anderen? Begründe deine Wahl.

Weimar	Ebert	Demokratie	Kaiser
Inflation	Rote Armee	Weltwirtschaftskrise	Dolchstoßlegende
Atombombe	Propaganda	Gleichschaltung	Volksempfänger
BDM	BIP	NSDAP	HJ
Pogrom	Sowjetunion	Nürnberger Gesetze	Wannsee-Konferenz
Scholl	Staufenberg	Hindenburg	Bonhoeffer

5. Verbrechen an den Juden

a) Bringe folgende Begriffe in eine richtige zeitliche Reihenfolge: Aufstand im Warschauer Getto, Deportation, industrieller Massenmord, Reichspogromnacht, Wannsee-Konferenz.

b) Erläutere, was sich hinter diesen Begriffen verbirgt.

Aufgabe zur Lernkontrolle:
Beschäftige dich selbstständig mit einer Doppelseite dieses Kapitels. Stelle die wichtigsten Aussagen in einer Mindmap, Skizze oder Tabelle dar (vgl. Anhang S. 200 – 203). Präsentiere deine Ergebnisse vor der Klasse.

6. Zweiter Weltkrieg

a) Der Zweite Weltkrieg in Europa kann vereinfacht in zwei Abschnitte unterteilt werden (1939 – 1942 und 1943 – 1945). Erläutere diese Einteilung anhand wichtiger Kriegsereignisse.

b) Erläutere die Folgen für Deutschland und seine Nachbarländer.

7. Widerstand

a) Nenne Einzelpersonen und Gruppen, die gegen die Nationalsozialisten aktiv Widerstand leisteten.

b) Beschreibe ihre Form des Widerstandes.

Das hast du in diesem Kapitel gelernt: Du kannst ...

- ✓ die Entstehungsgeschichte der Weimarer Republik und die Grundzüge ihrer Verfassung wiedergeben.
- ✓ den Aufstieg und die Machübertragung an die NSDAP erläutern.
- ✓ Methoden, Ziele und Techniken der Propaganda im Dritten Reich darstellen.
- ✓ die Rolle von Medien und Pressefreiheit im Dritten Reich und in einer Demokratie vergleichen.
- ✓ die Abläufe des Zweiten Weltkrieges von seinen Ursachen bis zu seinem Ende zusammenfassen und seine Folgen beschreiben.
- ✓ über verfolgte Menschen/Menschengruppen im Dritten Reich berichten.
- ✓ Motive und Formen des Widerstands gegen Hitler anhand konkreter Personen/Gruppen erläutern.

Erstelle deine Lernkartei zu den wichtigen Begriffen aus diesem Kapitel.

Grundbegriffe:
Alliierte
Atombombe
Auschwitz
Blitzkrieg
Bund Deutscher Mädel (BDM)
Deportation
Dolchstoßlegende
Ermächtigungsgesetz
Getto
Gewerkschaft
Gleichschaltung
Hitlerjugend (HJ)
Hitler-Stalin-Pakt
Holocaust
Inflation
Koalition
Konzentrationslager
Münchner Abkommen
Nationalsozialistische Deutsche Arbeiterpartei (NSDAP)
Nürnberger Gesetze
Propaganda
Reichspogromnacht
Reparation
Stalingrad
Versailler Vertrag
Währungsreform
Wannsee-Konferenz
Weimarer Republik
Weltwirtschaftskrise
Zensur

6 Nachkriegszeit und Wiederaufbau

M1 *Bundeskanzler Konrad Adenauer unterzeichnet das Grundgesetz der Bundesrepublik Deutschland.*

M2 *Luftbrückendenkmal am ehemaligen Flughafen Tempelhof (Berlin)*

◁ **M3** *Endlich ruhen die Waffen. Kinder auf einem Panzer im zerstörten Berlin 1945. Stell dir vor, einer der Jungen wäre dein Opa. Welche Fragen würdest du ihm stellen?*

M1 *Die zerstörte Innenstadt von Nürnberg – Blick auf die Burg*

M2 *Die zerstörte Stadt Dresden*

Die „Stunde Null"

Im Frühjahr 1945 war für Deutschland der Zweite Weltkrieg zu Ende. Viele Städte waren durch Bomben zerstört. Die Bevölkerung war Racheakten und Plünderungen der alliierten Soldaten ausgesetzt. Besonders Frauen erfuhren zu Tausenden großes Leid durch Vergewaltigungen von Soldaten der Roten Armee. Auf der anderen Seite wurden die Berichte über die Verbrechen der Deutschen in den Kriegsgebieten nun zahlreicher und detaillierter.

Doch die Deutschen wollten nicht viel davon wissen. Das tägliche Überleben stand im Vordergrund. Die Probleme waren groß: Wohnungsnot, zerstörte Verkehrswege, Zusammenbruch der Wasser- und Energieversorgung, Rationierung der Lebensmittel. Viele Deutsche erlebten den Neuanfang als „Stunde Null".

Der Bombenkrieg hatte mehr als die Hälfte des Wohnraums in den deutschen Städten zerstört oder unbewohnbar gemacht. Die Menschen richteten sich so gut es ging in Notunterkünften ein oder hausten in den Ruinen.

Zunächst mussten die Trümmer beseitigt werden. Da viele Männer fehlten, übernahmen die „**Trümmerfrauen**" diese Arbeit. Sie holten aus dem Schutt die noch brauchbaren Ziegelsteine, schlugen die Mörtelreste ab und stapelten die Steine. So konnten die Ziegelsteine wieder verwendet werden.

1. ↗ Beschreibe die Situation der Kinder und Jugendlichen in der Nachkriegszeit (M1–M3, M5).
2. Worüber könnten die Frauen in M4 sprechen? Verfasst für jede Frau eine Sprechblase.
3. Recherchiere den Inhalt der CARE-Pakete (Internet).
4. Zigaretten wurden unmittelbar nach dem Krieg zur Ersatzwährung. Erkläre.

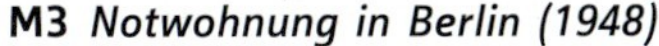

M3 *Notwohnung in Berlin (1948)*

M4 *„Trümmerfrauen" vollbringen 1945 die ersten Aufbauleistungen.*

Der Kampf ums Überleben

Ein weiteres Problem war die mangelhafte Versorgung mit Nahrungsmitteln. Lebensmittel gab es nur auf Bezugsscheine. So entstand ein **Schwarzmarkt**, auf dem Wertgegenstände und vor allem Zigaretten gegen Lebensmittel und Medikamente getauscht wurden – das alte Geld war nichts mehr wert. In dem strengen Winter 1946/47 spitzte sich die Versorgungskrise in Deutschland dramatisch zu. Um eine Hungerkatastrophe zu verhindern, griffen die USA und Großbritannien mit Hilfsprogrammen ein. Die bekannteste Hilfsaktion waren die amerikanischen CARE-Pakete (Cooperative for American Remittances to Europe), die von amerikanischen Bürgern finanziert wurden.

Mutti war in der ersten Zeit, nachdem wir wieder nach Berlin zurückgekehrt waren, oft auf „**Hamsterfahrt**", um Lebensmittel zu beschaffen. Das bedeutete für meinen Bruder, meine Schwestern und mich (im Alter von 10, 6 und 7 Jahren), dass wir sogenannte „Schlüsselkinder" waren. Mit dem Wohnungsschlüssel [...] um den Hals konnten wir nach Hause kommen, wann wir wollten. Wir waren uns selbst überlassen, bis Mutti wieder von der Hamsterfahrt zurück war und, wenn es gut gegangen war, auch etwas zu essen mitbrachte. Wann dies der Fall war, war immer abhängig davon, wie schnell sie bei einem Bauern irgendwo etwas bekam. Bestenfalls dauerte es nur einen Tag, schlimmstenfalls mehrere. Obwohl Mutti oft unterwegs war, war sie die Einzige, die sich um uns Kinder kümmerte. [...]

(Silvia Koerner: So erlebte ich die Nachkriegszeit in Berlin. In: Lebendiges Museum Online: Zeitzeugen. Stiftung Haus der Geschichte der BRD, 2000)

M5 *Silvia Koerner, geb. 1938, berichtet über ihre Kindheit in Berlin 1945.*

5 Verfasse den Brief eines Kindes, das über seine Lebenssituation in der Nachkriegszeit schreibt. Verwende dabei die Begriffe Ruinen, Schwarzmarkt, Trümmerfrauen und Hamsterfahrten.

6 a) Nimm kritisch Stellung zum Begriff „Stunde Null".
b) Recherchiere Geschichte und Bedeutung des Wortes „fringsen".
c) Recherchiere Geschichte und Bedeutung der Rückseite der alten 50-Pfennig-Münze (Internet).

M1 *Ostpreußischer Flüchtlingstreck auf dem Weg nach Westen 1945*

M3 *Deutsche Kriegsgefangene in einem Lager bei Neuss*

Flucht und Vertreibung als Folge des Krieges

Im Verlauf des Zweiten Weltkrieges führten die deutschen Nationalsozialisten eine brutale Rassenpolitik in den besetzten ost- und südosteuropäischen Gebieten durch. Millionen von Menschen wurden ermordet, vertrieben oder als Zwangsarbeiter nach Deutschland verschleppt.

M2 *Eltern suchen ihre verlorenen Kinder. Verlorene Kinder suchen ihre Eltern. Suchaktion des Bayerischen Roten Kreuzes (1947)*

Als im Herbst 1944 die sowjetische Rote Armee die deutsche Grenze in Ostpreußen überschritt, flohen Millionen von Ostdeutschen aus Angst vor ihrer Rache. Die Menschen verließen ihre Wohnungen auf Pferdewagen oder zu Fuß. Die langen Flüchtlingstrecks wurden häufig von den Soldaten der Roten Armee eingeholt. Nun erfuhren die flüchtenden Menschen mit aller Grausamkeit die Rache derer, die vorher von den Deutschen überfallen wurden. Nach Schätzungen starben von den 14 Millionen Flüchtlingen und Vertriebenen zwei Millionen durch Gewalt, Hunger, Kälte oder Krankheiten.

Nach dem Krieg beschlossen die Alliierten die „Überführung" der deutschen Bevölkerung aus den Gebieten östlich der Flüsse Oder und Neiße. Den Betroffenen blieben oft nur wenige Stunden, um ihre Wohnungen zu verlassen. Insgesamt kamen über zwölf Millionen deutsche Vertriebene und Flüchtlinge in das Gebiet westlich der Oder-Neiße-Linie.

1. Benenne die Gebiete, aus denen die Vertriebenen und Flüchtlinge kamen (M1, M5, M6).

2. ↗ Erläutere die Folgen des Zweiten Weltkrieges für die Vertriebenen (M1–M5).

M4 *Aufnahmelager (1947)*

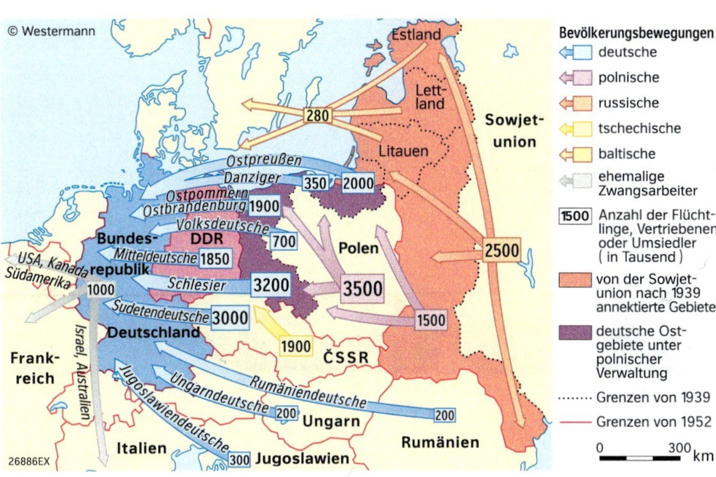

M6 *Bevölkerungsbewegungen in Europa (1944–1952)*

Verlust und schwierige Integration

Die Flüchtlinge und Vertriebenen wurden oft auf die ländlichen Gebiete verteilt, in Aufnahmelagern untergebracht und später in Wohnräumen der einheimischen Bevölkerung einquartiert. Spannungen blieben auf so engem Raum nicht aus. Viele Vertriebene hatten nicht nur ihre Heimat verloren, sondern fühlten sich in den neuen Aufnahmegebieten unwillkommen. Doch für die spätere Bundesrepublik war dieser riesige Zustrom der oft gut ausgebildeten Menschen wichtig, da diese tatkräftig an dem Wirtschaftsaufschwung teilhatten.

Ich wohnte mit meinen drei Kindern in Freiwaldau im Ostsudetenland. Am 26. Juli 1945 kamen plötzlich drei bewaffnete tschechische Soldaten und ein Polizist in meine Wohnung. Ich musste sie binnen einer halben Stunde verlassen und durfte gar nichts mitnehmen. Wir wurden auf einen Sammelplatz getrieben und wussten nicht, was mit uns geschehen wird. Gegen Abend wurden wir unter grässlichen Beschimpfungen und Peitschenschlägen aus dem Heimatort fortgeführt. Nach sechsstündigem Fußmarsch mussten wir im Freien übernachten und wurden dann eine Woche lang in einem primitiven Lager festgehalten. Verpflegung gab es keine. Am 2. August 1945 mussten wir zum Bahnhof und wurden auf offene Kohlewagen verladen. Vor Abfahrt des Transportes bekamen wir pro Eisenbahnwagen ein Brot. Während der Fahrt regnete es in Strömen. Die Kinder wurden krank. Nach zwei Tagen wurden wir in Tetschen (Grenze Sachsen-Tschechien) ausgeladen.

(Wolfgang Benz, BPB: Deutschland 1945–1949. In: Informationen zur politischen Bildung. Nr. 259. Franzis Verlag. Bonn 2005, S. 6)

M5 *Vertreibung aus dem Sudetenland*

3 Versetze dich in die Lage von einem der Menschen auf den Fotos und beschreibe, was seine Gedanken in diesem Moment sein könnten (M1–M4).

4 (M) Diskutiert über mögliche Konflikte zwischen Flüchtlingen und Einheimischen.

Was soll aus Deutschland werden?

M1 *Deutschland unter alliierter Besatzung (1945 – 1949)*

M2 *Premierminister Winston Churchill, US-Präsident Harry Truman und Josef Stalin auf der Potsdamer Konferenz (Juli 1945)*

Fünf D's

Die Beschlüsse der Potsdamer Konferenz wurden als die „fünf D" bekannt:

- Denazifizierung: Die NSDAP wurde verboten und Nationalsozialisten angeklagt.
- Demilitarisierung: Militär und Rüstungsbetriebe werden aufgelöst.
- Demokratisierung: Einführung demokratischer Strukturen
- Dezentralisierung: keine zentrale Staatsverwaltung
- Demontage: Abbau von Industrieanlagen als Entschädigung

Die Alliierten in Deutschland

Schon während des Krieges hatten die drei großen Mächte – die USA, Großbritannien und die Sowjetunion – auf Konferenzen festgelegt, wie Deutschland nach Kriegsende behandelt werden sollte. Einig war man sich darin, dass der Nationalsozialismus vollständig beseitigt, Deutschland entmilitarisiert und demokratisch umgestaltet werden sollte. Das Land sollte in Zukunft keine Gefahr mehr für den Frieden darstellen.

Nach der bedingungslosen Kapitulation am 8. Mai 1945 beschlossen die Alliierten auf der Potsdamer Konferenz, das Deutsche Reich aufzulösen und in vier **Besatzungszonen** aufzuteilen. Die Hauptstadt Berlin wurde in vier Sektoren gegliedert. Sie sollte gemeinsam verwaltet werden. Ein Alliierter Kontrollrat mit Sitz in Berlin übte die oberste Regierungsgewalt über ganz Deutschland aus. Er bestand aus den Oberbefehlshabern der vier großen Siegermächte, Frankreich eingeschlossen. Seine Aufgabe bestand darin, alle politischen und wirtschaftlichen Entscheidungen zu koordinieren, die Deutschland als Ganzes betrafen.

Doch die Vorstellungen, wie die Demokratisierung und das zukünftige Wirtschaftssystem konkret aussehen sollten, gingen weit auseinander. So kam es zwischen der Sowjetunion und den drei Westalliierten später zum Bruch. Das war der Beginn der Spaltung Deutschlands.

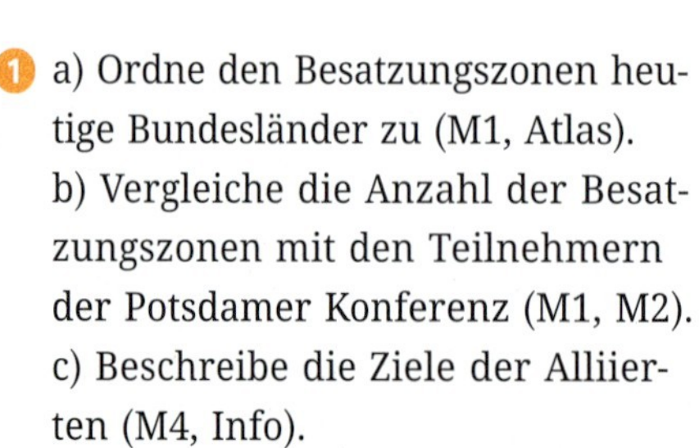

1 a) Ordne den Besatzungszonen heutige Bundesländer zu (M1, Atlas).
b) Vergleiche die Anzahl der Besatzungszonen mit den Teilnehmern der Potsdamer Konferenz (M1, M2).
c) Beschreibe die Ziele der Alliierten (M4, Info).

2 (M) a) Recherchiert zur Demontage in Deutschland (Internet).
b) Vergleicht, ob die Demontage in allen Besatzungszonen gleichermaßen umgesetzt wurde. Findet Gründe.

Dass die Alliierten den deutschen Verantwortlichen den Prozess machten, hatte [...] drei Gründe: Zum einen zeigten die Alliierten damit, dass sie nicht dem deutschen Volk [...] die Schuld für die [...] Nazi-Verbrechen zuschrieben, sondern einzelnen Handelnden. Zum anderen wollten sie den Deutschen anhand eines fairen Gerichtsprozesses zeigen, wie eine Demokratie funktioniert.
Im Laufe des Prozesses bekam das deutsche Volk zudem das ganze Ausmaß der Verbrechen der Nazis vor Augen geführt.

(Mareike Potjans: Der Nürnberger Prozess. In: Planet Wissen Online. WDR Stand: 08.10.2019)

M3 *Der Nürnberger Prozess*

M5 *Nürnberger Prozess gegen hochrangige NS-Funktionäre (20.11.1945 – 1.10.1946).*

Die Entnazifizierung

Deutsche Bürger, die älter als 18 Jahre waren, mussten 1945 einen Fragebogen der Alliierten ausfüllen und darin über ihre Funktion in NS-Organisationen Auskunft geben. Die Täter sollten zur Rechenschaft gezogen werden. Nach der Auswertung wurde von den Alliierten entschieden, wer Hauptschuldiger, Belasteter, Mitläufer, Entlasteter oder Nichtbetroffener war. Vom Ergebnis hingen teilweise die Erlaubnis zur Berufsausübung und die Zuteilung von Lebensmitteln ab.
Die 24 Hauptschuldigen, unter ihnen Hermann Göring, wurden in Nürnberg von den Alliierten in einem Kriegsverbrecherprozess angeklagt. Die meisten wurden zum Tode bzw. zu langen Haftstrafen verurteilt.

Warum Nürnberg?
Die Alliierten wählten Nürnberg einerseits aus symbolischen Gründen, da Hitler hier jedes Jahr die Reichsparteitage der NSDAP groß in Szene setzen ließ. Andererseits waren Gerichtsgebäude und Gefängnis weitgehend unbeschädigt geblieben.

Die Alliierten treffen Maßnahmen, damit Deutschland niemals mehr [...] die Erhaltung des Friedens bedrohen kann. Es ist nicht die Absicht der Alliierten, das deutsche Volk [...] zu versklaven. Die Alliierten wollen dem deutschen Volk die Möglichkeit geben, ein Leben auf demokratischen Grundlagen aufzubauen.

(Ernst Deuerlein (Hrsg.): Potsdam 1945. DTV. München 1963, S. 353 f.)

M4 *Das Potsdamer Abkommen (August 1945)*

3 Begründe, warum die Alliierten ehemalige NS-Funktionäre vor Gericht stellten (M3).

4 Wählt einen der Hauptkriegsverbrecher der Nürnberger Prozesse aus (M5, Internet).
a) Erläutert seine Aufgabenbereiche in der Zeit der Naziherrschaft.
b) Bewertet das Urteil gegen ihn.
c) Stellt die Ergebnisse der Gruppenarbeit in einer Präsentation vor (vgl. Methode S. 203).

M1 *Das Vordringen der Sowjetunion in Europa*

Der Zerfall der Anti-Hitler-Koalition

Im Zweiten Weltkrieg hatten die Alliierten noch gemeinsam gegen Hitler gekämpft. Nun zerbrach diese Koalition an den unterschiedlichen politischen Vorstellungen. Die Sowjetunion hatte ihren Machtbereich auf die osteuropäischen Staaten ausgedehnt. Es bildeten sich **kommunistische** Regierungen, die unter dem Einfluss der Sowjetunion standen. Auch das zentral gelenkte Wirtschaftssystem wurde übernommen.

Auf der anderen Seite befanden sich die demokratischen westeuropäischen Staaten mit einem marktwirtschaftlichen System, beeinflusst von den USA.

Die unterschiedlichen Vorstellungen vertieften sich immer mehr. Europa sollte für die nächsten 45 Jahre durch einen „**Eisernen Vorhang**“ in zwei Machtbereiche geteilt werden, die sich in einem sogenannten **Kalten Krieg** unversöhnlich gegenüberstanden. Im Osten der „Ostblock“ mit den Ländern, die sich an der Sowjetunion orientierten, im Westen die Staaten Europas, die Verbündete der USA waren.

All dies hatte natürlich Auswirkungen auf Deutschland. Einen gemeinsamen Plan der Alliierten für die zukünftige Entwicklung des Landes gab es nicht mehr.

1. Liste fünf Staaten und deren Hauptstädte auf, die vom Westen aus gesehen hinter dem Eisernen Vorhang lagen (M1).
2. Nenne Staaten aus M1, die es heute nicht mehr gibt (Atlas).
3. Erkläre den Begriff „Eiserner Vorhang“.

US-Präsident Harry S. Truman in einer Rede vor dem US-Kongress, März 1947:
„Die eine Lebensweise gründet sich auf dem Willen der Mehrheit und zeichnet sich durch freie Einrichtungen, freie Wahlen, Garantie der individuellen Freiheit, Rede- und Religionsfreiheit und Freiheit vor politischer Unterdrückung aus.
Die zweite Lebensweise gründet sich auf dem Willen einer Minderheit, der der Mehrheit aufgezwungen wird. Terror und Unterdrückung, kontrollierte Presse und Rundfunk, fingierte Wahlen und Unterdrückung der persönlichen Freiheiten sind ihre Kennzeichen.
Ich bin der Ansicht, dass es die Politik der Vereinigten Staaten sein muss, die freien Völker zu unterstützen, die sich der Unterwerfung durch bewaffnete Minderheiten oder durch Druck von außen widersetzen. Ich bin der Ansicht, dass unsere Hilfe in erster Linie in Form wirtschaftlicher und finanzieller Unterstützung gegeben werden sollte."

(Mike Dennis u. Johannes-Dieter Steinert: Deutschland 1945 – 1990. Von der bedingungslosen Kapitulation zur Vereinigung. Wochenschau-Verlag. Schwalbach/Ts. 2005, S. 80 f.)

M2 *Rede von US-Präsident Harry S. Truman*

Der britische Premierminister Winston Churchill in einem Telegramm an US-Präsident Truman, Mai 1945:
„Die Lage in Europa beunruhigt mich zutiefst. Ich habe mich stets um die Freundschaft der Russen bemüht; aber ihre Haltung gegen Polen, ihr überwältigender Einfluss auf dem Balkan bis hinunter nach Griechenland, die Verkopplung ihrer Macht mit der Besetzung und Kontrolle so [...] weiter Gebiete, die von ihnen inspirierte kommunistische Taktik in so vielen anderen Ländern und vor allem ihrer Fähigkeit, lange Zeit große Armeen im Felde stehen zu lassen, beunruhigen mich ebenso sehr wie Sie. Wie wird sich die Lage in ein bis zwei Jahren darstellen, wenn die britischen und amerikanischen Armeen (in Europa) nicht mehr existieren und die Franzosen noch keine beachtliche Armee aufgestellt haben? Ein Eiserner Vorhang ist vor ihrer (der Russen) Front niedergegangen. Was dahinter vorgeht, wissen wir nicht."

(Christoph Klessmann: Die doppelte Staatsgründung. Deutsche Geschichte 1945 – 1955. In: Bundeszentrale für Politische Bildung. Bonn 1991, 5. Aufl., S. 349)

M3 *Winston Churchills Telegramm an Truman*

4 Stelle die politischen Überzeugungen Trumans dar (M2).

5 ↗ Begründe, warum die Rede Trumans vor dem US-Kongress im März 1947 als Beginn des Kalten Krieges gesehen wird (M2).

6 Erläutere Churchills Befürchtungen (M3).

Hilfe aus dem Marshallplan (in Mio. US-Dollar, insgesamt etwa 15 Mrd. US-$ für Europa)

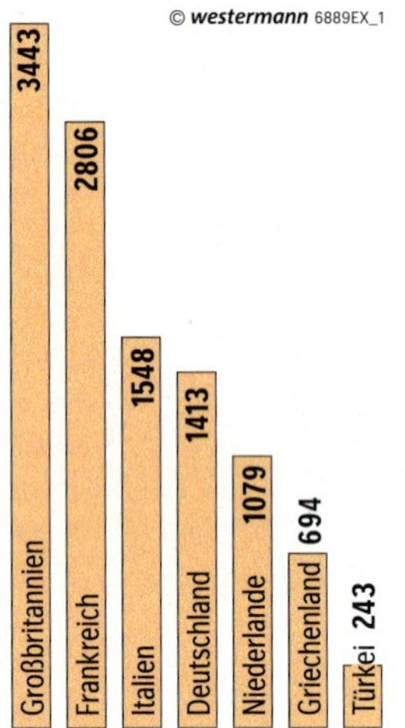

M1 *Hilfe aus dem Marshallplan (1948–1952)*

M2 *Nach der Währungsreform vom 20.06.1948 sind die Schaufenster im Westen schlagartig gefüllt – für viele Menschen ein tief beeindruckendes Erlebnis.*

Währungsreform
Am 20. Juni 1948 trat in den Westzonen die Währungsreform in Kraft. Jeder Westdeutsche erhielt zunächst 40 Deutsche Mark (D-Mark bzw. DM) und später nochmals 20 DM. Diese Auszahlung wurde als Kopfgeld bezeichnet. Bargeld und Sparguthaben wurden im Verhältnis von 10:1 und 15:1 umgetauscht. Grundbesitz und Produktionsstätten behielten ihren Wert und konnten frei gekauft oder verkauft werden.
Die Rationierung von Lebensmitteln und anderen Produkten und Preiskontrollen entfielen.

Beginnende Teilung und Währungsreform

Die Gegensätze zwischen Ost und West führten zur beginnenden Teilung Deutschlands. Amerikaner und Briten vereinigten im Jahr 1947 ihre beiden Besatzungszonen. So sollte die Wirtschaft angekurbelt und der Austausch von Nahrungsmitteln und dem wichtigen Heizmaterial Kohle erleichtert werden. Später trat auch die französische Besatzungszone bei. Die Sowjetunion schlug das Angebot aus, ihre Besatzungszone dem Bündnis anzuschließen. Damit war die Teilung Deutschlands festgelegt: Aus den drei Westzonen und der Ostzone entwickelten sich zwei getrennte deutsche Staaten.

Im Rahmen der **Währungsreform** wurde im Westen 1948 eine eigene Währung eingeführt: die D-Mark. Sie sollte helfen, den Schwarzmarkt einzudämmen und ein normales Wirtschaftsleben in Gang zu bringen. In der Ostzone wurde die Ost-Mark zum Zahlungsmittel.

Die USA wollten Westeuropa und speziell Deutschland als ein Bollwerk gegen den **Kommunismus** stärken. Die Entwicklung der Marktwirtschaft sollte unterstützt und der sowjetische Einfluss abgeblockt werden. Dazu wurde von dem damaligen amerikanischen Außenminister George C. Marshall ein wirtschaftliches Wiederaufbauprogramm für Europa entwickelt, der sogenannte **Marshallplan**. Er umfasste Kredite für die europäischen Staaten sowie die Lieferung von Nahrungsmitteln, Rohstoffen und Maschinen.

M3 *Der Marshallplan*

1. Beschreibe die Etappen auf dem Weg zur beginnenden Teilung Deutschlands (M1–M4).
2. Beschreibe Folgen, die die Währungsreform für die Bevölkerung hatte (M2, Info).

M4 *Die Berliner Luftbrücke*

M5 *Am Flughafen Berlin-Tempelhof*

Berlinblockade und Berlinkrise

Als Reaktion auf die Währungsreform in den Westzonen begann die Sowjetunion am 24. Juni 1948 mit der **Berlinblockade**. Alle Versorgungswege über Straßen und Schienen nach Westberlin wurden gesperrt. So sollten die Rücknahme der Währungsreform und der Abzug der Westmächte aus Berlin erzwungen werden. Doch diese richteten eine **Luftbrücke** ein, um die Bevölkerung in Westberlin zu versorgen. Nahrungsmittel, Heizmaterial und Rohstoffe für drei Millionen Menschen wurden mit Flugzeugen Tag für Tag eingeflogen. Die Flugzeuge landeten im Abstand weniger Minuten, wurden entladen und flogen gleich wieder zurück. Manchmal wurden für die Kinder beim Landeanflug Süßigkeiten aus den sogenannten Rosinenbombern abgeworfen. Nach elf Monaten gab die Sowjetunion die Blockade auf.

„Klappen voll ausfahren, 2 400 Umdrehungen!" Im Cockpit der C-54 „Skymaster" bereiten sich die Piloten auf die Landung vor. Tempelhof ist schon in Sichtweite. „Jetzt!", brüllt der smarte Pilot Gail Halvorsen (damals 28). Sein Co-Pilot wirft eine Ladung kleiner Päckchen, die hinter seinem Sitz liegt, durch einen Schacht hinaus. [...] In den Straßen laufen die Kinder zusammen, jeder will der Erste sein, jeder will ein Paket abbekommen. Andächtig entfalten sie das Papier, finden Schokolade und Kaugummi, geknotet an einfache Taschentücher, die als Fallschirme dienen. Kinder, die den Schatz in ihren Händen halten, können ihr Glück kaum fassen: „Es regnet Schokolade vom Himmel!"
Bis heute ist Gail Halvorsen (85) der „Candy-Bomber" unter den Tausenden Luftbrücken-Piloten geblieben. Wie viele andere der alliierten Flieger startete er in Frankfurt/Main, transportierte Mehl, Eipulver, Kohle. Doch er war der Erste, der den Kindern auch Schokolade brachte.

(Christiane Braunsdorf: Mythos Luftbrücke. Der Held: Pilot Gail Halvorsen. In: BZ Online, 17.11.2005)

M6 *Süßigkeiten statt Bomben*

3 Erkläre, warum die Flugzeuge Rosinenbomber genannt wurden (M5, M6).

4 Beurteile, ob die Berlinblockade ein Erfolg für die sowjetischen Besatzer war.

M1 *Deutschland wird im Westen als Staat anerkannt (2. v. l.: Bundeskanzler Konrad Adenauer).*

Artikel 20

(1) Die Bundesrepublik Deutschland ist ein demokratischer und sozialer Bundesstaat.

(2) Alle Staatsgewalt geht vom Volke aus. Sie wird vom Volke in Wahlen und Abstimmungen und durch besondere Organe der Gesetzgebung, der vollziehenden Gewalt und der Rechtsprechung ausgeübt.

(3) Die Gesetzgebung ist an die verfassungsmäßige Ordnung, die vollziehende Gewalt und die Rechtsprechung sind an Gesetz und Recht gebunden.

(Bundesgesetzblatt, 1949, Nr. 1, S.3)

M2 *Auszug aus dem Grundgesetz der Bundesrepublik Deutschland (BRD)*

Die Gründung der Bundesrepublik Deutschland (BRD)

Die wirtschaftliche Vereinigung wurde durch die Einführung der D-Mark erreicht. Als Reaktion auf die Blockade Berlins durch die Sowjetunion wollten die Westalliierten schnell einen eigenen westdeutschen Teilstaat gründen. Sie forderten die gewählten westdeutschen Ministerpräsidenten der Länder auf, eine verfassunggebende Versammlung für einen zukünftigen Staat einzuberufen. Die Parteien spielten dabei noch keine Rolle. Die Ministerpräsidenten beriefen als verfassunggebende Versammlung einen **Parlamentarischen Rat** ein. Er tagte von September 1948 bis Mai 1949 in Bonn und erarbeitete eine neue Verfassung.

Sie sollte vorläufigen Charakter haben, daher der Name **Grundgesetz**. Es wurde am 23. Mai 1949 feierlich verkündet. Dieses Datum gilt als Gründungsdatum der Bundesrepublik Deutschland. Erstmals tauchte der Name „Deutschland" in einem Ländernamen auf. Im August 1949 fanden die ersten Bundestagswahlen der neu gegründeten BRD statt. Als knapper Wahlsieger ging die CDU/CSU vor der SPD hervor. Der Bundestag wählte den populären CDU-Vorsitzenden und ehemaligen Kölner Oberbürgermeister Konrad Adenauer mit knapper Mehrheit zum ersten Bundeskanzler.

Mit einer Politik der Westintegration fügte Konrad Adenauer die Bundesrepublik fest in die Politik des Westens ein. Am 5. Mai 1955 wurde die Bundesrepublik Mitglied der **NATO**, des militärischen Bündnisses europäischer und nordamerikanischer Staaten.

1. Stellt die wichtigsten Stationen der Gründung der Bundesrepublik Deutschland in einem Schaubild dar (M1, M2).

2. Erstelle einen Steckbrief zum ersten deutschen Bundeskanzler Konrad Adenauer (M1, Internet).

M3 *Plakat zur Vereinigung von SPD und KPD zur SED (1946)*

M4 *Wilhelm Pieck (KPD) links und Otto Grotewohl (SPD) rechts besiegeln die Gründung der Sozialistischen Einheitspartei (SED).*

Die Gründung der Deutschen Demokratischen Republik (DDR)

In der Zeit von 1945 bis 1949 wurden in der sowjetisch besetzten Zone (SBZ) alle politischen Veränderungen durchgeführt, die die spätere Deutsche Demokratische Republik prägen sollten. Die Sowjetunion unterstützte die Kommunistische Partei Deutschlands (KPD). Bald war aber klar, dass sie keine Mehrheit erreichen würde. Daher wurde auf Druck der sowjetischen Besatzungsmacht eine Zwangsvereinigung von KPD und SPD durchgeführt. Es entstand die Sozialistische Einheitspartei Deutschlands (SED).

Die SED rief die Volkskongressbewegung ins Leben. Diese benannte einen Volksrat, der sich am 7. Oktober 1949 zur Provisorischen Volkskammer erklärte. Damit war die DDR offiziell gegründet. Die Volkskammer wählte am 11. Oktober 1949 Wilhelm Pieck einstimmig zum Präsidenten der DDR. Hauptstadt wurde Ostberlin.

Eine demokratische Auseinandersetzung um politische Themen und Entscheidungen war in der Volkskammer nicht vorgesehen. Hier herrschte das Prinzip der Einstimmigkeit, was ein Kennzeichen von Diktaturen ist. Zwar wurden neben der SED andere Parteien zugelassen, die auch in der Volkskammer vertreten waren. Doch diese Parteien waren gleichgeschaltet.

Die Parteispitze der SED, das Politbüro des Zentralkomitees, legte die Richtung der Politik fest. Widerspruch und Opposition wurden nicht geduldet. Oppositionelle wurden durch den sowjetischen Geheimdienst und ab 1950 durch die Staatssicherheit unterdrückt.

3 a) Werte das Plakat aus (M3, vgl. Methode S. 159).
b) Erkläre, warum der Händedruck in M4 ein symbolträchtiges Motiv in der DDR wurde.

4 Stellt die wichtigsten Stationen der Gründung der Deutschen Demokratischen Republik in einem Schaubild dar (M3, M4).

1. Nachkriegszeit und Wiederaufbau

a) Bringe die folgenden Ereignisse in die richtige zeitliche Reihenfolge.
b) Erläutere kurz, was du über diese Begriffe alles erfahren hast.

Kriegsende | BRD | Berlinblockade | Währungsreform | Besatzungszonen | DDR

2. Leben in der Nachkriegszeit

Schreibe einen Tagebucheintrag, wie ihn ein Mädchen oder Junge 1946 verfasst haben könnte. Die Schlagzeilen geben dir Hinweise, worüber du schreiben könntest.

Vaters Uhr gegen Lebensmittel | Trümmerfrauen helfen beim Wiederaufbau | CARE-Pakete aus Amerika | Tausende auf „Hamsterfahrt" | 15 Personen in einem Zimmer in der Notunterkunft

3. Besatzungszonen / Kalter Krieg

a) Notiere die Namen der Staatsmänner, die auf dem Foto zu sehen sind.
b) Berichte über den Anlass, bei dem dieses Foto gemacht wurde.
c) Wie würdest du das Verhältnis der Staatsmänner – nach diesem Foto zu urteilen – beschreiben? Begründe deine Meinung.
d) Beschreibe, wie sich das Verhältnis der Staaten in den folgenden Jahren entwickelt hat.

4. Demontage

Die auf der Potsdamer Konferenz beschlossene Demontage wurde in den einzelnen Besatzungszonen sehr unterschiedlich umgesetzt. Nenne mögliche Gründe dafür. Beziehe dabei dein Wissen über den Zweiten Weltkrieg und die politische Entwicklung bis zur Gründung der beiden deutschen Staaten ein.

Insgesamt wurden 1043 Fabriken demontiert.

ab-gebaut

Amerikaner
geplant 388 /abgebaut 183

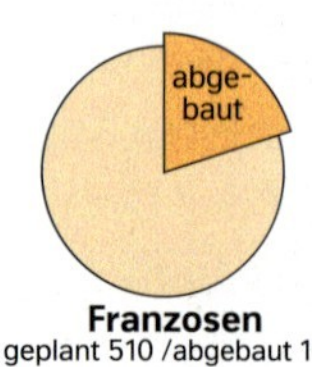

Franzosen
geplant 510 /abgebaut 103

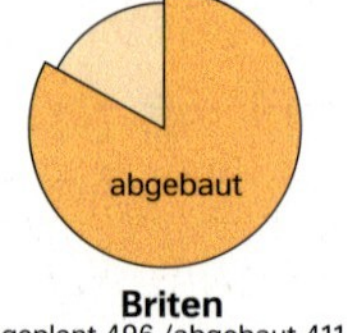

Briten
geplant 496 /abgebaut 411

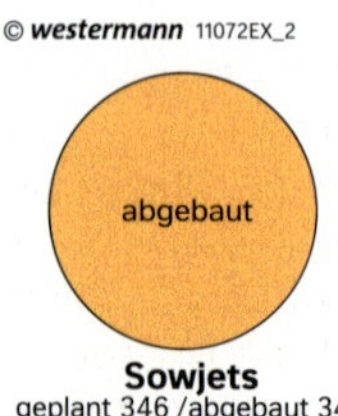

Sowjets
geplant 346 /abgebaut 346

5. Welcher Begriff passt nicht zu den anderen? Begründe deine Wahl.

Schwarzmarkt	Kalter Krieg	Trümmerfrauen	Hamsterfahrten
Ostpreußen	Sudetenland	Niedersachsen	Vertreibung
Luftbrücke	München	Frankfurt	Berlin
D-Mark	Tri-Zone	Marshallplan	DDR
USA	DDR	SED	KPD

6. Flucht und Vertreibung

a) Analysiere, wie die Vertreibung der deutschen Bevölkerung im Potsdamer Abkommen bezeichnet und geplant wird.

b) Vergleiche mit der Realität.

Die drei Regierungen erkennen an, dass die Überführung der deutschen Bevölkerung oder Bestandteile derselben, die in Polen, der Tschechoslowakei und Ungarn zurückgeblieben sind, nach Deutschland durchgeführt werden muss. Sie stimmen darin überein, dass jede derartige Überführung, die stattfinden wird, in ordnungsgemäßer und humaner Weise erfolgen soll.

(Ernst Deuerlein (Hrsg.): Potsdam 1945. DTV. München 1963, S. 367)

Aufgabe zur Lernkontrolle:
Beschäftige dich selbstständig mit einer Doppelseite dieses Kapitels. Stelle die wichtigsten Aussagen in einer Mindmap, Skizze oder Tabelle dar (vgl. Anhang S. 200 – 203). Präsentiere deine Ergebnisse vor der Klasse.

7. Die doppelte Staatsgründung

a) Berichte über die Gründung der beiden deutschen Staaten.

b) Fasse zusammen, welche Gründe letztendlich zur Teilung Deutschlands geführt haben.

Erstelle deine Lernkartei zu den wichtigen Begriffen aus diesem Kapitel.

Grundbegriffe:
Berlinblockade
Besatzungszone
Eiserner Vorhang
Grundgesetz
Hamsterfahrt
Kalter Krieg
Kommunismus
kommunistisch
Luftbrücke
Marshallplan
NATO
Parlamentarischer Rat
Schwarzmarkt
Trümmerfrauen
Währungsreform

Das hast du in diesem Kapitel gelernt: Du kannst ...

- ✓ die Alltagssituation der Menschen in den Nachkriegsjahren darstellen.
- ✓ über Flucht und Vertreibung als Folge des Zweiten Weltkrieges berichten.
- ✓ über die Nürnberger Prozesse informieren.
- ✓ wichtige Beschlüsse der Potsdamer Konferenz und deren Folgen beschreiben.
- ✓ dich zum Leben der Menschen in den Besatzungszonen äußern.
- ✓ wesentliche Gründe für die Teilung Deutschlands in BRD und DDR und ihren Ablauf wiedergeben.

7 Demokratie lernen und leben

M1 *Wo ist meine Stimme? – Demonstration für mehr Klimaschutz*

M2 *Wahlen in der DDR – jeder Erwachsene durfte wählen, aber eine echte Wahl hatten die Bürger in der DDR nicht. Das Ergebnis stand schon vor der Wahl fest.*

◁ **M3** *Plenarsaal des Deutschen Bundestages in Berlin. Die Abgeordneten wurden von den Wahlberechtigten demokratisch gewählt.*

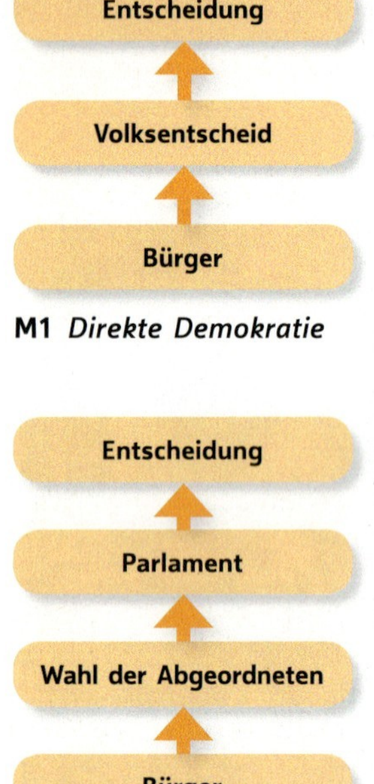

M1 *Direkte Demokratie*

M2 *Repräsentative Demokratie*

M4 *Abstimmung im deutschen Parlament*

M3 *Freie Wahlen sind das wichtigste Kennzeichen demokratischer Länder.*

Bürger entscheiden

Es gibt zwei Möglichkeiten, wie Bürger in einer Demokratie bei politischen Entscheidungen mitwirken können. In einer direkten Demokratie werden politische Entscheidungen vom Volk durch Abstimmungen entschieden. In regelmäßigen Volksabstimmungen können die Bürger dann zu politischen Fragen auf einem Stimmzettel mit Ja oder Nein direkt abstimmen. In einer repräsentativen Demokratie wählen die Bürger Vertreter, sogenannte **Abgeordnete**, die stellvertretend für sie abstimmen.

In Deutschland leben heute mehr als 83 Mio. Menschen, in deinem Bundesland etwa 13 Mio. und in deiner Gemeinde wahrscheinlich mehrere Tausend. Volksentscheide zu den verschiedenen politischen Themen wären sehr aufwendig. Eine direkte Abstimmung über politische Fragen gibt es auf der Bundesebene nicht und auf Landes- und Gemeindeebene sehr selten. Damit die Menschen ihre politischen Vorstellungen berücksichtigt finden, gibt es **Wahlen**. Die wahlberechtigten Bürger wählen Abgeordnete, die deren Auffassungen im **Parlament** vertreten. Mit ihrer Stimme entscheiden sie, wer in den nächsten Jahren politische Entscheidungen trifft.

1. Beschreibe, wie Bürger in einer direkten und in einer repräsentativen Demokratie Einfluss nehmen (M1, M2).

2. Vergleiche die beiden Formen der Demokratie (M1–M4).

3. Die nächsten Wahlen stehen an.
   a) Erkundige dich, welche Wahlen das sind.
   b) Ermittle Kandidaten in deinem Wahlkreis (Internet).

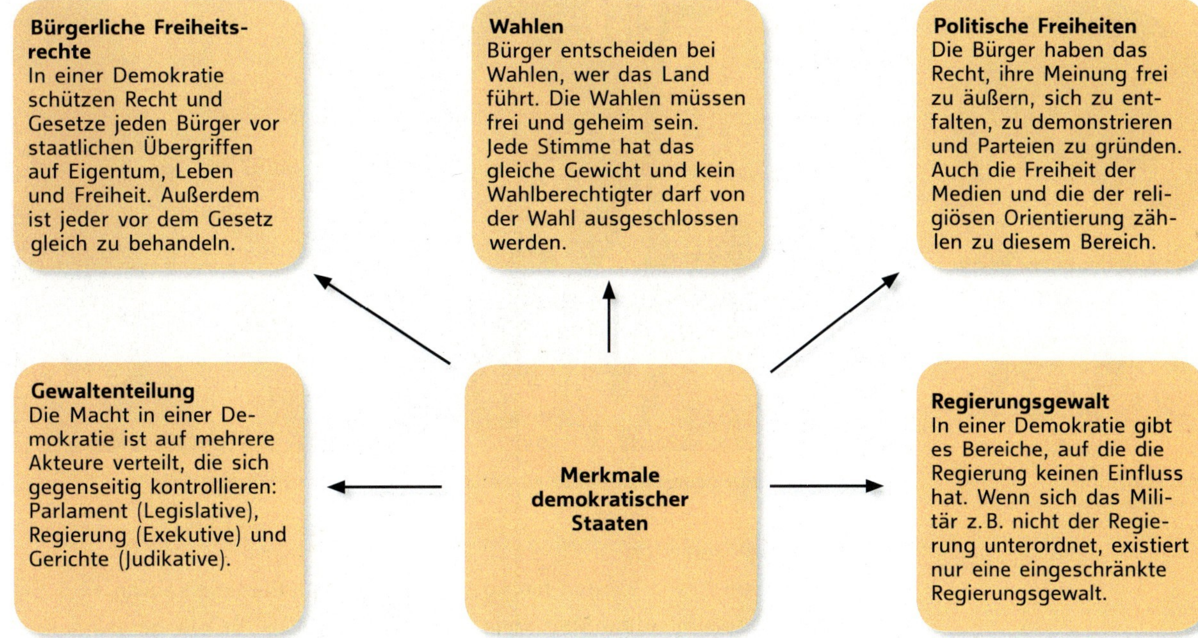

M5 *Demokratische Merkmale Deutschlands, die im Grundgesetz geregelt sind*

Das Grundgesetz begrenzt die Macht des Parlamentes

Das Grundgesetz ist die Verfassung der Bundesrepublik Deutschland. In unserer Verfassung ist festgelegt, dass alle Macht vom Volk ausgeht. Sie wird den Parlamenten für die Dauer einer Wahlperiode übertragen.

Die Macht des Parlamentes ist durch das Grundgesetz eingeschränkt. Das Parlament kann kein Gesetz beschließen, das den Verfassungsgrundsätzen nicht entspricht. Damit können die Grundrechte vom Parlament nicht außer Kraft gesetzt werden.

Im Grundgesetz sind die **Grundrechte** für jeden Bürger verankert (Artikel 1 – 19).

Artikel 1 (1) Die Würde des Menschen ist unantastbar.
Artikel 2 (1) Jeder hat das Recht auf die freie Entfaltung seiner Persönlichkeit.
Artikel 3 (1) Alle Menschen sind vor dem Gesetz gleich.
Artikel 4 (1) Die Freiheit des Glaubens, des Gewissens und die Freiheit des religiösen und weltanschaulichen Bekenntnisses sind unverletzlich.
Artikel 5 (1) Jeder hat das Recht, seine Meinung [...] frei zu äußern.

M6 *Auszug aus dem Grundgesetz*

4 Wähle dir einen Artikel aus dem Grundgesetz aus und stelle die Bedeutung für dich dar (M6).

5 Ordne die Artikel 1 – 5 des Grundgesetzes demokratischen Merkmalen Deutschlands zu (M5, M6).

6 Bewertet den Umstand, dass das Parlament die Grundrechte nicht bzw. nur sehr schwer außer Kraft setzen kann.

7 Diskutiert, was für euch zu einer Demokratie gehört (M3).

M1 *Mach mit!*

M2 *Demonstration gegen das Polizeiaufgabengesetz (PAG) in München (2018)*

Bürger engagieren sich

Wahlen und Demokratie werden häufig gleichgesetzt. Zweifelsohne sind freie Wahlen die wesentliche Voraussetzung für eine Demokratie. Zu einer Demokratie gehört jedoch auch eine funktionierende **Zivilgesellschaft**. Das ist die Gesamtheit aller Bürger, die Mitglied in einer Partei, einem Verein, einer Umweltschutz- oder Hilfsorganisation sowie anderen Gruppierungen wie Bürgerinitiativen sind. Sie engagieren sich für ein gemeinsames Ziel. Auch der kurzzeitige Einsatz für eine bestimmte Sache, zum Beispiel während einer Demonstration, zählt dazu. Wichtig ist die Unabhängigkeit der beteiligten Bürger von Wirtschaft und Staat. Auch die Gemeinnützigkeit ist ein Kennzeichen der Aktivitäten der Zivilgesellschaft.

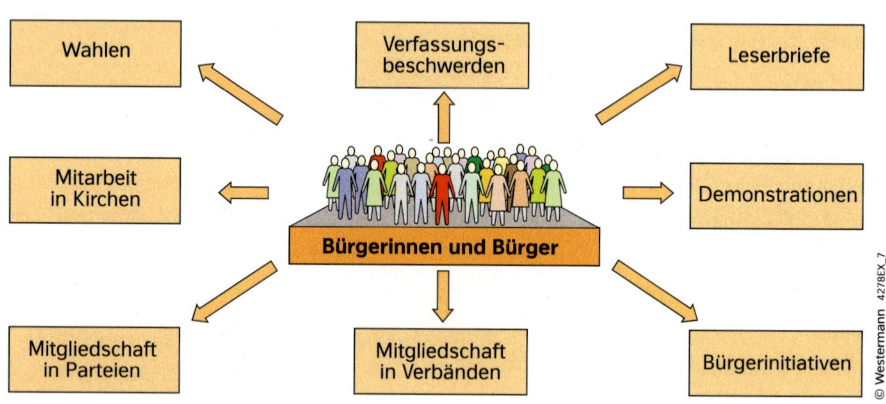

M3 *Bürger gestalten mit.*

1. Nenne Möglichkeiten, sich in einer Demokratie zu engagieren (M1 – M3).

2. (M) Erkläre anhand von Beispielen die Einflussnahme von Bürgern in einer Demokratie (M1 – M3).

3. „Großer öffentlicher Druck auf Politiker kann Veränderungen herbeiführen, weil ... .“ Vervollständige und erkläre den Satz.

Wegen der schlechten Erfahrungen mit Volksabstimmungen in der Weimarer Republik sieht das Grundgesetz auf Bundesebene eine reine Demokratie vor.

Die Menschen interessieren sich in einer direkten Demokratie mehr für die Politik und informieren sich besser.

Demokratie heißt Regierung durch das Volk und für das Volk. Das Volk sollte auch entscheiden können, wo es langgeht.

Politische Probleme sind kompliziert, sie lassen sich oft nicht einfach in eine Ja-/Nein-Abstimmungsvorlage pressen.

Wenn Bürger selbst entscheiden (müssen) und dadurch direkt in die Verantwortung genommen werden, sind sie eher bereit, eventuelle negative Folgen zu tragen.

M4 *Pro und kontra Volksabstimmung*

Bürger entscheiden mit

Häufig sind Bürger unzufrieden mit politischen Entscheidungen, zum Beispiel bei Großbauprojekten. Diese oft teuren Vorhaben sind häufig eine Belastung für die Anwohner. Das bringt sie dazu, auf die Straße zu gehen und gegen diese Zustände zu demonstrieren oder Bürgerinitiativen zu gründen. Sie bringen ihr Anliegen in die Öffentlichkeit. Freie Medien berichten darüber und mehr Menschen schließen sich den Forderungen der Bürger an. Großer öffentlicher Druck auf Politiker kann Veränderungen herbeiführen. Im Februar 2019 startete in Bayern das Volksbegehren „Rettet die Bienen“ zum Schutz von einheimischen Tieren, Wiesen und Wäldern. Im März 2019 ging das entstandene Gesetz in den Landtag.

1. Phase: Einzelne Bürger
Kritik an politischen Planungen, Maßnahmen oder Verhältnissen; Suchen von Gleichgesinnten
↓
2. Phase: Gründung einer Bürgerinitiative
Schaffung einer Organisation; Öffentlichkeitsarbeit, z. B. Mitgliederwerbung, Leserbriefe, Zeitungsanzeigen, Gutachten von Experten, Veranstaltungen
↓
3. Phase: Reaktion der Politiker

Lösung, Kompromiss → Bürgerinitiative löst sich auf

oder

Ablehnung → Fortsetzung der Aktionen

M5 *Bürgerinitiative*

Regierung beschließt Ausstieg aus der Atomenergie

Kita-Gebühren abschaffen

Parlament beschließt eine Verlängerung des Mandats für den Einsatz der Bundeswehr in Krisengebieten

Rettet die Bienen

Kabinett beschließt Einschnitte im Sozialbereich

Mehr Videoüberwachung in der Fußgängerzone

M6 *Zeitungsschlagzeilen*

4 Nennt Ziele, für die ihr euch einsetzen würdet. Bedenkt, dass das Ziel gemeinnützig sein muss (M6).

5 Ordne die Aussagen zur Volksabstimmung nach Pro- oder Kontra-Argumenten (M4).

6 Beurteilt, wie sich der einzelne Bürger in einer demokratischen Gesellschaft einbringen kann (M5).

7 Informiert euch über aktuelle Volksbegehren und Bürgerinitiativen (M6, Internet).

M1 *Stimmabgabe im Wahllokal*

So wird gewählt

Bei der Bundestagswahl hat jeder Wähler zwei Stimmen. Mit der **Erststimme** wählt er in seinem Wahlkreis eine Person. Der Wahlkreis ist ein festgelegtes Gebiet, zum Beispiel dein Landkreis oder in Großstädten dein Stadtteil. Die Person, die die meisten Stimmen hat, geht als Abgeordnete ins Parlament.
Sehr wichtig ist die **Zweitstimme**. Mit ihr entscheidet sich der Wähler für die Kandidatenliste einer **Partei**. Das ist ausschlaggebend für die Verteilung der Sitze im Deutschen **Bundestag**.

(1) Die Abgeordneten des Deutschen Bundestages werden in allgemeiner, unmittelbarer, freier, gleicher und geheimer Wahl gewählt.

„Allgemein" bedeutet:
Bei der Bundestagswahl dürfen alle wählen, die mindestens 18 Jahre alt, mündig und deutsche Staatsbürger sind.

„Unmittelbar" bedeutet:
Die Wählerstimmen werden direkt für die Zuteilung der Abgeordnetensitze verwendet. Es werden keine Wahlfrauen und Wahlmänner zwischengeschaltet.

„Frei" bedeutet:
Die Wählerinnen und Wähler haben die freie Auswahl zwischen mehreren Kandidaten und Parteien. „Frei" bedeutet auch, die Freiheit zu haben, an der Wahl nicht teilzunehmen.

„Gleich" bedeutet:
Jede abgegebene Stimme hat das gleiche Gewicht. Das bedeutet, dass der Wert der Stimme nicht von Besitz, Einkommen, Steuerleistung, Bildung, Religion, Geschlecht und anderem abhängig ist.

„Geheim" bedeutet:
Die Wahlberechtigten geben ihre Stimme ohne Namensnennung in einer Wahlkabine ab. Anschließend werfen sie den Stimmzettel im Briefumschlag in eine Wahlurne. Niemand darf den Zettel kontrollieren.

M2 *Rechtsgrundsätze demokratischer Wahlen*

1. Erkläre den Unterschied zwischen der Erst- und Zweitstimme (M3).

2. Begründe, warum es bei einer demokratischen Wahl mehrere Kandidaten geben muss (M3).

3. a) Beschreibt die Grundsätze, die bei demokratischen Wahlen in Deutschland gelten (M2).
   b) Vergleicht diese Wahlgrundsätze mit denen in anderen demokratischen Staaten (Internet).

M3 *Stimmzettel zur Bundestagswahl*

5 %

Viele Parteien, die zur Wahl antreten und Stimmen bekommen, können keine Abgeordneten in den Bundestag schicken. Sie scheitern an der Fünf-Prozent-Hürde: Nach einer Wahl werden nur diejenigen Parteien bei der Vergabe von Parlamentssitzen berücksichtigt, die mindestens fünf Prozent der abgegebenen Stimmen erhalten haben. Damit wird verhindert, dass viele verschiedene Abgeordnete von zahlreichen kleine Parteien im Bundestag einziehen und die Bildung einer Regierung erschwert wird. Eventuell errungene Direktmandate verbleiben einer Partei auch dann, wenn sie an der Fünf-Prozent-Hürde scheitert.

M5 *Die Fünf-Prozent-Hürde*

M4 *Nina Fritsch wählt – aber vieles ist hier nicht korrekt.*

4 Versetzt euch in die Situation von Nina Fritsch (M4).

a) Erklärt dem Wahlhelfer, gegen welche Rechtsgrundsätze er verstößt.

b) Antwortet der älteren Dame und erklärt ihr eure Antwort.

c) Nehmt Stellung zu der Wahlaufforderung und dem Aushang.

5 Nimm Stellung: Verstößt die Fünf-Prozent-Hürde gegen den Rechtsgrundsatz demokratischer Wahlen? (M5)

M1 *Karikatur*

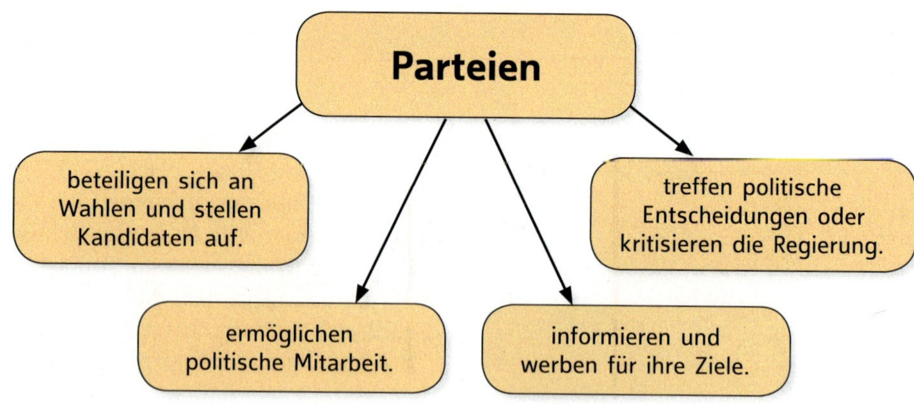

M2 *Aufgaben der Parteien*

Bunte Parteienlandschaft

Bürger haben unterschiedliche Interessen und Ziele. Menschen mit ähnlichen politischen Ansichten und Zielen schließen sich in einer Partei zusammen, um die Politik in ihrem Sinne zu beeinflussen. Sie erstellen ein Parteiprogramm, in dem sie ihre Vorstellungen zusammenfassen.

Da jede politische Organisation einen anderen Schwerpunkt hat, gibt es viele verschiedene Parteien. Manchmal ist eine Partei auch nur in einem Bundesland vertreten. In Deutschland gibt es derzeit über 40 Parteien, aber nur wenige große sind im Bundestag vertreten.

Das Ziel jeder Partei ist es, möglichst viele Wählerstimmen zu gewinnen. In den Wochen vor einer Wahl stellen sich die Parteien mit ihren Kandidaten den Fragen von Journalisten.

Viele Bürger stehen den Parteien kritisch gegenüber. Nur etwa drei Prozent der Bevölkerung sind Mitglied einer Partei.

Artikel 21 [Parteien]

(1) Die Parteien wirken bei der politischen Willensbildung des Volkes mit. Ihre Gründung ist frei. Ihre innere Ordnung muss demokratischen Grundsätzen entsprechen. Sie müssen über die Herkunft und Verwendung ihrer Mittel sowie über ihr Vermögen öffentlich Rechenschaft geben.

(2) Parteien, die nach ihren Zielen oder nach dem Verhalten ihrer Anhänger darauf ausgehen, die freiheitliche demokratische Grundordnung zu beeinträchtigen oder zu beseitigen oder den Bestand der Bundesrepublik Deutschland zu gefährden, sind verfassungswidrig. [...]

(3) [und] sind von staatlicher Finanzierung ausgeschlossen.

M3 *Auszug aus dem Grundgesetz*

1. Liste die Aufgaben von Parteien auf (M2).
2. Begründe die Notwendigkeit von Parteien (M3).
3. Werte die Karikatur aus (M1, vgl. Methode S. 203).
4. Begründet, weshalb nur wenige Menschen Mitglied einer Partei sind.

M4 *Wahlplakate zur Landtagswahl in Bayern (2018) – Plakate der Parteien im Landtag*

Bei der bayerischen Landtagswahl 2018 angetretene Parteien
(entsprechend der Reihenfolge auf den Stimmzetteln) CSU, SPD, Freie Wähler, Grünen, FDP, Die Linke, BP, ÖDP, Piraten, Die Franken, AfD, LKR, mut, Die Humanisten, Die Partei, Gesundheitsforschung, Tierschutzpartei, V-Partei[3]

Wahlplakate überall

Mit Wahlplakaten bezwecken die Parteien, dass die Bürger ihnen Aufmerksamkeit schenken.
Der erste Eindruck ist besonders wichtig. Das Plakat soll sich einprägen und mit der Partei in Verbindung gebracht werden. Auf einem Plakat wird die Aufmerksamkeit häufig auf ein Thema gerichtet. Die Parteien überlegen sich, durch welches Thema man die Wähler erreichen kann (Botschaft) und wie das Plakat auffällt. Im Vordergrund können Personen, Bilder oder eine grafische Gestaltung stehen.
Wahlplakate richten sich mit ihren Aussagen häufig an eine bestimmte Gruppe in der Gesellschaft.

Drei Schritte zur Untersuchung eines Wahlplakates

1. Der Gesamteindruck
Wähle ein Wahlplakat zu einer aktuellen Bundestagswahl oder Landtagswahl aus und schließe für einen Moment deine Augen.
Woran erinnerst du dich?
Warum hast du dieses Plakat ausgewählt?
Findet es deine Zustimmung oder lehnst du es ab?

2. Die Gestaltung des Wahlplakates
Welche Themen werden auf dem Plakat herausgestellt?
Gibt es einen Slogan?
Fallen Personen, Bilder oder die Schrift als Erstes ins Auge?
Welche Farbgestaltung wurde gewählt?
Wie wird das Logo der Partei in das Plakat einbezogen?

3. Die Zielgruppe
Welche Wählergruppe will das Plakat ansprechen?

5 a) Wählt eine Partei aus und recherchiert ihr Parteiprogramm (Internet).
b) Stellt euer Ergebnis der Klasse vor.

6 Betrachtet die Plakate und beschreibt, worauf sie aufmerksam machen (M4).

7 Erstellt ein Wahlplakat zu einem aktuellen politischen Thema.

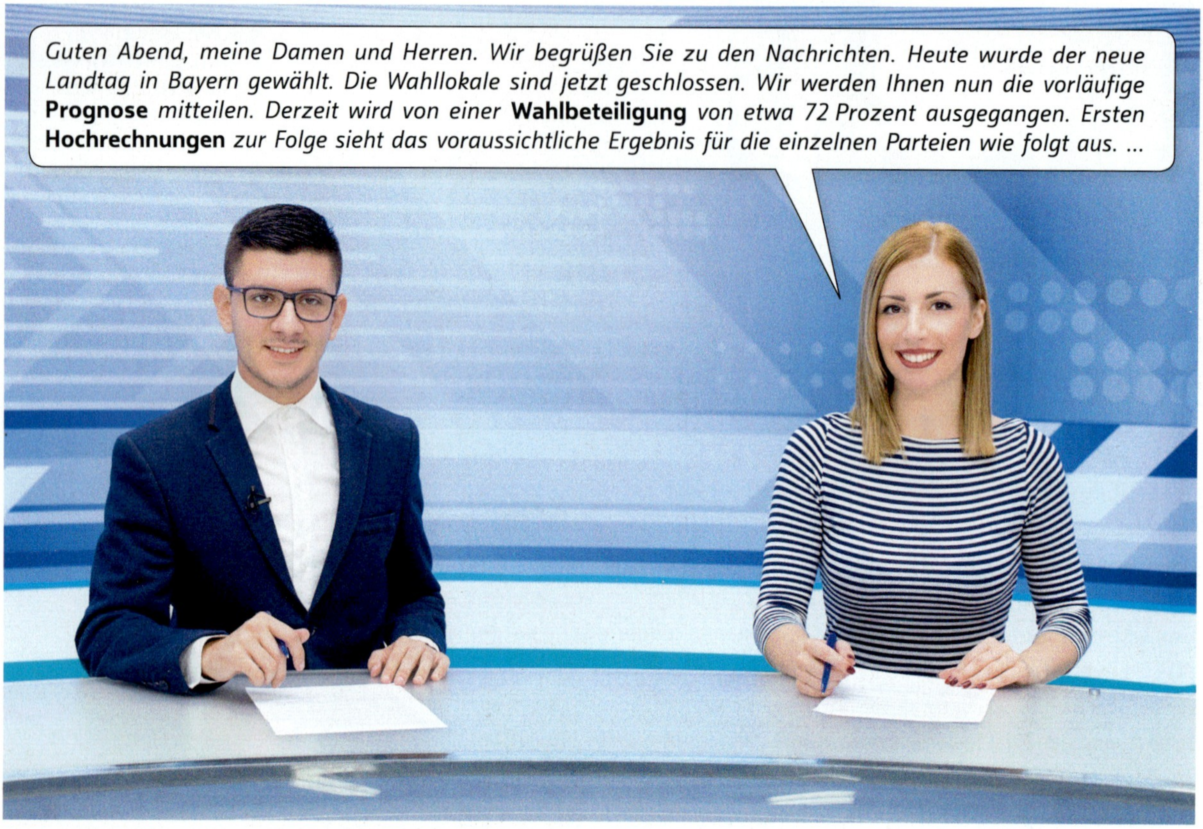

Guten Abend, meine Damen und Herren. Wir begrüßen Sie zu den Nachrichten. Heute wurde der neue Landtag in Bayern gewählt. Die Wahllokale sind jetzt geschlossen. Wir werden Ihnen nun die vorläufige **Prognose** *mitteilen. Derzeit wird von einer* **Wahlbeteiligung** *von etwa 72 Prozent ausgegangen. Ersten* **Hochrechnungen** *zur Folge sieht das voraussichtliche Ergebnis für die einzelnen Parteien wie folgt aus. ...*

M1 *Berichterstattung zur Landtagswahl in Bayern (2018)*

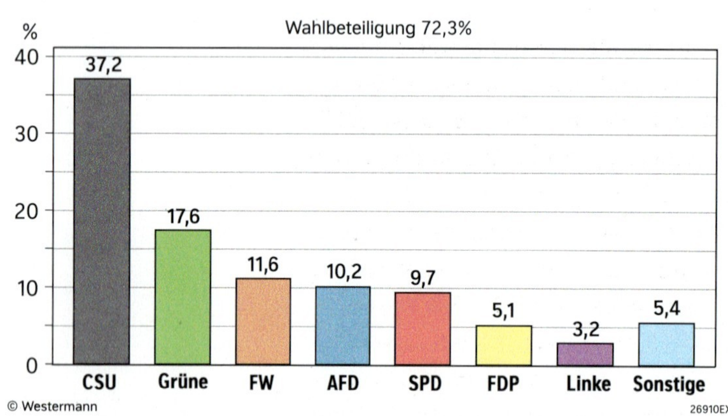

M2 *Ergebnis der Landtagswahl in Bayern (2018)*

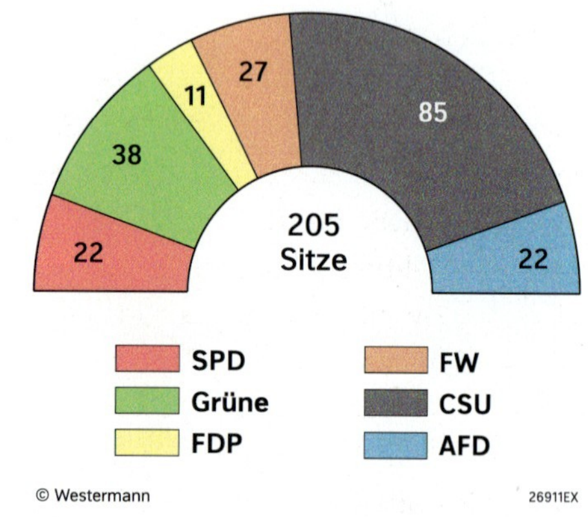

M3 *Sitzverteilung im Bayerischen Landtag*

1 a) Bestimme die Wahlbeteiligung zur Landtagswahl 2018 (M2).
b) Werte M2 und M3 aus.

2 Diskutiert, weshalb bei der Landtagswahl 2018 sehr viele Menschen zur Wahl gingen (M2).

3 Informiert euch über die letzten Landtagswahlen (Internet).
a) Vergleicht die Ergebnisse der letzten drei Landtagswahlen (M2).
b) Nennt Gemeinsamkeiten und Unterschiede in der Sitzverteilung der einzelnen Parteien (M3).

M4 *Wer regiert denn jetzt?*

Die Regierung wird gebildet

Am Wahlabend spricht der Vorsitzende der stärksten Partei davon, Gespräche mit anderen Parteien zu führen. Das Ziel ist, die Möglichkeiten für eine **Koalition** zu prüfen. Er spricht davon, dass er mit der Partei in Koalitionsverhandlungen tritt, mit der es die meisten Übereinstimmungen gibt. Findet sich bei der Regierungsbildung keine Mehrheit, kann eine Partei auch eine Minderheitsregierung bilden.
Bei Bundestagswahlen wird außerdem durch die Abgeordneten des Bundestages der **Bundeskanzler** gewählt. Er wird anschließend vom Bundespräsidenten, dem Staatsoberhaupt der Bundesrepublik Deutschland, ernannt. Die Macht ist vom Grundgesetz begrenzt. Der Bundeskanzler sowie die Minister bilden die **Bundesregierung**. Der Bundestag beschließt die Gesetze. Dabei ist die Regierung bei Abstimmungen auf eine Mehrheit im Bundestag angewiesen. Häufig stimmt die **Opposition** aber gegen Gesetzesvorlagen der Regierung.

4 Beschreibe, wie es vom Wahlergebnis zur Regierungsbildung kommt (M4).

5 Analysiere, mit welcher Partei du die meisten Übereinstimmungen hast (Internet, Wahlomat).

6 Ermittelt, welche Parteien aktuell in der Regierung sind:
a) in der Bundesrepublik Deutschland.
b) in Bayern.
c) in eurer Gemeinde (Internet).

M1 *Reichstag in Berlin – Sitz des Bundestages*

Wer macht welche Gesetze?
Der Bund erlässt zum Beispiel Gesetze und Verordnungen über:
- Verträge mit anderen Staaten
- Bundeswehr
- Staatsangehörigkeit
- Kindergeld
- Zölle und Außenhandel
- Zulassung von Arzneimitteln
- Jugendschutz
- Autobahnbau

Die Aufgaben des Bundestages

Der Bundestag ist die aus Wahlen hervorgegangene Vertretung des deutschen Volkes (Parlament). Die Mitglieder des Bundestages werden für vier Jahre gewählt. Sie sind Abgeordnete des ganzen Volkes und nur ihrem Gewissen verpflichtet.

Die wichtigste Aufgabe des Bundestages ist es, über Gesetze zu beraten und sie zu beschließen. Zudem wählt der Bundestag den Bundeskanzler. Tagungsort für die Plenarsitzungen ist das Reichstagsgebäude in Berlin.

Die Arbeit der Abgeordneten findet in Plenarsitzungen und in Treffen der Parteien, **Fraktionen**, Arbeitsgruppen und Ausschüssen statt. Dort entwickeln sie die Gesetzesvorlagen, über die in den Plenarsitzungen beraten und abgestimmt wird. In der Regel unterstützen die Mitglieder der Regierungskoalition die von ihr eingebrachten Gesetzesvorhaben.

1. Liste die Aufgaben des Bundestages auf.
2. Benenne die Hauptstädte der Bundesländer (M2, Atlas).
3. Erkläre den Unterschied zwischen Bundestag und Bundesrat.
4. Erkläre die Überschrift „Bundesländer nehmen Einfluss“.

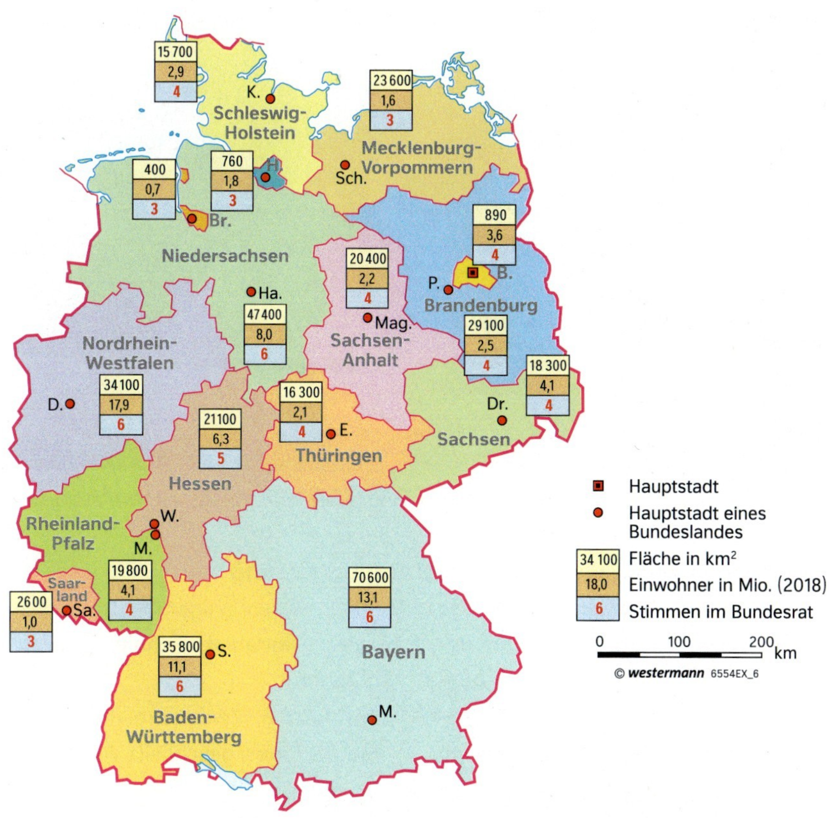

M2 *Bundesländer und ihre Stimmenverteilung im Bundesrat*

Bundesrat

Der Bundesrat ist die Interessenvertretung der Länder auf Bundesebene und das Gegengewicht zu Bundesregierung und Bundestag.
Jedes Bundesland hat mindestens drei Stimmen im Bundesrat. Länder mit mehr als zwei Millionen Einwohnern haben vier Stimmen, mit mehr als sechs Millionen Einwohnern fünf Stimmen und mit mehr als sieben Millionen Einwohnern sechs Stimmen. Die Stimmen eines Landes können nur geschlossen abgegeben werden.

Bundesländer nehmen Einfluss

In der Bundesrepublik Deutschland nehmen sowohl der Bund als auch die Länder Aufgaben der Gesetzgebung wahr. Die Verteilung der Aufgaben zwischen ihnen regelt das Grundgesetz.
Über den **Bundesrat** können die Länder auf die Gesetzgebung Einfluss nehmen. Im Bundesrat sind Mitglieder der Länderregierungen vertreten. Bei bestimmten Gesetzen ist die Zustimmung des Bundesrates erforderlich. Wird sie verweigert, ist der Gesetzentwurf gescheitert. Welche Gesetze zustimmungsbedürftig sind, regelt das Grundgesetz. Beispiele für „Zustimmungsgesetze" sind die grundsätzliche Verteilung der Steuern, Post- und Fernmeldewesen und Abwehr von Terrorismus. Bei den anderen Gesetzesvorhaben hat der Bundesrat lediglich ein Einspruchsrecht. Dieser Einspruch kann durch eine erneute Abstimmung im Bundestag zurückgewiesen werden.

Wer macht welche Gesetze?

Das Land erlässt zum Beispiel Gesetze und Verordnungen über:
- Einstellung von Lehrkräften
- Lerninhalte für die Schulen (Lehrpläne)
- den Einsatz der Polizei
- den Strafvollzug
- Hörfunk und Fernsehen

5 Bremen hat 0,7 Mio. Einwohner und drei Stimmen im Bundesrat, Bayern hat 13,1 Mio. Einwohner und sechs Stimmen im Bundesrat. Nimm Stellung zur Stimmenverteilung (M2).

6 Recherchiert ein Beispiel mit gegensätzlichen Interessen von Bund und Ländern (Internet).

M1 *Gab es bisher meist nur einen Computerraum an der Schule, so könnte in Zukunft jede Klasse mit Tablets arbeiten.*

Der Weg eines Gesetzes: Fallbeispiel Digitalisierung

Vor einigen Jahren war eine Recherche nur in der Bibliothek oder am Computer zu Hause möglich. Viele Schulen hatten meist nur einen Computerraum mit wenigen Computern ohne Drucker und ein schlecht funktionierendes Internet. Ein sinnvolles Arbeiten am Schulcomputer war fast nicht möglich.

Inzwischen leben wir in einer Welt, in der jeder Zugang zu digitalen Medien braucht, um zum Beispiel Erfolg in der Arbeitswelt zu haben. Deshalb haben Politik und Wirtschaft den „DigitalPakt Schule" angeregt, mit dem Schulen in Deutschland bis Ende 2018 besser digital ausgestattet werden sollen.

Das Gesetz zur Digitalisierung wurde von der Bundesregierung schnell beschlossen. Aber das Thema Bildung und die Finanzierung des Schulwesens ist laut Grundgesetz Sache der einzelnen Bundesländer. Deshalb waren einige Schritte notwendig, bis der „DigitalPakt Schule" in Kraft treten konnte:

- 29.11.2018: Zweidrittel-Mehrheit des Bundestages beschließt Änderung des Grundgesetzes.
- 14.12.2018: Bundesländer rufen Vermittlungsausschuss an.
- 20.02.2019: Vermittlungsausschuss legt Einigungsvorschlag zwischen Bundesrat und Bundestag vor.
- 21.02.2019: Bundestag stimmt mit Zweidrittel-Mehrheit zu.
- 15.03.2019: Bundesrat stimmt mit Zweidrittel-Mehrheit zu.

Der Bund übernimmt die Finanzierung des „DigitalPakt Schule" und die einzelnen Bundesländer sind für die Umsetzung zuständig. Wenn die letzten Verwaltungshürden genommen sind, können die Schulen neu ausgestattet werden.

1. Listet auf, welche digitalen Medien euch in der Schule und zu Hause
   a) zur Verfügung stehen
   b) und wie ihr sie nutzt.

2. Erkläre, warum der „DigitalPakt Schule" nicht direkt im Jahr 2018 in Kraft trat.

3. ↗ Überprüft den Stand des Gesetzes „DigitalPakt Schule" und seine Umsetzung an eurer Schule.

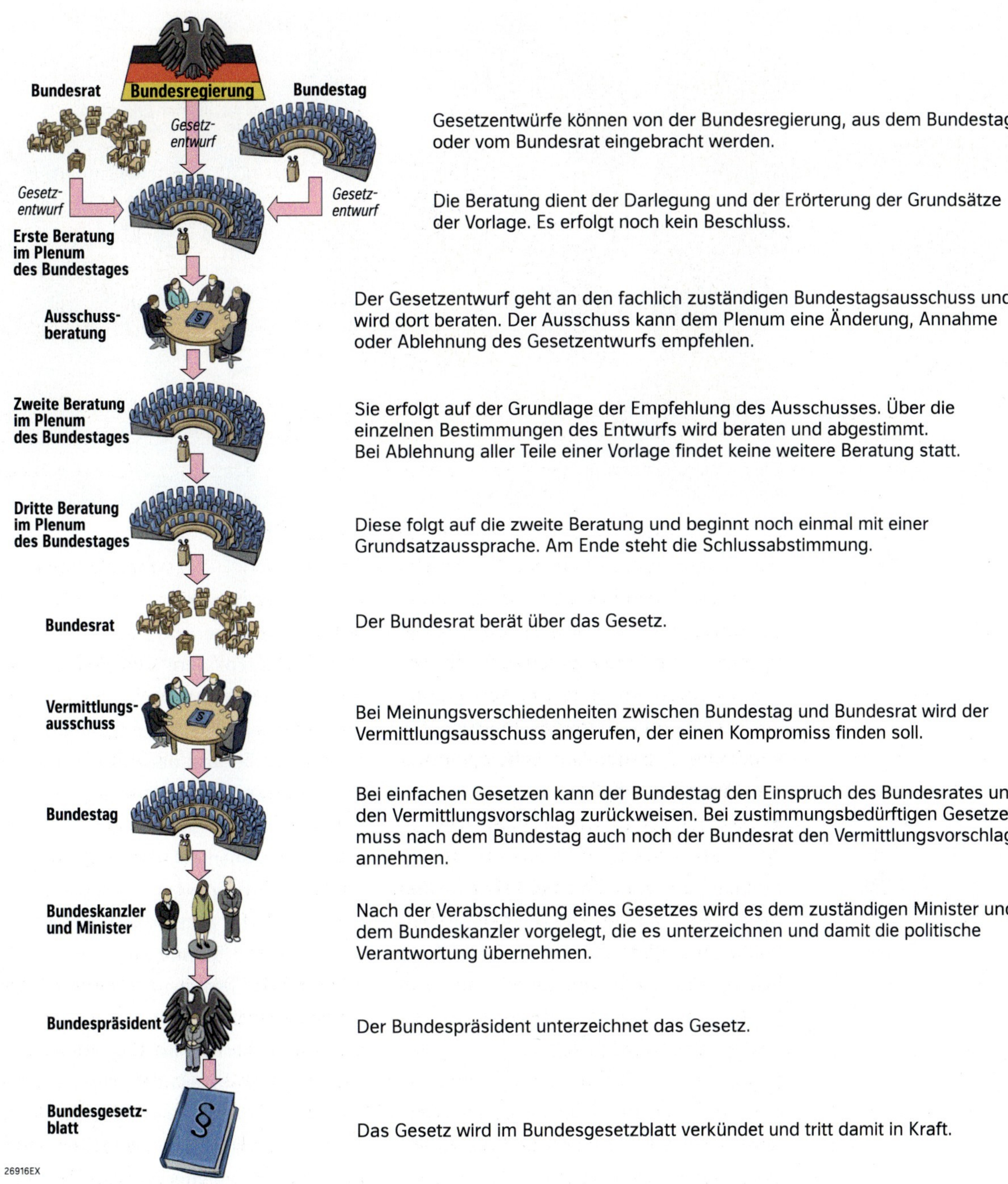

M2 *Der Weg eines Bundesgesetzes*

4 Beschreibt, welche Stationen des Gesetzgebungsverfahrens der „DigitalPakt Schule“ durchlaufen hat (M2).

5 (M) Erläutere die Positionen, an denen ein Gesetz scheitern kann (M2).

6 a) Recherchiert zu einem aktuellen Gesetzgebungsverfahren (Internet).
b) Erläutert, in welchem Stadium es sich befindet (M2).
c) Präsentiert eure Ergebnisse.

Bundespräsident
Der Bundespräsident ist das Staatsoberhaupt Deutschlands. Er hat jedoch keine Regierungsmacht. Diese Einschränkung wurde im Grundgesetz als Reaktion auf den Machtmissbrauch im Präsidentenamt in der Weimarer Republik verankert.
Der Bundespräsident prüft, unterzeichnet und verkündet Bundesgesetze. Zu seinen Aufgaben zählen Vorschlag, Ernennung und Entlassung des Bundeskanzlers, der Bundesminister und Bundesrichter. Er vertritt Deutschland nach außen.

M2 *Bundeskabinett (2018)*

Verfassungsorgane Deutschlands: die Bundesregierung

Die obersten Einrichtungen in der Bundesrepublik Deutschland sind durch das Grundgesetz festgelegt und ihre Rechte und Pflichten werden in der Verfassung genau beschrieben. Zu den fünf Verfassungsorganen gehören der Bundestag, die Bundesregierung, der Bundesrat, der Bundespräsident und das Bundesverfassungsgericht.
Ein Verfassungsorgan ist die Bundesregierung, die aus dem Bundeskanzler und den Bundesministern besteht. Der Bundeskanzler bestimmt die Richtlinien der gemeinsamen Politik und die Bundesminister sind für einen bestimmten Bereich der Politik zuständig. Wenn es zum Beispiel um Unterstützung von Familien oder um die Versorgung älterer Menschen geht, beschäftigt sich vor allem der Bundesminister für Familie, Senioren, Frauen und Jugend mit diesen Fragen.
Die Aufgabe der Bundesregierung ist es, Gesetze auszuführen (Exekutive) oder neue Gesetze vorzuschlagen.

Artikel 62
Die Bundesregierung besteht aus dem Bundeskanzler und aus den Bundesministern.
Artikel 63
(1) Der Bundeskanzler wird auf Vorschlag des Bundespräsidenten vom Bundestage ohne Aussprache gewählt.
(2) Gewählt ist, wer die Stimmen der Mehrheit der Mitglieder des Bundestages auf sich vereinigt. Der Gewählte ist vom Bundespräsidenten zu ernennen.

M1 *Auszug aus dem Grundgesetz*

1 a) Liste die fünf Verfassungsorgane auf.
b) Nenne die Aufgaben des Bundespräsidenten (Info).

2 Beschreibe die wichtigsten Aufgaben der Bundesregierung.

3 Erstellt Steckbriefe zu den Bundesministern (M2, Internet).

4 Erkläre, wie die Wahl der Bundesregierung rechtlich geschützt ist (M1).

M3 *Die Richter des Bundesverfassungsgerichtes bei der Verkündung eines Urteils*

Das Bundesverfassungsgericht

Das Bundesverfassungsgericht in Karlsruhe ist die höchste richterliche Instanz in Deutschland und wacht darüber, dass das Grundgesetz der Bundesrepublik Deutschland von allen eingehalten wird. Das Bundesverfassungsgericht kann eingeschaltet werden, wenn man davon überzeugt ist, dass der Staat die eigenen Gesetze nicht einhält. Da das Bundesverfassungsgericht auch die staatliche Macht kontrolliert, ist es von allen Verfassungsorganen unabhängig und seine Entscheidungen sind verbindlich. Zum Beispiel kann die Bundesregierung ein Gesetz vorschlagen. Wenn dieser Vorschlag aber nicht dem Grundgesetz entspricht, muss er so geändert werden, dass er mit dem Grundgesetz übereinstimmt.

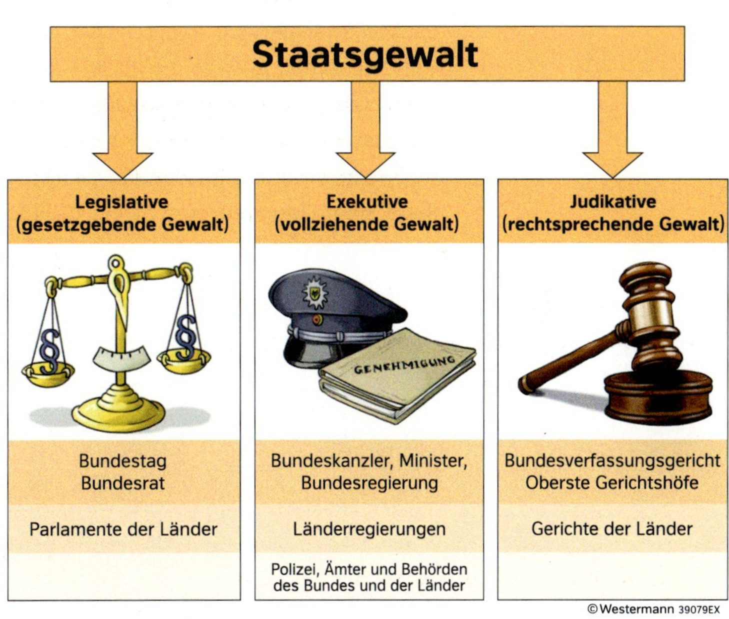

M4 *Gewaltenteilung in Deutschland*

5 Ordne die Bilder M2 und M3 sowie die folgenden Begriffe jeweils der passenden „Gewalt“ zu: Gericht, Gesetze ausführen, Polizei, Richter, Gesetze beschließen, Recht sprechen, Bundespräsident.

6 a) Erklärt die Idee der Gewaltenteilung.
b) Erörtert, weshalb eine Teilung der Gewalten und eine gegenseitige Kontrolle wichtig sind.

M1 *Wie kommt das denn?*

M3 ...

Stell dir vor, es gibt Wahlen und keiner geht hin...

Die geringe Wahlbeteiligung bei den Bundestagswahlen und bei den meisten Landtagswahlen wird damit erklärt, dass viele Menschen meinen, Politik sei ihnen zu schwierig oder zu langweilig (Politikverdrossenheit). Doch von einer allgemeinen Politikverdrossenheit kann nicht die Rede sein. Dagegen spricht ein großes Engagement bei allen Themen, die die Menschen in ihrem direkten Umfeld betreffen. Hier steigt das Interesse und die Menschen engagieren sich in Bürgerinitiativen oder bei Demonstrationen. Viele sind bereit, in einem Projekt mitzuarbeiten. Weniger groß ist die Bereitschaft, sich an eine Partei oder an eine andere gesellschaftliche Gruppe zu binden.

Viele Wissenschaftler haben die Frage untersucht, ob die abnehmende Wahlbeteiligung den radikalen Parteien hilft. Dafür spricht, dass die Anhänger radikaler Parteien von ihren Ansichten überzeugt sind und ihren Protest am Wahltag unbedingt artikulieren wollen. Es wird daher vermutet, dass die Anhänger radikaler Parteien eher zur Wahl gehen als Menschen, die zwischen verschiedenen Parteien schwanken.

Bei einer geringen Wahlbeteiligung gewinnen dann vor allem radikale Parteien an Stimmen, weil ihre Wähler gezielt ihre Stimme abgeben.

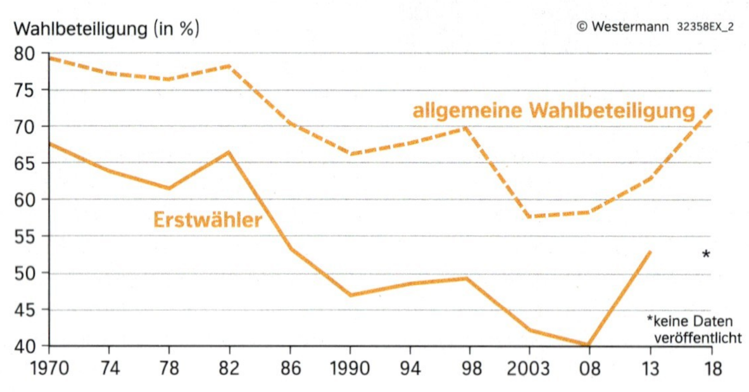

M2 *Wahlbeteiligung bei Bayerischen Landtagswahlen*

1 Projektidee: Befragt Menschen, ob sie an der nächsten Wahl teilnehmen. Notiert Gründe von Nichtwählern. Präsentiert euer Ergebnis.

2 Analysiere die Aussage von M1 in Bezug auf die Statistik M2 (vgl. Methoden S. 201, 203).

3 Diskutiert passende Bildunterschriften zu M3.

Das erste Mal wählen gehen!

Tamara und ihre Freunde sind gerade 18 geworden und dürfen an der nächsten Wahl teilnehmen. Überall heißt es: „Geht wählen!“, aber eigentlich sehen nicht alle einen Grund, zur Wahl zu gehen.

Ich muss momentan für meine Abschlussprüfung lernen, mache meinen Führerschein und gebe alles in meinem Betrieb, um nach meiner Ausbildung übernommen zu werden. Zeit mit meiner Freundin und meinen Freunden will ich auch verbringen. Im Moment sind mir andere Sachen einfach wichtiger als Bundeskanzler und Co.

Es geht immer nur ums Geld! Ich finde es unfair, dass Leute, die viel Geld haben, aus allem rauskommen. Früher habe ich öfter mal gekifft und wurde erwischt. Mir wurde der Mofaführerschein entzogen und ich musste zusehen, dass ich meine Ausbildung nicht verliere. Meinen Führerschein muss ich noch mal machen, habe aber kein Geld dafür. Auch wenn es jetzt eine Partei geben würde, die Cannabis legalisieren würde, würde ich sie nicht wählen.

Bei uns zu Hause interessiert sich niemand für Politik, meine Mutter ist viel zu sehr mit ihren verschiedenen Jobs beschäftigt und meine Freunde beschäftigen sich auch nicht mit Politik. Ich habe keine Ahnung, wie das Ganze funktioniert und will deshalb nicht wählen gehen.

In der Schule bin ich immer froh, wenn wir nicht über irgendwelche Parteien reden müssen, die ja machen, was sie wollen. Es gewinnen sowieso immer die gleichen Parteien. Also warum sollte ich wählen gehen, wenn meine Stimme eh nicht zählt?

Hier darf ich endlich wählen gehen und mein Leben selbst gestalten. Es gibt immer noch viele Länder, in denen man die Politik nicht mitentscheiden darf oder für seine eigene Meinung bestraft wird!

Ich war am Samstag in der Innenstadt und habe dort einige von euren Mitschülern bei der Demo für Klimaschutz gesehen. Ich finde es toll, dass Leute in eurem Alter an die Zukunft der Erde denken. Ältere Generationen wie meine Eltern machen sich wenig Gedanken über unsere Umwelt, aber viele junge Leute wollen wirklich was für unsere Erde tun!

M4 ***Jugendliche und ihre Meinungen zu Wahlen***

4 a) Nenne die Gründe der Jugendlichen, warum sich aus ihrer Sicht Wählen nicht lohnt (M4).
b) Nimm Stellung zu den Argumenten der Jugendlichen.

5 Bewertet die Aussage: „Nichtwähler sind eine Gefahr für die Demokratie.“

6 Diskutiert: Würdet ihr wählen gehen?

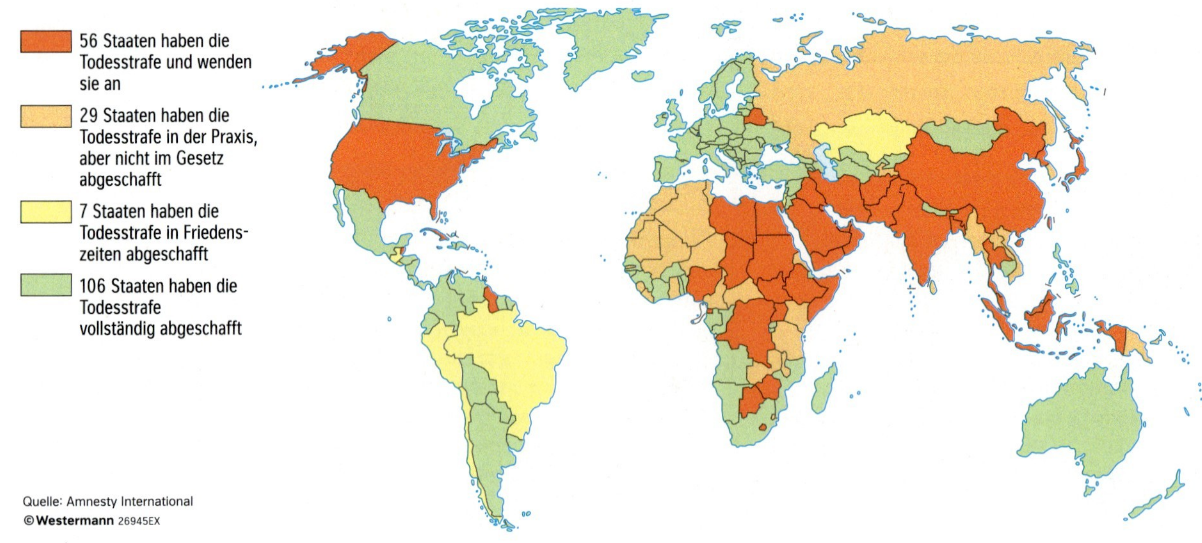

M1 *Todesstrafe in der Welt (2018)*

Jeder Mensch hat Rechte – garantiert?!

Im Jahr 1948 verabschiedeten die Vereinten Nationen (UN) in New York die „Allgemeine Erklärung der Menschenrechte". Vorbild war die „Erklärung der Menschen- und Bürgerrechte" der Französischen Revolution.

Zu den wichtigsten Aufgaben der UN gehören die Sicherung des Weltfriedens und der Schutz der Menschenrechte. Dazu zählen zum Beispiel das Recht zu sagen, was man denkt, nicht unmenschlich behandelt zu werden, und zu glauben, was man für richtig hält.

In der Bundesrepublik Deutschland sind die Menschenrechte durch das Grundgesetz (Artikel 1–19) sowie die Mitgliedschaft in der UN und in der Europäischen Union garantiert.

Allerdings werden die Menschenrechte weltweit nicht überall eingehalten. In einigen Staaten werden auch heute noch die Menschenrechte missachtet.

- Alle Menschen sind frei und gleich an Würde und Rechten geboren.
- Jede Person hat Anspruch auf Rechte und Freiheiten ohne irgendeinen Unterschied, etwa nach Rasse, Hautfarbe, Geschlecht, Sprache, Religion, politischer oder sonstiger Überzeugung, nationaler oder sozialer Herkunft, Vermögen, Geburt oder sonstigem Stand.
- Alle Menschen sind vor dem Gesetz gleich.
- Jeder Mensch hat das Recht, eine Schule zu besuchen.
- Jeder Mensch gilt als unschuldig, bis seine Schuld bewiesen ist.
- Jeder Mensch darf seine Religion frei ausüben.
- Jeder Mensch darf seine Meinung frei äußern.
- Niemand darf gefoltert werden.
- Niemand darf willkürlich verhaftet werden.
- Politisch Verfolgte haben das Recht auf Asyl.

M2 *Auszüge aus der Menschenrechtserklärung der UN von 1948*

1. Nenne Staaten, in denen die Todesstrafe vollzogen wird (M1, Atlas).

2. ↗ Erkläre, warum in den meisten Ländern mit Todesstrafe auch die Menschenrechte nicht eingehalten werden.

3. Berichtet über ein Land, in dem die Menschenrechte nicht eingehalten werden (M2, Internet).

4. Diskutiert, welches Menschenrecht am wichtigsten ist (M2).

M3 *Traditioneller Fastnachtsumzug der Sorben*

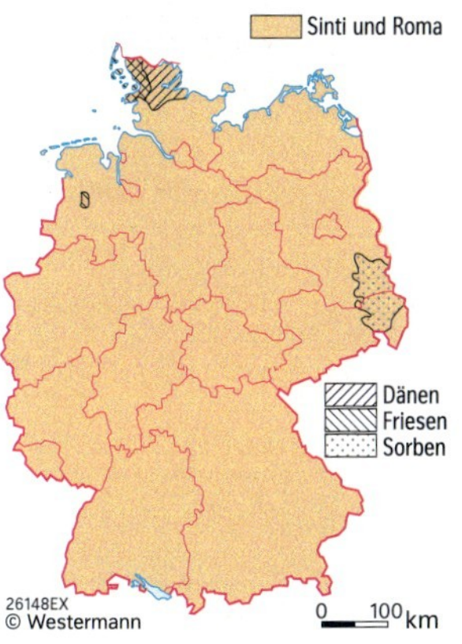

M5 *Nationale Minderheiten in Deutschland*

Minderheiten und ihr Schutz

Als Minderheit gilt eine Bevölkerungsgruppe, die sich durch bestimmte Merkmale von der Bevölkerungsmehrheit unterscheidet. Diese Merkmale sind z. B. die Sprache, Ethnie oder Religion, aber auch die Moralvorstellungen, sexuelle Identität oder soziale Stellung.

Als eine Form von Minderheiten werden nationale Minderheiten angesehen. In Deutschland leben Angehörige von vier nationalen Minderheiten mit eigener Sprache und Kultur. Der Umgang eines Staates mit seinen nationalen Minderheiten zeigt an, inwieweit eine vielfältige Demokratie gelebt wird. Nur wenn nationale Minderheiten akzeptiert, respektiert und auch gefördert werden, kann ihnen ein Leben und Fortbestehen in einem anderen Kulturkreis ermöglicht werden.

Ein Gebot des Staates sollte es sein, diese Minderheiten zu schützen. So werden nationale Minderheiten in Deutschland beispielsweise finanziell unterstützt, um ihre Sprache und Kultur zu erhalten und weitergeben zu können. In Schleswig-Holstein gibt es z. B. Zeitschriften auch in dänischer Sprache.

Artikel 3

(3) Niemand darf wegen seines Geschlechtes, seiner Abstammung, seiner Rasse, seiner Sprache, seiner Heimat und Herkunft, seines Glaubens, seiner religiösen oder politischen Anschauungen benachteiligt oder bevorzugt werden. Niemand darf wegen seiner Behinderung benachteiligt werden.

M4 *Auszug aus dem Grundgesetz*

Minderheiten in Deutschland

In Deutschland leben rund 230 000 Menschen, die zu anerkannten nationalen Minderheiten zählen. Sie pflegen ihre eigene Sprache und Kultur. Die dänische Minderheit wird sogar von einer eigenen Partei im Landtag vertreten.

Ethnie

Als Ethnie wird eine Volks- oder Menschengruppe bezeichnet, die sich aufgrund ihrer gemeinsamen Herkunft, Kultur, Sprache, Religion, Geschichte und Wirtschaftsweise als Gemeinschaft fühlt.

5 a) Stellt eine der nationalen Minderheiten in Deutschland steckbriefartig dar (M3, M5, Internet).
b) Recherchiert zu Minderheiten in anderen Staaten der Erde (Internet).

6 Erkläre, wie der Staat bestimmte Minderheiten schützt (M4).

7 Diskutiert, inwieweit euch Minderheiten im Alltag begegnen.

1. Demokratie in Deutschland
Übertrage das Schaubild in dein Heft. Trage die Merkmale demokratischer Staaten ein.

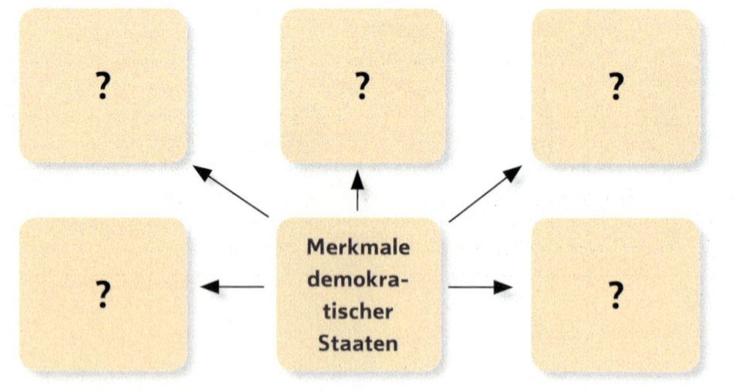

2. Die Zivilgesellschaft
a) Erkläre, was unter Zivilgesellschaft zu verstehen ist.
b) Nenne Möglichkeiten der Einflussnahme von Bürgern.

3. Demokratie und ihre Wähler
Werte die Karikatur aus.

4. Du hast die Wahl!
Beende die Antwort in der rechten Sprechblase.

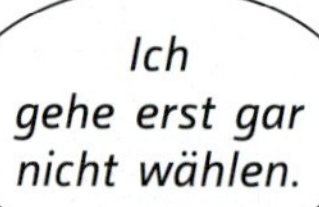

Aber wenn du nicht wählst, ...

5. Wahlen in Deutschland
a) Ergänze die Begriffe. Sie zeigen die Rechtsgrundsätze demokratischer Wahlen auf.
all... , un..., f..., gl... und ge...
b) Erläutere und begründe einen dieser Rechtsgrundsätze genauer.
c) Erkläre, warum es bei einer demokratischen Wahl die Auswahl zwischen mehreren Kandidaten geben muss.

6. Von der Wahl zur Regierung
Notiere die einzelnen Stationen zur Regierungsbildung in der richtigen Reihenfolge in deinem Heft.

Ⓐ Regierung
Ⓑ 5%-Hürde
Ⓒ Abgeordnete
Ⓓ stärkste Partei
Ⓔ Stimmabgabe
Ⓕ Koalition und Opposition
Ⓖ Stimmauszählung
Ⓗ Wahlergebnis

7. Welcher Begriff passt nicht zu den anderen? Begründe deine Wahl.

Exekutive	Legislative	Judikative	Superlative
Gewaltenteilung	Bürgerinitiative	Wahlen	politische Freiheit
öffentlich	frei	allgemein	gleich
Bundesregierung	Opposition	Koalition	Grundgesetz
Bundeskanzler	Landtagsabgeordnete	Bundespräsident	Bundesrat
Demonstration	Verfassungsbeschwerde	Bürgerinitiative	Streik

8. Bund und Bundesländer
Übertrage die Abbildung in dein Heft. Setze folgende Begriffe an der richtigen Stelle ein:
1 Bundesregierung,
2 Landesregierung,
3 Parlamente der Länder,
4 Bundestag/Bundesrat,
5 Bundesverfassungsgericht/ Gemeinsamer Senat,
6 Gerichte der Länder.

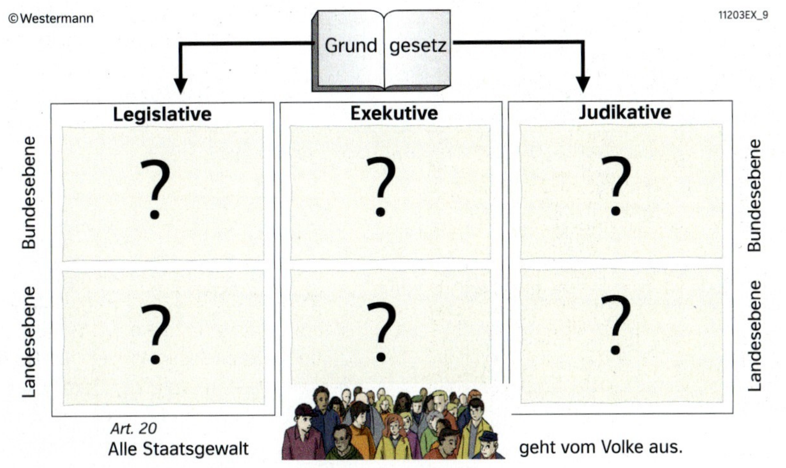

Aufgabe zur Lernkontrolle:
Beschäftige dich selbstständig mit einer Doppelseite dieses Kapitels. Stelle die wichtigsten Aussagen in einer Mindmap, Skizze oder Tabelle dar (vgl. Anhang S. 200–203). Präsentiere deine Ergebnisse vor der Klasse.

Das hast du in diesem Kapitel gelernt: Du kannst ...

- ✓ direkte und repräsentative Demokratie begründen.
- ✓ Länder benennen, in denen die Menschenrechte eingehalten werden.
- ✓ erklären, wie ein Gesetz zustande kommt, und ein aktuelles Fallbeispiel diskutieren.
- ✓ die Aufgaben der verschiedenen Verfassungsorgane der Bundesrepublik Deutschland erklären.
- ✓ Möglichkeiten benennen, wie Bürger Einfluss auf die Politik nehmen können.
- ✓ verschiedene Parteien in der Bundesrepublik Deutschland benennen und ihre Programme miteinander vergleichen.
- ✓ die Zusammensetzung des Landtages oder des Bundestages beschreiben.
- ✓ diskutieren, weshalb es wichtig ist, zur Wahl zu gehen.
- ✓ erklären, wie man in Deutschland wählt.

Erstelle deine Lernkartei zu den wichtigen Begriffen aus diesem Kapitel.

Grundbegriffe:
Abgeordneter
Bundeskanzler
Bundesrat
Bundesregierung
Bundestag
Erststimme
Fraktion
Grundrecht
Hochrechnung
Koalition
Opposition
Parlament
Partei
Prognose
Wahl
Wahlbeteiligung
Zivilgesellschaft
Zweitstimme

Do legst di nieda!
Des wiad richtig schee.
Wir bauen für Sie einen neuen
Bahnhof mit vielen tollen Geschäfte

8 Wir leben in einem Sozialstaat

M1 *In einem Pflegeheim in Deutschland*

M2 *In der Agentur für Arbeit*

◁ **M3** *Armut und Wohlstand vor dem Hauptbahnhof in München*

M1 *Fragen, die uns alle angehen – was passiert, wenn ... ?*

Sozial
Der Begriff wird für eine Gesellschaft verwendet, die sich um die Schwächeren kümmert, um allen Mitgliedern ein menschliches Leben zu ermöglichen.

Deutschland – ein Sozialstaat

Deutschland ist ein **Sozialstaat**. Dies ist im Grundgesetz festgelegt. Als Sozialstaat übernimmt der Staat die **soziale** Grundsicherung seiner Bürger. Nach dem Zweiten Weltkrieg haben die Regierungen – auf der Grundlage der Gesetze seit Mitte des 19. Jahrhunderts – **Sozialleistungen** in Deutschland weiter ausgebaut.

Heute schützen die Leistungen der gesetzlichen **Sozialversicherung** jeden Einzelnen vor einem Teil des Risikos, arm zu werden. Darüber hinaus bietet der Staat durch weitere Leistungen zusätzliche Sicherheit: zum Beispiel durch Arbeitslosenhilfe, das Erziehungs- und Elterngeld, **Bundesausbildungsförderungsgesetz** (BAföG), Wohngeld oder Sozialhilfe. Dadurch werden große soziale Härten in unserer Gesellschaft vermindert.

Der Sozialstaat bietet Minderheiten in der Gesellschaft einen besonderen Schutz. Zum Beispiel gelten für Menschen mit Behinderung besondere Rechte und Regelungen beim Urlaubsanspruch und beim Kündigungsschutz. Weiterhin können Menschen mit Behinderung eine **Erwerbsminderungsrente** beantragen.

Finanziert wird dieses System durch die Beiträge zur Sozialversicherung und Steuergelder.

1 In vielen Ländern gibt es keine Sozialversicherung. Erklärt anhand von Beispielen, was das für die Menschen bedeuten kann (M1).

2 a) Beschreibt die Kernidee des Systems der Sozialen Marktwirtschaft (M4, M5).
b) Erstellt ein Tafelbild zu den Merkmalen der Sozialen Marktwirtschaft.

Mit dem Ziel, allen Kindern gleiche Chancen zu ermöglichen, finanziert der Staat öffentliche Bildungseinrichtungen wie Vorschulen, Schulen und Hochschulen. Die Eltern erhalten für ihre Kinder Kindergeld. Eltern, die im ersten Lebensjahr ihres Kindes ihre Berufstätigkeit unterbrechen, um sich um ihr Baby zu kümmern, erhalten Elterngeld. Bedürftige Schüler und Studenten können Unterstützung nach dem BAföG beantragen, damit sie eine Ausbildung absolvieren können, die ihren Fähigkeiten und Interessen entspricht. Schüler-BAföG muss nicht zurückgezahlt werden, Studenten-BAföG schon.

M2 *Ein Sozialstaat engagiert sich für Kinder und Jugendliche.*

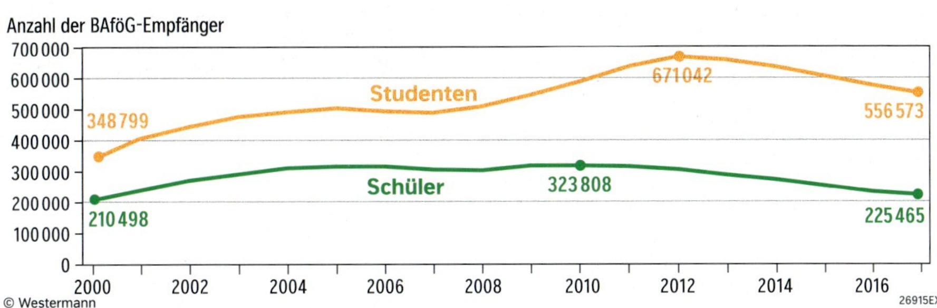

M3 *Zahl der mittels BAföG geförderten Schüler und Studenten*

Was bedeutet Marktwirtschaft?
Es gibt einen freien Wettbewerb, in dem alle Unternehmen die gleichen Chancen haben, ihre Produkte und Dienstleistungen zu verkaufen. Das Privateigentum muss geschützt sein. Die Wirtschaftsfreiheiten (Konsumfreiheit, Arbeitnehmerfreiheit, freie Berufswahl und Gewerbefreiheit) müssen gewährleistet sein. Die Bürger sollen ihren Lebensunterhalt selbst verdienen und einen angemessenen Lebensstandard erreichen können.

M4 *Marktwirtschaft*

Aufgaben des Sozialstaates
Er sorgt für eine möglichst gerechte Verteilung der Einkommen und Vermögen. Außerdem muss er gewährleisten, dass der Einzelne in Notsituationen mit der Unterstützung der Allgemeinheit rechnen kann. Dafür gibt es die gesetzlichen Sozialversicherungen, die die Menschen bei den großen Lebensrisiken (Arbeitslosigkeit, Krankheit, Unfall, Arbeitsunfähigkeit, Alter und Pflegebedürftigkeit) absichern.
In akuten Notlagen hilft der Staat durch die Sozialhilfe. Alle Aktivitäten und Gesetze des Staates, die dazu da sind, um die Menschen abzusichern und das Leben von schwachen, kranken und schutzbedürftigen Menschen zu verbessern, nennt man **Sozialpolitik**.

M5 *Marktwirtschaft + Sozialstaat = Soziale Marktwirtschaft*

3 Nenne Beispiele, wie der Sozialstaat Kinder und Jugendliche unterstützt (M2, M3).

4 Werte das Diagramm zu den BAföG geförderten Jugendlichen aus (M3).

5 Erläutere das Ziel, das der Staat mit der Förderung von Jugendlichen verfolgt (M2, M5).

M1 *Im Dienst der Allgemeinheit*

M3 *Sozialversicherungspflichtig*

M4 *Auf Hilfe angewiesen*

Das soziale Netz

Der Sozialstaat ist verpflichtet, für eine gerechte Sozialordnung zu sorgen, die es jedem Staatsbürger ermöglicht, sein Leben auf einer verlässlichen Basis zu gestalten.

Das soziale Netz in Deutschland enthält alle Sozialleistungen, die der Staat zur Absicherung seiner Bürger gewährt. Sie sind rund ein Drittel so hoch wie die gesamte deutsche Wirtschaftsleistung (BIP).

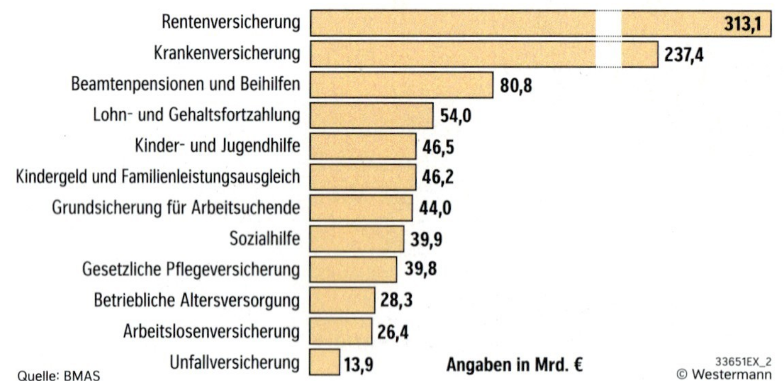

M2 *Sozialleistungen in Deutschland (2018)*

Kernstück der sozialen Absicherung in Deutschland sind die Sozialversicherungen, die sich auf das **Solidarprinzip** („Einer für alle, alle für einen") stützen. Sie sichern die Menschen gegen die größten Lebensgefahren ab. Dafür zahlen alle Berufstätigen Beiträge in die Sozialversicherung ein. Allerdings müssen sie auch selbst Verantwortung übernehmen und dürfen sich nicht allein auf staatliche Fürsorge verlassen.

Jeder Arbeitnehmer sollte sich überlegen, wie er sich zusätzlich absichern kann, denn die Leistungen der Sozialversicherungen gewähren nur das Nötigste. Mit ihren Beiträgen finanzieren die Beschäftigten diejenigen, die in Not sind. Gleichzeitig haben sie dadurch Anspruch auf Unterstützung, wenn ihnen selbst etwas zustößt.

M5 *Die Sozialversicherungen*

1. Beschreibt, wie die Sozialversicherungen finanziert werden (M5).

2. a) Erläutert die Grundprinzipien der sozialen Sicherung (M6).
   b) Ordnet die Sozialleistungen diesen Grundprinzipien zu (M2, M6).

3. Ordnet die Fotos den drei Grundprinzipien zu (M1, M3, M4, M6).

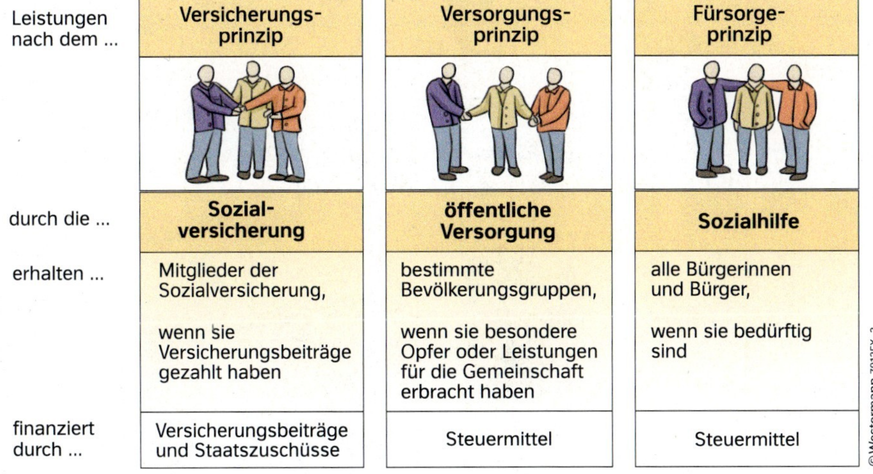

M6 *Die drei Grundprinzipien der sozialen Sicherung*

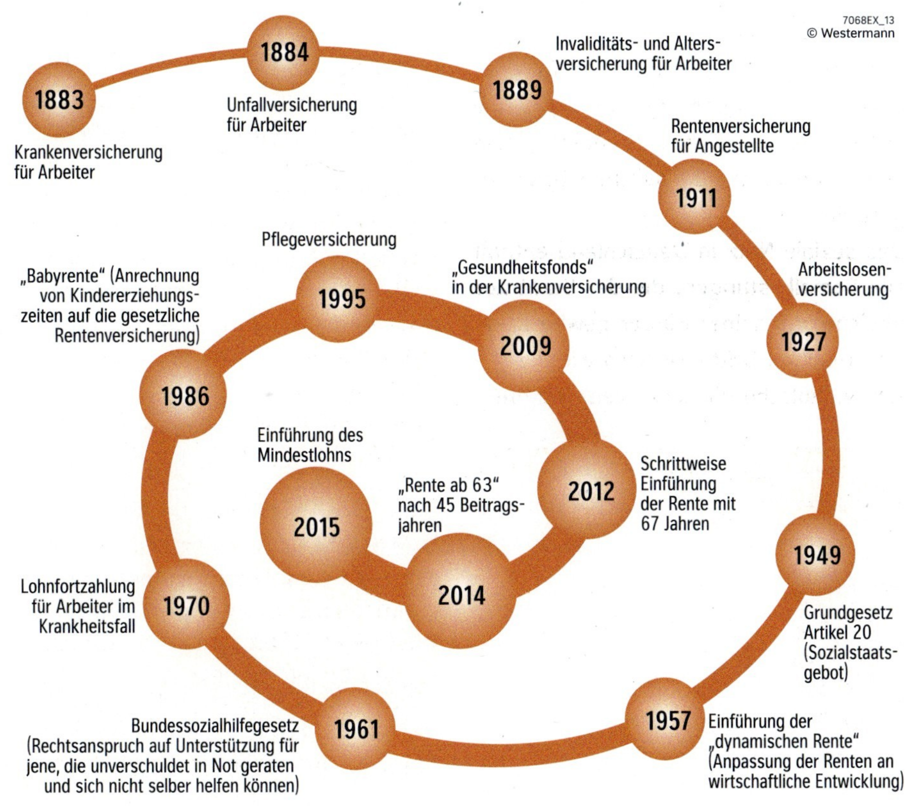

M7 *„Meilensteine" der sozialen Sicherung in Deutschland*

4 Nehmt Stellung zur Höhe der größten Posten bei den Sozialleistungen (M2).

5 Bewerte die Bedeutung der eingeführten „Meilensteine" der sozialen Sicherung (M7).

M1 *Die fünf Säulen der Sozialversicherung*

Wie funktionieren die Sozialversicherungen?

Die Sozialversicherungen sind Pflicht für jeden Arbeitnehmer, also auch für Auszubildende.

Die Beiträge zur gesetzlichen **Renten**-, **Kranken**-, **Pflege**- und **Arbeitslosenversicherung** orientieren sich am Einkommen. Arbeitnehmer mit hohem Einkommen bezahlen mehr, die mit niedrigem Einkommen weniger.

Der Arbeitnehmer bezahlt eine Hälfte des Beitrags, der Arbeitgeber die andere Hälfte (mit Ausnahmen).

Die gesetzliche **Unfallversicherung** übernimmt der Arbeitgeber allein; auch sie ist eine Pflichtversicherung. Ihr Zweck ist es, Arbeitsunfälle, Berufskrankheiten und arbeitsbedingte Gesundheitsgefahren abzusichern.

Nach dem Solidarprinzip bezahlen alle Versicherten einer Einkommensgruppe unabhängig vom Risiko den gleichen Betrag. Nicht berufstätige Ehepartner oder Kinder sind bei der Kranken- und Pflegeversicherung kostenfrei mitversichert. Grundsätzlich erhalten alle Mitglieder die gleichen Pflichtleistungen. Anders ist es bei den Geldleistungen, wie der Rente oder dem Arbeitslosengeld; sie richten sich nach der Höhe der in den Erwerbszeiten bezahlten Beiträge.

1 Bildet fünf Gruppen und erstellt einen Kurzvortrag zu je einer Säule der Sozialversicherung (M1). Beantwortet folgende Fragen:
- Welche Risiken sichert diese Versicherung im Einzelnen ab?
- Wie werden die Leistungen finanziert?
- Welche Veränderungen gab es in letzter Zeit?

+++ 6. Dezember 2015: Konjunkturboom – Deutschland läuft heiß +++ 16. Dezember 2015: Höchste Geburtenrate seit der Wiedervereinigung +++ 20. Dezember 2015: Rentenniveau sinkt immer tiefer. +++ 4. März 2016: Deutschland – Lebenserwartung erreicht Rekordwerte +++ 1. April 2016: Sozialausgaben explodieren +++ 25. Juni 2017: Bayern stoppt Frühpensionierung von Lehrern +++ 8. August 2018: Pflegeversicherung: Zahl der Pflegegeldempfänger stark gestiegen +++

M2 *Schlagzeilen: Sie beinhalten oft Fragen, die gelöst werden müssen.*

Das steuer- und sozialversicherungspflichtige Bruttogehalt ist die Grundlage für die Berechnung der Sozialversicherungsbeiträge

Lohnsteuer	Kirchensteuer	Solidaritätszuschlag
5,16	0,41	0,00

RV/AV-Brutto	KV-Beitrag	PV-Beitrag	RV-Beitrag	AV-Beitrag
1095,00	79,94	16,70	101,84	13,69
	Krankenversicherung: die Hälfte von 14,6%	Pflegeversicherung: die Hälfte von 2,55%	Rentenversicherung: die Hälfte von 18,7%	Arbeitslosenversicherung: die Hälfte von 3%

Bruttoverdienst 1095,00

Steuerliche Abzüge -5,57

SV-rechtliche Abzüge -212,16

Nettoverdienst 877,27€

17709EX_4 © Westermann

◁ **M3** *Genna ist im dritten Lehrjahr ihrer Ausbildung zur Bauzeichnerin. Sie verdient monatlich 1095 € brutto. Hier ist ihre Gehaltsabrechnung.*

Zusatzversicherungen

Wem die Grundversorgung nicht reicht, der kann eine private Zusatzkrankenversicherung abschließen oder sich, wenn sein Einkommen eine bestimmte Grenze übersteigt, auch komplett privat krankenversichern. Man kann private Versicherungen für den Fall eines Unfalls oder der Berufsunfähigkeit abschließen. Dabei richtet sich der Beitrag jeweils nach dem persönlichen Risiko.

Eine **private Altersvorsorge** wird teilweise sogar vom Staat gefördert, weil bei zukünftig sinkenden Renten das Altersruhegeld nicht reicht, um den gewohnten Lebensstandard zu sichern.

Für die Sozialversicherungen sind die Ausgaben in den letzten Jahren stark gestiegen. Die Gründe dafür sind unter anderem: längere Rentenzahlungen durch die steigende Lebenserwartung der Menschen, arbeitslose Mitbürgerinnen und Mitbürger und der Rückgang von Vollzeitberufstätigkeit. Dadurch zahlen immer weniger Menschen in die Sozialversicherungen ein und die Leistungen können nicht allein aus den Beiträgen finanziert werden.

M4 *Sozialversicherungen unter Druck*

2 Erkläre den Unterschied zwischen den Grundprinzipien der Sozialversicherung und einer privaten Zusatzversicherung.

3 Berechne die prozentualen Abzüge von Gennas Bruttogehalt (M3).

4 Bewertet die Probleme der Sozialversicherungen hinsichtlich der Schlagzeilen (M1, M2, M4).

M1 *Schlange an einer Essensausgabe für Obdachlose*

M2 *Rentner sammelt Pfandflaschen.*

Mindestlohn

Seit 1. Januar 2015 gibt es in Deutschland den gesetzlichen Mindestlohn. Er ist der kleinste rechtlich zulässige Bruttolohn pro Stunde. 2015 betrug der Mindestlohn 8,50 Euro brutto/Std. 2017 wurde er auf 8,84 Euro erhöht. Seit Januar 2019 gilt ein Mindestlohn von 9,19 Euro. Es gibt jedoch Ausnahmen, zum Beispiel für Praktikanten, Langzeitarbeitslose oder Schüler.

Armut und ihre Ursachen

Armut in einem der reichsten Länder der Welt? Sie fällt nicht so auf wie in den armen Ländern. Arme Menschen in Deutschland sind nicht abgemagert und tragen keine Lumpen. Aber 16 Prozent der Menschen in Deutschland gelten als arm, weil ihr Einkommen weniger als etwa die Hälfte des Durchschnittseinkommens beträgt. Das sind etwa 12,6 Mio. Menschen.

Eine der wesentlichen Ursachen von Verarmung ist Arbeitslosigkeit. 2018 waren etwa 18 Prozent der Haushalte ohne jedes Erwerbseinkommen. Keine Arbeit, kein Geld, zu viele Schulden, womöglich keine Wohnung – ein Teufelskreis! Geringe, nicht abgeschlossene schulische und berufliche Ausbildungen verstärken das Problem.

Armut ist überdurchschnittlich weiblich: 25 Prozent der alleinerziehenden Frauen sind auf Sozialhilfe angewiesen. Auch von Altersarmut sind Frauen überproportional betroffen.

Armut ist aber auch jung: Etwa 1,1 Mio. Kinder leben in Deutschland von Sozialhilfe. Damit ist die Quote unter Kindern doppelt so hoch wie im Durchschnitt der Bevölkerung.

In den letzten Jahren sind allerdings zunehmend auch Beschäftigte trotz ihres Jobs von Armut bedroht. Der Grund: Immer mehr Menschen gehen keiner „klassischen Beschäftigung“ mehr nach, sondern sind als Minijobber, Zeitarbeiter oder befristet Beschäftigte tätig. Sie verdienen meist deutlich weniger und haben ein deutlich höheres Armutsrisiko.

1. Beschreibe, was du unter Armut bzw. Reichtum verstehst.
2. Erläutert die Aussage von M7 mithilfe von M3.
3. Analysiert, welche Bevölkerungsgruppen besonders von Armut betroffen sind (M1, M2).

Wer arm ist, bleibt mit hoher Wahrscheinlichkeit arm. Wer reich ist, bleibt reich. Und das dauerhaft. [...] Armut in Deutschland wird der Studie zufolge für immer mehr Menschen zu einer Art Dauerzustand. [...] Dem Verteilungsbericht nach lebten 1991 gut elf Prozent aller Personen hierzulande in armen Haushalten, 2015 seien es knapp 17 Prozent gewesen. Zurückzuführen sei der Anstieg vor allem auf die Zuwanderung. [...] Und es macht Integration umso schwieriger, wenn Menschen, die hier ankommen, erstmal über lange Zeit unter Armutsverhältnissen leben müssen. Erhebliche Unterschiede zeigen sich dem Bericht zufolge auch in der Betrachtung nach Geschlecht und Region: Demnach haben westdeutsche Männer am häufigsten ein dauerhaft hohes Einkommen. Und: Generell seien etwa zwei Drittel der Wohlhabenden männlich. Insgesamt kommt dauerhafte Armut in Ostdeutschland etwa sechs Mal so häufig vor wie in den alten Bundesländern, dauerhafter Reichtum liegt zu 95 Prozent in Westdeutschland. [...] Das ist 30 Jahre nach der Wiedervereinigung immer noch ein erschreckendes Ergebnis. [...]

(Mathias von Lieben: Zahl der Armen steigt, Mittelschicht schrumpft. Verteilungsbericht 2018. In: Deutschlandfunk Online, 5.11.2018)

M3 *Verteilungsbericht (2018)*

M7 *In Deutschland sind die Einkommensunterschiede in den letzten Jahren stärker gewachsen als in jedem anderen Industrieland.*

Wer innerhalb der letzten zwei Jahre mindestens zwölf Monate lang sozialversicherungspflichtig gearbeitet hat, erhält eine gewisse Zeit lang rund zwei Drittel seines Nettolohns. Bezahlt wird er aus den Versicherungsbeiträgen der Arbeitslosenversicherung. Wie lange man Arbeitslosengeld erhält, hängt davon ab, wie alt man ist und wie lange man Beiträge in die Arbeitslosenversicherung eingezahlt hat. Auch Selbstständige, die auf freiwilliger Basis vorher Beiträge entrichtet haben, können Arbeitslosengeld erhalten.

M4 *In der ersten Zeit nach dem Verlust des Arbeitsplatzes (ALG I)*

Menschen, die arbeitslos sind und kein Arbeitslosengeld mehr bekommen oder keine versicherungspflichtige Beschäftigung ausgeübt haben, können Arbeitslosengeld II beantragen. ALG II sichert den Lebensunterhalt (Existenzminimum) und wird als Sozialleistung aus Steuermitteln finanziert. Das ALG II wird auch Hartz IV genannt.

M5 *Arbeitslosengeld II (ALG II)*

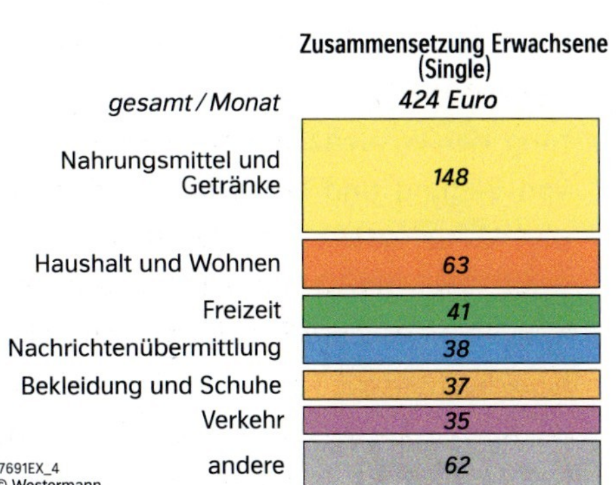

M6 *Regelsätze von ALG II (2019)*

4 Langzeitarbeitslose erhalten Arbeitslosengeld II (M5).
a) Erklärt die Zielsetzung des Staates bei der Zahlung (M5).
b) Überprüft die aktuellen Regelsätze von Hartz IV (M6, Internet).
c) Nehmt kritisch Stellung zur Höhe der Zahlungen (M6).

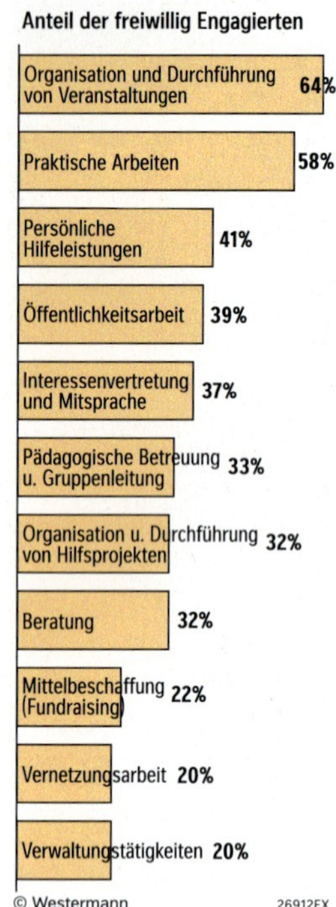

M1 *Tätigkeiten im Ehrenamt (2018)*

M2 *Nationale und internationale gemeinnützige Organisationen (Auswahl)*

Im Sinne des Gemeinwohls

Neben den Sicherungssystemen des Sozialstaates leisten **gemeinnützige Organisationen** einen wichtigen Beitrag zur Unterstützung der Gesellschaft. Eine Organisation gilt als gemeinnützig, wenn sie dem Wohl der Allgemeinheit dient. Dazu gehören unter anderem die Förderung der Wissenschaft und Forschung, von Bildung und Erziehung, von Kunst und Kultur sowie des Sports, der Umwelt-, Tier- und Naturschutz sowie die Katastrophen- und humanitäre Hilfe. Ein typisches Beispiel für die Gemeinnützigkeit findet sich in der Vielfalt der bundesweit und regional organisierten Sportvereine.

Die meisten Mitarbeiter dieser Vereine arbeiten ehrenamtlich, das heißt ohne eine Vergütung.
Ehrenamtliche Tätigkeiten können im Rahmen von Vereinen, Initiativen oder karitativen Einrichtungen ausgeübt werden. 2018 waren in Deutschland mehr als 14 Mio. Menschen ehrenamtlich tätig.

1 Befragt Jugendliche und Erwachsene, wo und warum sie sich ehrenamtlich engagieren (M1, M5).

2 a) Berichtet über eine gemeinnützige Einrichtung (M2).
b) Erkundigt euch, wo ihr euch ehrenamtlich engagieren könnt.

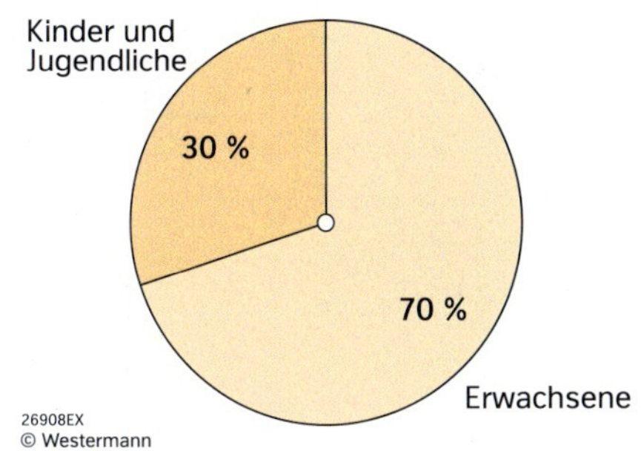

M3 *Kunden der Tafeln*

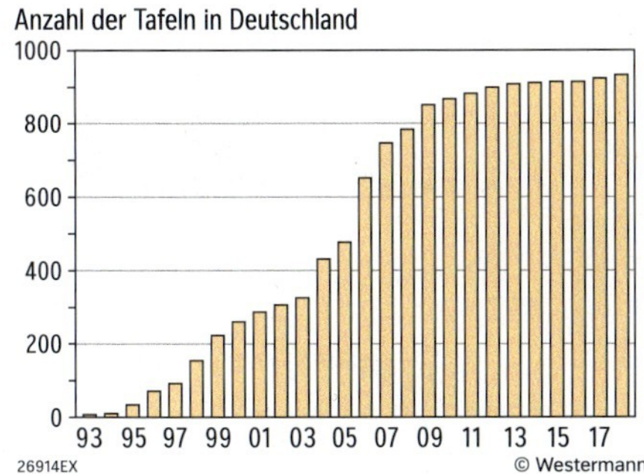

M4 *Entwicklung der Tafeln in Deutschland*

M5 *Ehrenamtliche Mitarbeiter der Münchner Tafel verteilen Lebensmittelspenden an Bedürftige.*

Übrige Lebensmittel sinnvoll verteilen

Die Tafeln sammeln qualitativ einwandfreie Lebensmittel, die sonst oft im Müll landen. Sie verteilen diese kostenlos oder zu einem symbolischen Betrag an sozial und wirtschaftlich Benachteiligte. Diese Personen haben im Alltag finanzielle Schwierigkeiten und nehmen das Angebot der Tafeln gerne an. Alleinerziehende, Arbeitslosengeld-II-Empfänger und Rentner, aber auch Migranten und Spätaussiedler sind typische Kunden der Tafeln.

Rund 60000 ehrenamtliche Helfer arbeiten bei den mehr als 2000 Tafel-Läden und Ausgabestellen. Etwa 60 Prozent der Tafeln sind Projekte in Trägerschaft verschiedener gemeinnütziger Organisationen (z.B. Diakonie, Caritas, DRK, AWO). Rund 40 Prozent der Tafeln sind eingetragene Vereine (e.V.).

Viele Tafeln sind auch Orte der Begegnung. Sie unterstützen ihre Kunden nicht nur mit günstigen Lebensmitteln: Sie bieten mobil eingeschränkten Menschen Bringdienste und sie organisieren Senioren-Treffs und Ausflüge. Ein Teil der Tafeln bietet auch Beratungen und Weiterbildungen an, sowie speziell auf Kinder zugeschnittene Angebote: z.B. Kita-/Schulfrühstück, Hausaufgabenbetreuung, Kochkurse, Ferienfreizeiten.

3 a) Beschreibe die Entwicklung der Zahl der Tafeln (M4).
b) Erkläre diese Entwicklung (M3).

4 Bewertet die Notwendigkeit von gemeinnützigen Einrichtungen in unserem Sozialstaat.

M1 *Karikatur „Deutschland schafft sich ab."*

Demografischer Wandel
„Demos" (griechisch) bedeutet „Volk"; „grafisch" bedeutet „beschreibend". Von einem demografischen Wandel spricht man, wenn sich die Zusammensetzung der Bevölkerung ändert, zum Beispiel wenn sich die Gruppe der Alten im Verhältnis zu den Jungen vergrößert.

Immer weniger Kinder – immer mehr alte Menschen

Anders als in den Entwicklungsländern, wo die Bevölkerung stark zunimmt, werden in Deutschland immer weniger Kinder geboren. Seit 1972 werden bei uns weniger Menschen geboren, als im selben Jahr sterben. Mit durchschnittlich 1,6 (2018) Kindern je Frau ersetzt die Kindergeneration nicht die Elterngeneration. Um das zu erreichen, müsste jede Frau 2,1 Kinder bekommen. Dieser **demografische Wandel** ist auch in unseren Nachbarstaaten zu beobachten.

Der Anteil kinderloser Frauen in Deutschland ist 2018 mit 20 Prozent einer der höchsten auf der Welt.

In allen Bundesländern ist die Kinderlosigkeit in den städtischen Regionen durchweg höher als im ländlichen Raum. Besonders auffallend waren diese Unterschiede 2018 in Bayern: mit 15 Prozent kinderlosen Frauen auf dem Land und 30 Prozent in den Städten.

Die Lebenserwartung ist in Deutschland stark gestiegen. Frauen werden im Durchschnitt fünf Jahre älter als Männer. Der Grund für die unterschiedliche Lebenserwartung ist das geringere Gesundheitsbewusstsein von Männern. Sie rauchen mehr, trinken mehr Alkohol und gehen bei Krankheit seltener zum Arzt.

1. Analysiert, wie sich die altersmäßige Zusammensetzung der deutschen Bevölkerung verändert hat und in Zukunft verändern wird (M2, M3, M6, vgl. Methode S. 201, Atlas).
2. Wertet die Karikatur aus (M1, vgl. Methode S. 203).
3. Beschreibe den Anteil von alten und jungen Menschen an deinem Wohnort.

M2 *Die Zahl der alten Menschen steigt!*

M5 *In Deutschland leben Einwohner aus über 150 Ländern.*

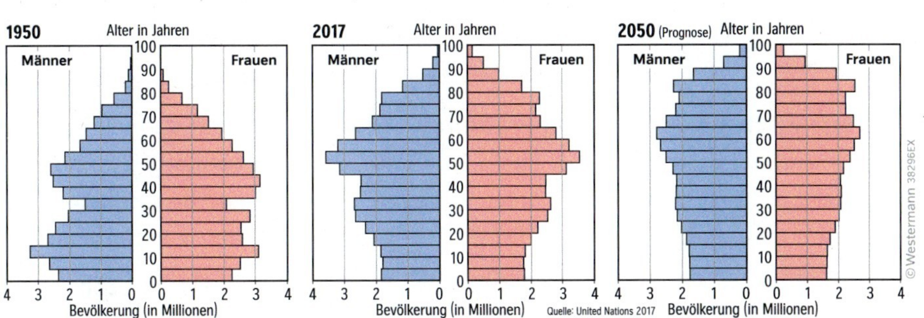

M3 *Entwicklung der Altersstruktur in Deutschland*

Lebenserwartung bei Geburt
20026EX_5
männlich
weiblich
1980 1990 2000 2010 2015 2050
(Quelle: Statistisches Bundesamt, Wiesbaden 2016)

M6 *Lebenserwartung in Deutschland*

Mehr Einwohner durch Zuwanderung

Ohne Zuwanderung würde die Bevölkerungszahl in Deutschland schon seit 1970 sinken. 2017 lebten etwa 10,6 Mio. Menschen mit Migrationshintergrund in Deutschland. Die Einwohnerzahl in Deutschland wird aber auch bei Zuwanderung langfristig weiter sinken.

Der gesetzlichen Rentenversicherung liegt das Umlageverfahren zugrunde. Das bedeutet, dass die einbezahlten Beiträge unmittelbar für die Finanzierung der erbrachten Leistungen herangezogen werden. Wenn die Menschen in Deutschland immer älter werden und damit immer länger Rente beziehen, erhöht sich die Zahl der Rentenempfänger stetig. Die Kosten für die Rentenversicherung steigen. Wenn gleichzeitig weniger Kinder geboren werden, nimmt die Bevölkerungszahl ab. Langfristig hat dies zur Folge, dass in Zukunft weniger Menschen sozialversicherungspflichtig beschäftigt sind und weniger in die Rentenversicherung einbezahlt wird.

M4 *Kosten für die Rentenversicherung steigen.*

4 Erläutere die Probleme, die sich aus der Bevölkerungsentwicklung für die Rentenversicherung jetzt und in Zukunft ergeben (M4, M6).

5 a) Beschreibe, welche Rolle die Zuwanderung in den vergangenen Jahrzehnten gespielt hat.
b) Nimm Stellung: Zuwanderung kann das Schrumpfen der deutschen Bevölkerung bremsen.

Generationenvertrag am Ende?

„Wenn ich nicht mehr arbeiten muss, möchte ich reisen. Es gibt so viele schöne Plätze auf der Welt, die ich gern sehen möchte."

„Bloß weil man nicht mehr arbeitet, ist das Leben doch nicht vorbei. Ich werde mich für Menschen engagieren, denen es nicht so gut geht."

„Mein Freund und ich möchten Kinder haben. Es wäre schön, wenn wir sie im Alter um uns hätten und auch noch unsere Enkel."

„Ich möchte im Alter in einer Art Wohngemeinschaft zusammen mit jungen und mit alten Menschen leben – mit oder ohne Partnerin."

M1 *Pläne für den Ruhestand*

Ein Vertrag zwischen den Generationen – hält er auch in Zukunft?

Früher finanzierten die Kinder ihre Eltern, wenn diese nicht mehr arbeiten konnten. Heute übernimmt das die gesetzliche Rentenversicherung. Jeder Berufstätige zahlt, solange er arbeitet, in die Rentenversicherung ein. Von diesem Geld erhalten die, die nicht mehr arbeiten, ihre Rente. Wenn der heutige Berufstätige später selbst in Rente geht, zahlt die nachfolgende Generation für ihn. Das funktioniert, solange die Zahl der Erwerbstätigen weit höher ist als die der Rentner. Diese Vereinbarung nennt man **Generationenvertrag**. Welche Probleme eine niedrige Geburtenrate bei diesem System mit sich bringt, kann man leicht ausrechnen: 1 000 Mütter und Väter bilden zusammen 500 Elternpaare. Diese 500 Elternpaare bekommen durchschnittlich 1,6 Kinder; also 500 x 1,6 = 800. Diese 800 Kinder bilden später 400 Elternpaare, die 400 x 1,6 = 640 Kinder bekommen. Diese 320 Elternpaare bekommen dann nur noch 512 Kinder. Zusätzlich muss man berücksichtigen, dass die Rentner durch die gestiegene Lebenserwartung immer länger Anspruch auf die Zahlung ihrer Renten haben.

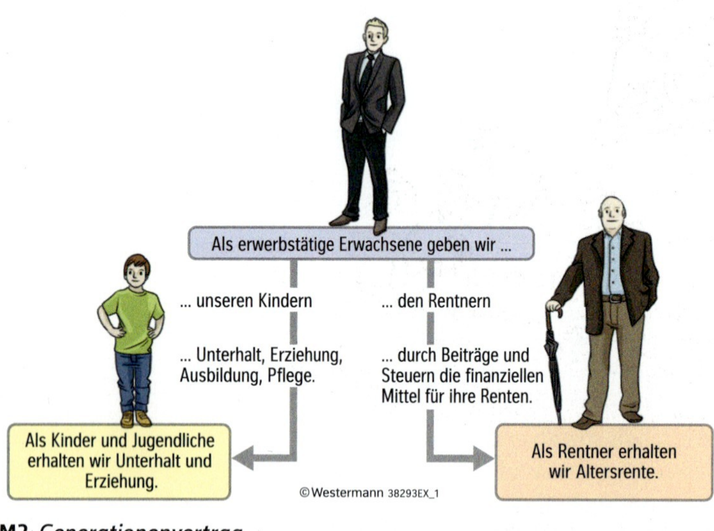

M2 *Generationenvertrag*

1 a) Beschreibe, welche Wünsche sich die Menschen im Alter erfüllen möchten (M1).
b) Rechne aus, wie viele Jahre du voraussichtlich berufstätig bist und wie viele im Ruhestand (vgl. S. 187 M6).

2 Führt ein Interview mit älteren Menschen in eurer Umgebung. Fragt sie nach ihrem Lebensunterhalt. Achtet darauf, dass die Angaben streng anonym bleiben, und prüft, welche Form der Alterssicherung für sie am wichtigsten ist.

1. Das Rentenalter könnte weiter angehoben werden, zum Beispiel von 67 auf 70 Jahre.
2. Das Rentenniveau könnte gesenkt werden, zum Beispiel von bisher 48 % auf 40 % des letzten Lohns.
3. Die Bevölkerung könnte in erster Linie private Altersvorsorge betreiben.
4. Die Renten könnten für lange Zeit nicht erhöht werden.
5. Der Staat könnte seinen Zuschuss zur Rentenzahlung weiter erhöhen, auch wenn er dafür mehr Schulden aufnehmen müsste.
6. Steuern (z. B. Mehrwertsteuer, Benzinsteuer) könnten erhöht werden und der Rentenkasse zugute kommen.
7. Die Beiträge, die an die Rentenkasse abgeführt werden müssen, könnten erhöht werden, zum Beispiel auf 25 % des monatlichen Einkommens.
8. Es sollte mehr Zuwanderung ermöglicht werden.

M3 *Könnte man so die Rentenprobleme lösen?*

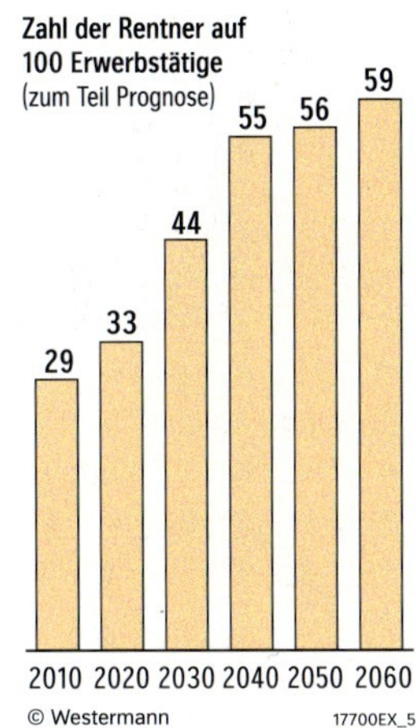

M5 *Generationenvertrag in Gefahr*

Private Altersvorsorge – sicher ist sicher

Als private Altersvorsorge wird das Anlegen von Geld zum Zweck der Vorsorge für eine ausreichende Rente bezeichnet. Diese zusätzliche Möglichkeit der Einkommenssicherung im Alter ist freiwillig, aber notwendig. Wenn die Höhe der gesetzlichen Rente nicht ausreicht und auch keine Betriebsrente zur Verfügung steht, schützt sie vor Armut im Alter.

M4 *Karikatur „Mittelfristig alles o.k. Junge. – Aber den trägst du, wenn du groß bist!"*

3 Die Darstellung des Generationenvertrages (M2) zeigt ein Ideal. Erkläre, welche Probleme heute die Verwirklichung des Ideals beeinträchtigen (M4, M5, vgl. Methode S. 203).

4 Bewertet die einzelnen Vorschläge zur Lösung des Rentenproblems (M3).

5 (M) Erläutert die Bedeutung des Generationenvertrages (M2).

1. Fragen, die uns alle angehen. Was passiert, wenn ...?

a) Beantwortet die Fragen der Jugendlichen.

b) Gebt an, welche Versicherung in unserem Sozialstaat hilft.

2. Brutto – Netto – Was bleibt übrig?

Berechne für einen Ausbildungsberuf deiner Wahl das Nettogehalt. Lege für die Lohn- und Kirchensteuer den gleichen Prozentsatz wie in der Beispielrechnung zugrunde (vgl. S. 181/M3).

durchschnittliche Brutto-Ausbildungsgehälter im 1. Ausbildungsjahr (Westdeutschland):

Bäcker: 565 € Florist: 574 € Friseur: 498 € Hotelfachmann: 706 € Kfz-Mechatroniker: 760 €
Maurer: 850 € Restaurantfachmann: 706 € Zimmerer: 859 €

3. Altersarmut

Werte die Karikatur aus (vgl. Methode S. 203).

4. Der Sozialstaat

Erkläre, wie der Zeichner den Sozialstaat sieht.

5. Welcher Begriff passt nicht zu den anderen? Begründe deine Wahl.

Rentenversicherung	Krankenversicherung	Hausratsversicherung	Arbeitslosenversicherung
Generationenvertrag	demografischer Wandel	Lebenserwartung	Unfallversicherung
Geburten	Sterbefälle	Einwanderung	Familienpolitik
Gemeinnützigkeit	Ehrenamt	Wohl der Allgemeinheit	Sozialpolitik
Minijob	Zeitarbeit	Armutsrisiko	Beamter
Lohnsteuer	Kirchensteuer	Mehrwertsteuer	Solidaritätszuschlag

6. Der Generationenvertrag im Wandel der Zeit
Übertrage die Abbildung als Skizze in dein Heft oder deine Mappe und ergänze die fehlenden Informationen zum Generationenvertrag.

Aufgabe zur Lernkontrolle:
Beschäftige dich selbstständig mit einer Doppelseite dieses Kapitels. Stelle die wichtigsten Aussagen in einer Mindmap, Skizze oder Tabelle dar (vgl. Anhang S. 200 – 203). Präsentiere deine Ergebnisse vor der Klasse.

Das hast du in diesem Kapitel gelernt: Du kannst ...

- ✓ die Merkmale vom Sozialstaat Deutschland beschreiben.
- ✓ den Aufbau der sozialen Sicherung in Deutschland erklären.
- ✓ die Aufgaben und Funktionsweise der Sozialversicherungen beschreiben.
- ✓ Merkmale und Ursachen von Armut in Deutschland beschreiben.
- ✓ die Aufgaben und Funktion einer gemeinnützigen Einrichtung (z. B. Tafeln) darstellen.
- ✓ die Notwendigkeit von gemeinnützigen Einrichtungen in unserem Sozialstaat bewerten.
- ✓ die Idee und Problematik zum Generationenvertrag beschreiben.
- ✓ anhand des demografischen Wandels die Bedeutung privater Altersvorsorge für die jetzige und zukünftige Generation erläutern.

Erstelle deine Lernkartei zu den wichtigen Begriffen aus diesem Kapitel.

Grundbegriffe:
Arbeitslosenversicherung
Bundesausbildungsförderungsgesetz (BAföG)
demografischer Wandel
Erwerbsminderungsrente
gemeinnützige Organisation
Generationenvertrag
Krankenversicherung
Pflegeversicherung
private Altersvorsorge
Rentenversicherung
Solidarprinzip
sozial
Sozialleistung
Sozialpolitik
Sozialstaat
Sozialversicherung
Unfallversicherung

Abgeordneter (Seite 152)
Das Parlament ist die Vertretung des Volkes in einer Demokratie. Die Mitglieder eines Parlaments heißen Abgeordnete und werden vom Volk gewählt.

Agrobusiness (Seite 36)
Ein Agrobusiness ist ein Betrieb, der sowohl die Erzeugung, Vermarktung und Verarbeitung landwirtschaftlicher Produkte umfasst. Ein Agrobusiness wird oft von großen privaten Unternehmen betrieben.

Alliierte (Seite 124)
Als Alliierte werden die im Zweiten Weltkrieg verbündeten Mächte USA, Großbritannien, Frankreich und Sowjetunion bezeichnet.

Arbeitslosenversicherung (Seite 180)
Die Arbeitslosenversicherung ist Teil der Sozialversicherung in Deutschland. Arbeitnehmer sind verpflichtet, in diese Versicherung einzuzahlen. Ziel der Arbeitslosenversicherung ist, diejenigen Menschen mit einem Grundeinkommen zu versorgen, die auf der Suche nach Arbeit sind und damit (für eine gewisse Zeit) kein Einkommen haben.

artgerechte Tierhaltung (Seite 60)
Diese Tierhaltung auf Bauernhöfen berücksichtigt das natürliche Verhalten der Tiere. Sie wird bei der ökologischen Landwirtschaft beachtet. Rinder erhalten z. B. Bewegungsfreiheit und können ihr Futter frei aufnehmen. Schweine dürfen im Dreck wühlen und ihre Umgebung erkunden.

Atombombe (Seite 125)
Atombomben haben eine hohe Explosionsenergie und damit eine extreme Zerstörungskraft. Bei der Explosion entstehen viel Hitze, gefährliche Strahlung und eine starke Druckwelle.

Auschwitz (Seite 116)
Auschwitz war ein Konzentrationslager in der Zeit des Nationalsozialismus. Aufgebaut wurde es 1940 von den Nationalsozialisten. Die Befreiung erfolgte gegen Ende 1944. Es wurden mehr als eine Million Menschen in Auschwitz ermordet.

Berlinblockade (Seite 145)
Die Regierung der Sowjetunion blockierte von 1948 bis 1949 West-Berlin. Damit waren alle Zufahrtswege nach West-Berlin gesperrt. Die Blockade spiegelte den Konflikt zwischen den Westmächten und Stalins Regierung zur Zeit des Kalten Krieges wider.

Besatzungszone (Seite 140)
Nach dem Zweiten Weltkrieg wurde das Deutsche Reich von den Alliierten aufgelöst und in vier Besatzungszonen aufgeteilt. Die östliche Besatzungszone stand dabei unter der Kontrolle der Sowjetunion. Die nordwestliche Zone stand unter britischer, die südwestliche unter französischer und die südliche unter US-amerikanischer Kontrolle.

Biomasse (Seite 65)
Als Biomasse bezeichnet man unter anderem bestimmte Pflanzen wie Raps oder andere Rohstoffe wie Gülle, aus denen durch Verbrennung Energie gewonnen werden kann.

Blitzkrieg (Seite 112)
Blitzkriege sind Kriege, deren Ausgang sehr schnell entschieden ist. Der Begriff entstand im Zweiten Weltkrieg, als die deutsche Wehrmacht Staaten angriff und „blitzartig“ eine sehr rasche Entscheidung über Sieger und Verlierer herbeiführte.

Blizzard (Seite 12)
Ein Schneesturm in Nordamerika, der durch arktische Kaltlufteinbrüche verursacht wird, heißt Blizzard.

Bodenerosion (Seite 38)
Bodenerosion ist die Bezeichnung für die Abtragung des Bodens besonders durch Wasser und Wind. Sie führt meist zur Verminderung der Bodenfruchtbarkeit und im Extremfall zur völligen Zerstörung der Bodendecke.

Braunkohle (Seite 74)
Der Name dieser Kohle stammt von ihrer Farbe. Braunkohle entstand in Millionen von Jahren aus abgestorbenen Pflanzen. Die Braunkohle liegt nicht sehr tief unter der Erdoberfläche. Daher kann sie im Tagebau abgebaut werden. Sie wird in erster Linie zur Erzeugung von elektrischem Strom genutzt.

Bund Deutscher Mädel (BDM) (Seite 102)
Der Bund Deutscher Mädel war eine Teilorganisation der Hitlerjugend. Vorrangiges Ziel war die Erziehung im Sinne der nationalsozialistischen Ideologie.

Bundesausbildungsförderungsgesetz (BAföG) (Seite 176)
Das BAföG unterstützt finanzschwache Schüler und Studenten während ihrer Ausbildung, wenn sie die dafür notwendigen Kriterien erfüllen und einen Antrag auf Förderung stellen.

Bundeskanzler (Seite 161)
Der Bundeskanzler / die Bundeskanzlerin ist das Regierungsoberhaupt in Deutschland. Er / sie wird vom Bundestag gewählt und bestimmt die Richtlinien der (von der Bundesregierung angestrebten) Politik.

Bundesrat (Seite 163)
Im Bundesrat sitzen 69 Politiker aus den 16 Bundesländern. Sie werden Minister genannt und befassen sich mit politischen Fragen und Aufgaben in ihrem Bundesland sowie für ganz Deutschland.

Bundesregierung (Seite 161)
Die Bundesregierung setzt sich aus den Bundesministern und dem/der Bundeskanzler/-in zusammen. Die Minister beschäftigen sich mit speziellen Bereichen der Politik wie Gesundheit oder Bildung. Zusammen mit dem/der Kanzler/-in beraten die Minister über wichtige politische Fragen.

Bundestag (Seite 156)
Der Deutsche Bundestag ist das Parlament, die Volksvertretung, der Bundesrepublik Deutschland. Hier stimmen vom Volk gewählte Abgeordnete über Gesetze ab. Sitzungen des Deutschen Bundestages finden im Reichstagsgebäude in Berlin statt.

Central Business District (CBD) (Seite 24)
CBD ist die Bezeichnung für das Einzelhandels- und Dienstleistungszentrum in der Mitte nordamerikanischer Großstädte. Prägendes Kennzeichen des CBD ist der hohe Anteil der Tag- und der geringe Anteil der Nachtbevölkerung.

demografischer Wandel (Seite 186)
Als demografischen Wandel bezeichnet man Veränderungen in der Bevölkerungsstruktur. Dies sind Veränderungen der Geburtenzahlen und Sterbefälle, Veränderungen der Anzahl von Ein- und Auswandernden oder Veränderungen in der Altersstruktur.

Deportation (Seite 114)
(lat. deportare: wegbringen, fortschaffen) Werden einzelne Menschen oder ganze Bevölkerungsgruppen durch staatliche Macht und gegen ihren Willen in ein anderes Gebiet oder Land gebracht, wird dies als Deportation bezeichnet.

Digital Farming (Seite 35)
In der heutigen Landwirtschaft wird oft mit moderner Computertechnik gearbeitet. Diese hilft z. B. Pflanzen präzise zu bewässern und damit Wasser zu sparen. Ebenso kann der Landwirt gezielter Saaten aussäen, düngen und seine Tiere artgerechter versorgen. Dies nennt man digitales Landwirtschaften.

Dolchstoßlegende (Seite 95)
Die Dolchstoßlegende bildete sich nach 1918 zum Ende des Ersten Weltkrieges. Sie diente den Nationalisten als Propaganda. Die Nationalisten machten die Demokraten und Sozialisten für die deutsche Niederlage im Ersten Weltkrieg verantwortlich. Die deutsche Armee galt bis dahin als unbesiegbar. Dass sie nun doch besiegt wurde, sei die Folge eines „Dolchstoßes“ gewesen, also durch revolutionäre Tätigkeiten der Sozialisten und Demokraten.

Downtown (Seite 25)
Die Innenstädte bzw. das Stadtzentrum von größeren Städten besonders in Nordamerika wird als Downtown bezeichnet. Die Downtown schließt an den Central Business District an.

Dreifelderwirtschaft (Seite 58)
Die Dreifelderwirtschaft ist eine im Mittelalter entwickelte Art der Landwirtschaft zur Steigerung der Erträge. Im jährlichen Wechsel wird ein Drittel des Bodens mit Wintergetreide bepflanzt, ein Drittel mit Sommergetreide und das letzte Drittel bleibt unbebaut (brach) bzw. wird als Weide genutzt, damit sich der Boden erholen kann.

Eiserner Vorhang (Seite 142)
Der Eiserne Vorhang teilte Europa während des Kalten Krieges in zwei Hälften. Auf der einen Seite gab es die demokratischen Länder (Westeuropa) und auf der anderen Seite die kommunistischen Länder (Osteuropa). Die Berliner Mauer, die Deutschland bis 1989 teilte, war Teil des Eisernen Vorhangs.

Energieeffizienz (Seite 84)
Kann möglichst viel Energie aus einer Ressource gewonnen werden oder wird wenig Energie verbraucht, um etwas zu erreichen, spricht man von Energieeffizienz.

Energieträger (Seite 73)
Ein Energieträger ist ein Rohstoff, der Energie in sich speichert, wie z. B. Kohle, Erdöl, Erdgas. Durch Verbrennen wird Wärme erzeugt, mit deren Hilfe man Strom gewinnen, heizen oder Auto fahren kann.

Energiewende (Seite 84)
Nicht erneuerbare Energien wie Erdgas, Erdöl oder Kohle sollen durch erneuerbare Energien wie Wind- und Wasserkraft oder Sonnenstrahlung ersetzt werden.

Erdbeben (Seite 12)
Ein Erdbeben ist eine Erschütterung der Erdoberfläche, die durch Kräfte im Erdinneren verursacht wird. Erdbeben entstehen meist durch die ruckartige Verschiebung der Platten der Erdkruste.

Erdgas (Seite 76)
Erdgas ist ein Energierohstoff. Es entsteht aus Pflanzen- und Tierresten und entwickelt sich über Millionen von Jahren zu Erdgas. Erdgas besteht hauptsächlich aus Methan. Gefördert wird Erdgas aus löchrigem Gestein. Erdgas dient den Menschen zum Heizen der Wohnung oder zum Kochen. Manche Autos werden mit Erdgas betrieben.

Erdöl (Seite 76)
Erdöl ist ein Energierohstoff, der unterhalb der Erdoberfläche lagert. Es wurde aus Pflanzenresten und toten Tieren über mehrere Millionen Jahre unter großem Druck und Hitze gebildet. Menschen stellen aus Erdöl Plastik, Medikamente oder Kunstfasern her. Es ist Treibstoff für Schiffsmotoren und die Vorstufe von Benzin.

Ermächtigungsgesetz (Seite 100)
Durch das am 24. März 1933 beschlossene Ermächtigungsgesetz wurde die gesamte Staatsgewalt auf Adolf Hitler übertragen.

erneuerbarer Energien
(Seite 73)
Erneuerbare Energien können immer wieder von den Menschen als Energiequelle genutzt werden. Zu ihnen zählen beispielsweise Wind, Sonne und einige Pflanzen.

Erststimme (Seite 156)
Bei Wahlen zum Deutschen Bundestag bestimmt man mit der Erststimme einen Direktkandidaten in seinem Wahlkreis. Der Kandidat zieht in das Parlament ein, sobald er die relative Mehrheit der Stimmen erreicht hat. Im Gegensatz zur Zweitstimme bestimmt man mit der Erststimme nicht die Stärke einer Partei im Bundestag.

Erwerbsminderungsrente
(Seite 176)
Eine Erwerbsminderungsrente erhalten Personen, die nicht mehr oder nur eingeschränkt arbeiten können. Dies ist der Fall, wenn Personen erkranken, einen Unfall haben oder es zu einer Behinderung kommt.

Factory Farm (Seite 36)
Eine Factory Farm (deutsch: Fabrikfarm) ist ein landwirtschaftlicher Betrieb mit einem hohen Mechanisierungsgrad für die Bewirtschaftung auf großen Flächen, verbunden mit einem hohen Kapitalaufwand für Investitionen (z. B. Ausbau der Bewässerungs- oder Fütterungsanlagen).

Feedlot (Seite 37)
Als Feedlot bezeichnet man einen Großbetrieb für die Mast von Rindern unter freiem Himmel, z. B. für 100 000 Tiere. Der Betrieb ist in zahlreiche eingezäunte Blöcke aufgeteilt, in denen jeweils etwa 250 Tiere untergebracht sind.

Flöz (Seite 74)
Ein Flöz bezeichnet eine Kohlenschicht, die zwischen anderen Gesteinsschichten lagert.

Fotovoltaikanlage (Seite 80)
Mithilfe einer Fotovoltaikanlage können die eintreffenden Sonnenstrahlen in elektrische Energie umgewandelt werden. Meist werden Fotovoltaikanlagen auf den Dächern von Gebäuden befestigt.

Fraktion (Seite 162)
Eine Fraktion ist die Vereinigung politisch gleich gesinnter Abgeordneter in einem Gemeinderat oder einem Parlament des Bundeslandes. In der Regel gehören die Mitglieder einer Fraktion der gleichen Partei an.

Fruchtwechsel (Seite 60)
Der Fruchtwechsel ist eine mehrjährige Abfolge unterschiedlicher Anbaufrüchte auf demselben Feld. Dabei wechseln Blattfrüchte (z. B. Futterpflanzen oder Hülsenfrüchte) mit Halmfrüchten (Getreide), um den Boden nicht einseitig zu beanspruchen.

Gated Community (Seite 25)
Eine Gated Community ist eine abgeschlossene und gegen unbefugten Zugang bewachte Wohnanlage. Diese Wohngebiete werden von wohlhabenden oder privilegierten Bevölkerungsgruppen bewohnt. Gated Communities bieten ihren Bewohnern z.T. Serviceleistungen und ermöglichen eine Abgrenzung zu anderen Bevölkerungsgruppen.

gemeinnützige Organisation (Seite 184)
Gemeinnützige Organisationen sind staatsunabhängige Interessenverbände und Vereinigungen, die sich insbesondere sozial- und umweltpolitisch engagieren. Sie arbeiten in demokratischen Strukturen und sind nicht gewinnorientiert.

Generationenvertrag (Seite 188)
Der Generationenvertrag funktioniert, indem jüngere Arbeitnehmer in die Rentenkassen einzahlen, um die Menschen im Rentenalter zu finanzieren.

Getto (Seite 114)
Unter einem Getto versteht man ein Stadtviertel, in dem – freiwillig oder erzwungen – Angehörige einer bestimmten Bevölkerungsgruppe wohnen.

Gewerkschaft (Seite 101)
Eine Gewerkschaft ist ein Zusammenschluss von Arbeitnehmern, um bestimmte wirtschaftliche und soziale Ziele (z. B. höhere Löhne, kürzere Arbeitszeiten, bessere Arbeitsbedingungen) gegenüber den Arbeitgebern durchzusetzen.

Gezeitenkraftwerk (Seite 81)
Ein Kraftwerk, das die bei Ebbe und Flut entstehende Energie des Meeres nutzt, wird Gezeitenkraftwerk genannt.

Gleichschaltung (Seite 101)
Gleichschaltung ist der Prozess, bei dem ab 1933 die Führungspositionen aller gesellschaftlichen Bereiche mit Nationalsozialisten besetzt wurden.

Global City (Seite 23)
Eine Global City bezeichnet eine Metropole mit starker Konzentration von Hauptquartieren international operierender Unternehmen sowie spezialisierter Dienstleister. Diese Firmen und Organisationen steuern weltweit Wirtschaft und Politik.

GPS (Global Positioning System) (Seite 35)
Das GPS ist ein System, mit dem man seinen Standort auf der Erde bestimmen kann. Eine Route, die z. B. ein Schiff fahren soll, kann mithilfe des GPS bestimmt und überprüft werden. Diese Funktion ist die Grundlage für das Navigationssystem im Auto.

Großstadt (Seite 44)
Eine Stadt mit mehr als 100 000 Einwohnern und deutlich ausgeprägten Stadtvierteln ist eine Großstadt.

Grundgesetz (Seite 146)
Das Grundgesetz ist die Verfassung der BRD und wurde am 23. Mai 1949 vom Parlamentarischen Rat in Kraft gesetzt. Es beinhaltet die Grundlagen der staatlichen Ordnung sowie die Grundrechte der Bürger.

Grundrecht (Seite 153)
Grundrechte sind die in der Verfassung der Staaten aufgelisteten staatlich garantierten Freiheitsrechte des Einzelnen gegenüber dem Staat. In Deutschland sind sie im Grundgesetz (Artikel 1 bis 19) festgelegt.

Grundwasserspeicher (Seite 39)
Das sind große unterirdische Süßwasserspeicher, die sich vor mehreren Tausend Jahren gebildet haben. Viele Grundwasserspeicher werden heute in niederschlagsarmen Regionen genutzt. Dabei besteht die Gefahr, dass einige Speicher trockenfallen, wenn sie nicht in Verbindung mit dem Wasserkreislauf stehen.

Hamsterfahrt (Seite 137)
Hamsterfahrten nannte man in der Zeit nach dem Zweiten Weltkrieg die Zugfahrten, mit denen die Menschen aus der Stadt zu den umliegenden Bauernhöfen fuhren. Dort tauschten sie beispielsweise ihren kostbaren Schmuck gegen Nahrung. Wie ein Hamster sammelten sie alles Essen ein und trugen es nach Hause, um sich und ihre Familie zu ernähren.

Hightech (Seite 33)
Spitzentechnologie, Technik, die dem aktuellsten Stand entspricht.

Hitlerjugend (HJ) (Seite 102)
Die Hitlerjugend war die einzige staatliche Jugendorganisation während der Zeit des Nationalsozialismus. Die Mitgliedschaft war ab 1939 für alle Kinder und Jugendliche verpflichtend.

Hitler-Stalin-Pakt (Seite 111)
Der Hitler-Stalin-Pakt war ein Vertrag zwischen dem Deutschen Reich und der Sowjetunion. Darin wurde die gegenseitige Neutralität beider Staaten im Falle von kriegerischen Auseinandersetzungen beschlossen. Der Vertrag ebnete damit den Weg für den deutschen Angriff auf Polen.

Hochrechnung (Seite 160)
Eine Hochrechnung ist das wahrscheinliche Endergebnis, das aus einzelnen Teilrechnungen ermittelt wird. Bei Wahlen werden vor dem endgültigen Bekanntgeben der Wahlergebnisse Hochrechnungen abgegeben.

Holocaust (Seite 115)
Der Holocaust (Völkermord) ist die Bezeichnung für die Massenvernichtung der Juden durch das nationalsozialistische Regime. Etwa sechs Millionen Menschen wurden von 1941 bis 1945 in den Konzentrations- und Vernichtungslagern ermordet.

Hurrikan (Seite 12)
Als Hurrikan bezeichnet man einen heftigen, tropischen Wirbelsturm von großer Ausdehnung der schwere Verwüstungen anrichtet. Er entsteht über warmem Wasser (> 27°C.), seine Bahn verläuft wegen der Erdrotation zuerst westlich, dann zunehmend nördlich.

Industrieland (Seite 50)
Im Vergleich zu einem Entwicklungsland ist ein Industrieland ein weit entwickeltes Land mit einem hohen Pro-Kopf-Einkommen. Ein hoher Anteil an Beschäftigten in der Industrie und im Dienstleistungssektor sowie eine gut ausgebaute Infrastruktur sind weitere Merkmale.

Inflation (Seite 96)
Unter Inflation versteht man die Erhöhung des Preises für Güter und Dienstleistungen. Inflation kann mehrere Gründe haben: z. B. das Verhältnis von Angebot und Nachfrage eines Gutes oder die Zunahme von sogenanntem ungedecktem Geld (Geld, das gedruckt wird, ohne einen wirklichen Gegenwert zu haben).

IT-Industrie (Seite 32)
Oberbegriff für alle mit elektronischer Datenverarbeitung in Verbindung stehenden Techniken wie Netzwerkanwendungen, Bürokommunikation oder Software Engineering.

Intensivierung (Seite 59)
In der Landwirtschaft bezeichnet man alle Bemühungen, die Bodennutzung zu verbessern, als Intensivierung. Angebaute Pflanzen, die eine besonders gründliche (intensive) Pflege brauchen, nennt man Intensivkulturen. Zu den Intensivkulturen gehört der Obstanbau.

Intensivtierhaltung (Seite 58)
Die Tierhaltung in großen Ställen, bei der die Tiere meistens keinen Auslauf haben und zum Teil automatisch das Futter erhalten, wird Intensivtierhaltung genannt.

Kalter Krieg (Seite 142)
Als Kalter Krieg wird der Konflikt zwischen den von den USA geführten Westmächten und den von der Sowjetunion geführten Ostmächten zwischen 1947 und 1989 bezeichnet. Dabei kam es jedoch nie zu direkten kriegerischen Auseinandersetzungen.

Koalition (Seiten 93, 161)
Wenn nach einer Wahl keine Partei die absolute Mehrheit hat (über 50 Prozent der Sitze im Parlament), dann bilden zwei oder mehrere Parteien eine Koalition.

Kommunismus (Seite 144)
Der Kommunismus strebt als politisches System die Form einer Gesellschaft an, in der der Einzelne zugunsten der Gemeinschaft auf privates Eigentum verzichtet. Alle sollen alles besitzen. Die Anhänger des kommunistischen Systems sehen vor allem im privaten Besitz eine Ursache für den Gegensatz von Arm und Reich. Kennzeichen sind die Verstaatlichung der Produktionsmittel, eine starke Kontrolle aller Gesellschaftsmitglieder, die Diktatur der kommunistischen Partei und damit die Zerstörung vieler Rechte demokratischer Gesellschaften (Versammlungs-, Meinungs- und Vereinigungsfreiheit).

kommunistisch (Seite 142)
Kommunistisch ist das abgeleitete Adjektiv vom Nomen Kommunismus.

konventionelle Landwirtschaft (Seite 58)
Die konventionelle Landwirtschaft ist eine Form der Landwirtschaft, bei der Monokulturen auf großen Flächen angebaut werden. Die Ackerfläche wird ständig genutzt ohne Pause für den Boden und es werden Chemikalien für die Düngung und Schädlingsbekämpfung eingesetzt.

Konzentrationslager (Seite 116)
Die Nationalsozialisten sperrten u. a. politische Gegner und Menschen aus unerwünschten ethnischen, religiösen oder sozialen Gruppen in Gefangenenlager. Diese Lager hießen Konzentrationslager. Dort wurden Menschen gequält und ermordet.

Krankenversicherung (Seite 180)
Die gesetzliche Krankenversicherung ist ein Teil der Sozialversicherung. Die Krankenversicherung dient dazu, die Kosten für medizinische Behandlungen, Arzneimittel und Hilfs- und Heilmittel zu decken. Alle Bürger in Deutschland sind gesetzlich dazu verpflichtet, sich für den Krankheitsfall abzusichern.

Kulturlandschaft (Seite 56)
Im Gegensatz zur Naturlandschaft ist die Kulturlandschaft vom Menschen geprägt: vor allem durch wirtschaftliche Tätigkeiten, Siedlungen und Verkehrseinrichtungen.

ländlicher Raum (Seite 44)
Der ländliche Raum ist im Gegensatz zum städtischen Raum ein Gebiet, in dem Dörfer und Kleinstädte vorherrschen. Die Bevölkerungsdichte ist gering. Der ländliche Raum dient nicht nur der landwirtschaftlichen Produktion, sondern ist Erholungs- und Ausgleichsgebiet für die Menschen aus den Städten.

Luftbrücke (Seite 145)
Eine Luftbrücke bestand während der Berlinblockade zwischen West-Berlin und Westdeutschland. Dabei wurden die von der Außenwelt abgeschnittenen Bewohner West-Berlins unter anderem mit Lebensmitteln und anderen wichtigen Gütern versorgt. Diese wurden von Flugzeugen aus über West-Berlin abgeworfen und sicherten den Menschen das Überleben.

Marshallplan (Seite 144)
Als Marshallplan wird das US-amerikanische Wiederaufbauprogramm für Europa bezeichnet, welches 1947 vom ehemaligen Außenminister der USA George C. Marshall präsentiert wurde. So wurde Westeuropa z. B. mit Krediten und Rohstoffen geholfen, um sich von den Folgen des Krieges zu erholen.

Mechanisierung (Seite 57)
Unter Mechanisierung versteht man den Ersatz der Arbeitskraft des Menschen durch Maschinen. Dadurch wird die Arbeit erheblich erleichtert und es werden Arbeitskräfte eingespart.

Münchner Abkommen (Seite 110)
Das Münchner Abkommen wurde in der Nacht zum 30. September 1938 von Großbritannien, Italien, Frankreich und dem Deutschen Reich unterzeichnet. Die Vertreter vereinbarten darin den schrittweisen Anschluss des deutschsprachigen Sudetenlandes an das Deutsche Reich.

nachhaltig (Seite 60)
Nachhaltig zu leben bedeutet, dass man bei der Befriedigung seiner Bedürfnisse immer darauf achtet, dass keine Schäden (in der Natur oder Wirtschaft) entstehen, die zukünftigen Generationen das Leben auf unserem Planeten erschweren.

Nationalsozialistische Deutsche Arbeiterpartei (NSDAP) (Seite 97)
Die NSDAP wurde in der Weimarer Republik gegründet. Sie verfolgte u. a. die Rassenideologie und lehnte die Demokratie ab.

NATO (Seite 146)
(engl. North Atlantic Treaty Organisation) Die NATO ist ein militärisches Verteidigungsbündnis westlicher Länder, das 1949 zwischen zwölf Staaten Nordamerikas und Westeuropas gegründet wurde. Deutschland wurde 1955 Mitglied. Heute gehören diesem Bündnis 26 Staaten an.

Nürnberger Gesetze (Seite 108)
Die Nürnberger Gesetze wurden am 15. September 1935 erlassen und waren die juristische Grundlage für die Unterdrückung und Verfolgung jüdischer Bürger in Deutschland.

Offshore-Förderung (Seite 77)
Der Begriff offshore ist Englisch und bedeutet „küstenfern". In der Nordsee werden Öl und Gas in der Offshore-Technik, d. h. im Meer gefördert.

Offshore-Windpark (Seite 82)
Ein Offshore-Windpark besteht aus Windradanlagen, die nicht auf dem Festland stehen, sondern auf dem offenen Meer.

ökologische Landwirtschaft (Seite 60)
Die ökologische Landwirtschaft ist eine Form der Landwirtschaft, die nur natürliche Einsatzstoffe zum Anbau von Pflanzen oder zur Aufzucht von Tieren nutzt. Es werden Naturdünger (z. B. Kuhmist), biologische Schädlingsbekämpfung und weniger Zusatzstoffe im Tierfutter eingesetzt.

Opposition (Seite 161)
In einer Demokratie bilden die Parteien, die nicht der Regierung angehören, die Opposition.

Parlament (Seite 152)
(franz. „parler": „sprechen") Das Parlament ist die Vertretung des Volkes in einer Demokratie. Die Mitglieder heißen Abgeordnete und werden vom Volk gewählt. Zentrale Aufgaben des Parlaments sind die Gesetzgebung, die Festlegung des Haushalts und die Kontrolle von Regierung und Verwaltung.

Parlamentarischer Rat (Seite 146)
Der Parlamentarische Rat trat im September 1948 in Bonn zusammen. Der Rat bestand aus den Ministerpräsidenten der deutschen Länder und war von den drei westlichen Siegermächten beauftragt worden, ein Grundgesetz für die spätere Bundesrepublik Deutschland auszuarbeiten.

Partei (Seite 156)
Menschen mit gleichen politischen Zielen schließen sich in einer Partei zusammen. Die Ziele werden in Partei- und Wahlprogrammen veröffentlicht.

Pflegeversicherung (Seite 180)
Die Pflegeversicherung ist Teil der Sozialversicherung in Deutschland. Beitragspflichtig sind alle Menschen, die krankenversichert sind. Wird eine Person pflegebedürftig, erhält sie je nach Stufe der Pflegebedürftigkeit eine finanzielle Unterstützung.

Pipeline (Seite 77)
Pipelines sind Rohrleitungen zur Beförderung von Gasen und Flüssigkeiten (z. B. Erdöl) über große Entfernungen hinweg.

Plankton (Seite 76)
Als Plankton bezeichnet man die Gesamtheit aller Kleinstlebewesen in Süß- und Salzwasser, die frei im Wasser schweben. Unterschieden werden Phytoplankton (pflanzlich: winzige Algen) und Zooplankton (tierisch: Kleinlebewesen, Fischeier). Plankton ist für viele Fische die wichtigste Nahrungsquelle.

Primärenergieverbrauch (Seite 85)
Der Primärenergieverbrauch ist der Verbrauch an primären Energieträgern wie Steinkohle, Rohbraunkohle, Erdöl, Erdgas, Holz, Kernbrennstoffe, Wasser, Sonne und Wind.

primärer Energieträger (Seite 73)
Primäre Energieträger sind die in der Natur in ihrer ursprünglichen Form dargebotenen Energieträger, zum Beispiel Steinkohle, Rohbraunkohle, Erdöl, Erdgas, Holz, Kernbrennstoffe, Wasser, Sonne und Wind.

private Altersvorsorge (Seite 181)
Um im Alter eine ausreichende oder eine höhere Rente beziehen zu können, gibt es neben der gesetzlichen eine private Altersvorsorge. Diese ist nicht verpflichtend.

Prognose (Seite 160)
Eine Prognose ist eine Voraussage, wie sich z. B. eine Wahl oder eine ganze Gesellschaft in der Zukunft entwickeln wird. Die Prognose wird durch wissenschaftliche Untersuchungen begründet.

Propaganda (Seite 98)
Eine gezielte politische Beeinflussung durch Wort, Bild, Schrift, Musik und Veranstaltungen nennt man Propaganda. Hier wird mithilfe von Vereinfachungen, Schlagworten und Schwarz-Weiß-Malerei versucht, auf die Menschen einzuwirken. Die Nationalsozialisten nutzten dazu besonders Großveranstaltungen, den Rundfunk sowie Zeitungen und Zeitschriften.

Raffinerie (Seite 77)
Eine Raffinerie ist ein Betrieb zur Verarbeitung von zähflüssigen Stoffen (z. B. Erdöl).

Relief (Seite 10)
Als Relief bezeichnet man die Oberflächenform der Erde (z. B. Gebirge oder Täler).

Reichspogromnacht (Seite 109)
In der Reichspogromnacht (9. November 1938) begannen in Deutschland die gezielten Gewaltaktionen gegen die jüdische Bevölkerung, z. B. die Zerstörung von Synagogen und Geschäften.

Rentenversicherung (Seite 180)
Die Rentenversicherung ist gesetzlich geregelt und Teil der Sozialversicherung. Arbeitnehmer zahlen in die Versicherung ein, damit Renten ausgezahlt werden können.

Reparation (Seite 96)
Reparationen sind Leistungen zur Wiedergutmachung von Schäden, die ein besiegtes Land im Krieg in einem anderen Land angerichtet hat.

Ressource (Seite 72)
Ein natürliches Produktionsmittel und reine Hilfsquelle sind Ressourcen. Dies sind z. B. Rohstoffe, aber auch Umweltgüter wie Luft und Wasser, die für die wirtschaftliche Tätigkeit des Menschen erforderlich sind.

Rohstoff (Seite 72)
Ein Rohstoff ist ein unverarbeiteter Stoff, so wie er in der Natur vorkommt (z. B. Holz, Eisenerz, Rohöl). Rohstoffe werden bearbeitet und weiterverarbeitet. Man stellt daraus häufig Fertigwaren (z. B. Pkws) her.

Rushhour (Seite 23)
Als Rushhour wird die Hauptverkehrszeit bezeichnet. Sie wird durch den Berufsverkehr zu Arbeitsbeginn und zum Arbeitsende in den Städten verursacht.

Schwarzmarkt (Seite 137)
Als Schwarzmarkt bezeichnet man einen illegalen Markt. Hier wurden z. B. nach dem Zweiten Weltkrieg Wertgegenstände gegen Lebensmittel und Medikamente getauscht.

Sediment (Seite 76)
Sedimente sind Ablagerungen von Sand, Ton oder Kalk an Land oder im Meer. Man bezeichnet Lockersedimente als Sedimente und verfestigte Sedimente als Sedimentgesteine.

Solarwärmekraftwerk (Seite 83)
Mit Solarwärmekraftwerken wird Strom erzeugt. Mithilfe der Sonnenstrahlung werden hohe Temperaturen erzeugt. Die entstehende Hitze treibt Wärme-Kraft-Maschinen an, die elektrischen Strom produzieren.

Solidarprinzip (Seite 178)
Das Solidarprinzip ist das grundlegende Prinzip der deutschen Sozialversicherung, nach dem alle Versicherten einer Einkommensgruppe den gleichen Versicherungsbeitrag einzahlen.

Sonnenkollektor (Seite 80)
Sonnenkollektoren erzeugen Wärme durch Sonneneinstrahlung. Sie sind Bestandteil von Solaranlagen.

sozial (Seite 176)
Verhält sich eine Person sozial, so gilt sie als hilfsbereit, freundlich und verkehrt gerne mit anderen Personen. Ein Staat kann auch sozial sein, indem er für seine Bürger Hilfen, Unterstützung oder Sozialleistungen zur Verfügung stellt.

Sozialleistung (Seite 176)
Die Sozialleistungen umfassen alle Leistungen, um die soziale Sicherung zu garantieren. Teile der Sozialleistungen sind Wohngeld, Sozialhilfe oder Kindergeld. Von allen Sozialleistungen entfallen etwa 70% auf die Sozialversicherungen.

Sozialpolitik (Seite 177)
Als Sozialpolitik werden alle Maßnahmen und Gesetze des Staates bezeichnet, welche die Menschen finanziell und gesundheitlich absichern und das Leben von schwachen, kranken und schutzbedürftigen Menschen verbessern.

Sozialstaat (Seite 176)
In einem Sozialstaat übernimmt der Staat die finanzielle Grundsicherung seiner Bürger.

Sozialversicherung (Seite 176)
Das System der sozialen Absicherung gegenüber potenziellen Armutsrisiken ist die Sozialversicherung. Zur Sozialversicherung in Deutschland gehören die Krankenversicherung, Unfallversicherung, Rentenversicherung, Arbeitslosenversicherung und Pflegeversicherung. Sie beruht in ihren Grundzügen auf der Bismarck'schen Sozialgesetzgebung des 19. Jahrhunderts.

Spezialisierung (Seite 57)
Spezialisierung ist die Reduzierung auf ein oder wenige Produkte, in der Landwirtschaft z. B. auf einen Bereich der Acker- oder Viehwirtschaft.

Stalingrad (Seite 113)
Stalingrad war eine Stadt an der Wolga im Südwesten von Russland. In Stalingrad spielte sich eine der größten Schlachten des Zweiten Weltkrieges ab. Die deutsche Armee zerstörte den größten Teil der Stadt, musste sich jedoch im Februar 1943 ergeben. Diese deutsche Niederlage stellte einen Wendepunkt im Zweiten Weltkrieg dar. Seit 1961 heißt die Stadt Wolgograd.

Standortfaktor (Seite 29)
Wenn ein Betrieb sich an einem bestimmten Standort ansiedelt, so sind dafür bestimmte Gründe entscheidend, zum Beispiel vorhandene Arbeitskräfte, gute Verkehrsanbindung usw. Die Gründe, die für oder gegen den Standort sprechen, werden Standortfaktoren genannt.

Standortvorteil (Seite 29)
Ein Standortvorteil ist ein Vorteil, den ein bestimmter Standort für ein Wirtschaftsunternehmen gegenüber anderen Standorten hat.

Startup (Seite 33)
Als Startup bezeichnet man Unternehmen, die erst vor kurzem gegründet wurden. Die Geschäftsidee ist meist einfallsreich und es wird davon ausgegangen, dass sich das Unternehmen wirtschaftlich schnell und gut entwickeln wird.

Steinkohle (Seite 74)
Steinkohle entstand aus abgestorbenen Pflanzen unter Luftabschluss, ist aber in Deutschland etwa zehnmal so alt wie die Braunkohle. Steinkohle brennt wesentlich besser, weil sie weniger Wasser enthält. Sie liegt hier aber so tief unter der Erde, dass man sie nur im teuren Untertagebau abbauen kann.

Stromtrasse (Seite 86)
Eine Stromtrasse ist eine überirdische Stromleitung, die elektrischen Strom über eine große Distanz überträgt.

Strukturwandel (Seiten 30, 57)
Die Industrie eines Landes durchläuft einen Strukturwandel, wenn einzelne, bisher wichtige Industrien (z. B. Montanindustrie) an Bedeutung verlieren und gleichzeitig andere oder neue Wirtschaftszweige (z. B. Dienstleistung) an Bedeutung gewinnen.

Suburb (Seite 24)
Suburb ist die englische Bezeichnung für eine Vorstadt. Oftmals leben in den Vorstädten Menschen, die in den Städten bzw. Zentren arbeiten.

Subvention (Seite 31)
Die finanzielle Unterstützung von Unternehmen, Regionen oder Wirtschaftszweigen durch den Staat wird als Subvention bezeichnet.

Tidenhub (Seite 81)
Den Abstand (in Metern) zwischen Hochwasser und Niedrigwasser nennt man Tidenhub.

Tornado (Seite 12)
Der Tornado ist ein Wirbelsturm in Nordamerika, der sich durch das Aufeinandertreffen warmer und kalter Luft bilden kann.

Trümmerfrauen (Seite 136)
Der Begriff Trümmerfrauen entstand während der Nachkriegszeit, als viele Deutsche Städte völlig zerstört waren Die Frauen halfen, die Städte aus den Trümmern wiederaufzubauen. Sie arbeiteten hart und für einen sehr niedrigen Lohn.

Unfallversicherung (Seite 180)
Die Unfallversicherung ist Teil der Sozialversicherung in Deutschland. Ziel dieser Versicherung ist, den Arbeitnehmer gegen Arbeitsunfälle und Berufskrankheiten zu versichern.

Versailler Vertrag (Seite 94)
Der Versailler Vertrag ist ein Friedensvertrag, der nach dem Ersten Weltkrieg 1919 in Versailles bei Paris unterzeichnet wurde. Die Siegermächte USA, Großbritannien, Frankreich und Italien zwangen Deutschland zur Anerkennung der alleinigen Kriegsschuld und daraus folgend zu Gebietsabtretungen und Reparationen.

Wahlbeteiligung (Seite 160)
Unter Wahlbeteiligung versteht man den Prozentsatz an Wahlberechtigten, die sich tatsächlich an der Wahl beteiligt haben. Wahlberechtigt ist man in Deutschland mit 18 Jahren.

Wahl (Seite 152)
Eine Wahl bedeutet, dass man sich zwischen zwei oder mehreren Möglichkeiten, Dingen oder Personen entscheiden kann. In einer Demokratie ist die Wahl von Regierungsvertretern unverzichtbar.

Währungsreform (Seiten 96, 144)
Die Währungsreform im Jahr 1923 bezeichnet die Umstellung von der Mark auf die Rentenmark (später Reichsmark). Die Inflation war damit beendet. Die Währungsreform von 1948 bezeichnet die Einführung der Deutschen Mark (DM).

Wannsee-Konferenz (Seite 115)
Die Wannsee-Konferenz fand am 20. Januar 1942 in der Villa am Großen Wannsee in Berlin statt. Dort berieten sich hochrangige Vertreter der Nationalsozialisten über die „Endlösung der Judenfrage". Zu diesem Zeitpunkt wurden bereits Juden ermordet. Insgesamt waren es zu Kriegsende ca. sechs Millionen Juden.

Weimarer Republik (Seite 94)
Die Weimarer Republik war die erste parlamentarische Demokratie in Deutschland. Sie begann am 9. November 1919 und endete 1933 mit der Ernennung Adolf Hitlers zum Reichskanzler.

Weltwirtschaftskrise (Seite 97)
Eine Weltwirtschaftskrise ereignet sich, wenn die Wirtschaft in einem Land oder mehreren Ländern mit hoher Wirtschaftsleistung zusammenbricht. Im Oktober 1929 geschah dies in den USA, als die Aktienkurse extrem sanken und viele US-Amerikaner ihre Kredite zurückriefen. Die entstandene Wirtschaftskrise hatte weltweite Konsequenzen und führte dazu, dass viele Menschen arbeitslos wurden und in Armut verfielen.

Zensur (Seite 105)
Werden bestimmte Inhalte von Text, Ton oder Bild bewusst nicht gezeigt, gekürzt oder verfälscht dargestellt, nennt man diesen Vorgang Zensur. Eine Zensur von Medien ist in Deutschland nicht erwünscht, denn sie würde die Meinungsfreiheit missachten. Ausnahmen von Zensur gibt es, wenn die Inhalte Bestimmungen des Jugendschutzgesetzes missachten.

Zivilgesellschaft (Seite 154)
Das Wort „zivil" bedeutet so viel wie bürgerlich. In einer demokratischen Gesellschaft setzen sich die Bürger idealerweise für Demokratie und Gerechtigkeit ein. Die Menschen engagieren sich und helfen sich gegenseitig.

Zweitstimme (Seite 156)
Mit der Zweitstimme wird in Deutschland die Kandidatenliste einer Partei gewählt. Auf der Grundlage der Zweitstimmen wird die Zahl der Sitze, die die einzelnen Parteien im Parlament erhalten, ermittelt.

Starthilfen zum Kapitel 1

Seite 9, Aufgabe 4:
Vergleiche die Größe der Kontinente (West-Ost- und Nord-Süd-Ausdehnung), die Lage der großen Gebirge, Flüsse, Seen und Inseln.

Seite 14, Aufgabe 1b:
Die Koordinaten der vier Klimastationen lauten: A (40° N / 73° W), B (64° N / 147° W), C (33° N / 84° W) und D (34° N / 118° W).

Seite 18, Aufgabe 3:
Hauptstadt: Beschreibt die Lage der Hauptstadt; Fläche: Benennt besonders große Bundesstaaten; Einwohner: Beschreibt, wo besonders viele der Einwohner leben und wo die Bevölkerungsdichte sehr gering ist; Städtische Bevölkerung: Benennt die großen Städte der USA; Einkommen: Recherchiert zum Vergleich das durchschnittliche Einkommen in Deutschland; Währung: Ermittelt den aktuellen Wechselkurs (Euro – Dollar)

Seite 28, Aufgabe 1:
a) Leben der Person, Idee und wirtschaftlicher Erfolg
b) Berücksichtigt folgende Themen: Produkte/Unternehmenszweck; Hauptsitz, weitere Standorte, Mitarbeiterzahl, Konkurrenz.

Seite 33, Aufgabe 3:
Bezieht in den Vergleich die folgenden Merkmale ein: Größe, Industriezweige, wichtige Standortfaktoren.

Starthilfen zum Kapitel 3

Seite 56, Aufgabe 1a:
Beschreibe die Lage durch Flüsse, Gebirge, Entfernungen zu anderen Städten oder zu deinem Heimatort. Verwende in deinem Atlas die Karte „Bayern – Landwirtschaft".

Seite 67, Aufgabe 4:
Notiert zuerst Vor- und Nachteile von Biokraftstoffen bzw. deren Anbau.

Starthilfen zum Kapitel 4

Seite 72, Aufgabe 1:
Denke dabei an deinen Schulweg, dein Klassenzimmer, deine Freizeit.

Seite 74, Aufgabe 3:
Sieh dir auch das Bild M1 auf S. 72 an. Stell dir vor, du würdest am Rand der Grube stehen.

Seite 75, Aufgabe 4:
Beziehe auch die Informationen aus dem Text mit ein.

Seite 79, Aufgabe 3:
Die Erstellung einer Mindmap (vgl. Methode S. 200) kann dir helfen.

Seite 80, Aufgabe 2:
Denke an Fotovoltaikanlagen, Parkscheinautomaten usw.

Seite 85, Aufgabe 4:
Denke dabei an deinen persönlichen Tagesablauf vom Aufstehen bis zum Schlafengehen.

Starthilfen zum Kapitel 5

Seite 93, Aufgabe 6:
Überlege, welche Rechte die Bürger hatten und wie viel Macht der Reichspräsident hatte.

Seite 96, Aufgabe 2:
Lege eine Tabelle an und trage ein:

Gewinner	Verlierer

Seite 96, Aufgabe 3:
Berühmte Personen dieser Zeit sind z. B. Marlene Dietrich, Max Schmeling, Josefine Baker, Paul Klee, Albert Einstein und Bertolt Brecht.

Seite 98, Aufgabe 2:
Beginne so: Im Jahr 1924 … . Zwischen 1925 und 1929… . Ab 1930… .

Seite 99, Aufgabe 5:
Was soll durch dieses Bild ausgedrückt werden?

Seite 101, Aufgabe 6:
Sucht eine Definition von „Diktatur" und vergleicht mit den Gegebenheiten während der NS-Zeit.

Seite 102, Aufgabe 2:
Denkt an euren Alltag, Freizeitbeschäftigungen, Berufswünsche etc.

Seite 103, Aufgabe 4:
Wie wird Hitler dargestellt? Welche Bedeutung hat Hitler für die Jugend?

Seite 108, Aufgabe 1:
Denke daran, dass die Verfolgungen immer schlimmer wurden.

Seite 108, Aufgabe 3:
Bedenkt, dass Hitler gerade an die Macht gekommen ist, auch unter den Jugendlichen viele Unterstützer hat und seine Truppen oft mit Gewalt auf politische Gegner bzw. Widerspruch reagieren.

Seite 111, Aufgabe 4:
Appeasement-Politik bezeichnet eine Politik der Zurückhaltung, Beschwichtigung und des Entgegenkommens. Was könnten sich die Politiker von so einer Politik erhofft haben?

Seite 113, Aufgabe 3:
Nutze den Begriff Gesichter im übertragenen Sinn.

Seite 114, Aufgabe 2:
Durch einen Vernichtungskrieg soll die ganze Bevölkerung vernichtet werden.

Seite 116, Aufgabe 3:
Überlege, was der Satz an sich ausdrückt und wie die Realität im Konzentrationslager aussah.

Seite 118, Aufgabe 1:
Beginne so: Das Plakat besteht aus zwei Teilen. Links… .

Seite 119, Aufgabe 4:
Stelle vorbereitend tabellarisch die Darstellung des „Kranken" und des „Normalen" gegenüber.

Seite 120, Aufgabe 2:
Stelle zunächst die Gruppe vor und berichte dann über ihre Wirkung damals und heute.

Seite 122, Aufgabe 1:
Beginne die Zeitleiste mit dem Jahr 1910.

Seite 124, Aufgabe 2:
Denke an den Zeitpunkt der Kapitulation Japans.

Seite 125, Aufgabe 4:
Achte bei der Zeichnung auf die maßstabsgerechte Größe der Kreise.

Starthilfen zum Kapitel 6

Seite 136, Aufgabe 1:
Denke auch an Risiken und Gefahren.

Seite 138, Aufgabe 2:
Bedenke die Folgen für Kinder und Erwachsene sowie für die ganze Familie.

Seite 141, Aufgabe 4:
Recherchiert nach einer Liste der Hauptkriegsverbrecher. Welche Funktionen hatte der ausgewählte Angeklagte, was wurde ihm vorgeworfen und wie hat er sich verteidigt? Ist das Urteil angemessen?

Seite 143, Aufgabe 5:
Beachte, dass Truman mit der ersten „Lebensweise" die USA, mit der zweiten die Sowjetunion beschreibt.

Starthilfen zum Kapitel 7

Seite 153, Aufgabe 6:
Lest S. 153 M6 und überlegt, was passiert, wenn diese Grundrechte nicht mehr gelten.

Seite 156, Aufgabe 3b:
In Ländern wie den USA werden Wahlmänner gewählt, in Deutschland wählen wir direkt einen Abgeordneten.

Seite 157, Aufgabe 5:
Jede Wählerstimme zählt gleich viel. Wenn eine Partei die fünf Prozent der Stimmen nicht bekommt, werden ihre Stimmen auf die anderen Parteien umgelegt. Ist dann trotzdem der Wille des Wählers erreicht?

Seite 159, Aufgabe 5a:
Wofür setzt sich die Partei ein? Wie steht sie zu Themen wie Bildung, Umweltschutz oder Flüchtlingen?

Seite 164, Aufgabe 3:
Schaut euch im Schulhaus um und erkundigt euch zum Beispiel über die Ausstattung der PC-Räume, Tablets, Wlan-Möglichkeiten.

Seite 166, Aufgabe 3:
Welche Ministerien gibt es und wie heißen die zuständigen Bundesminister? Mit welchen Fragen beschäftigt sich das Ministerium?

Seite 170, Aufgabe 2:
Denke an die Regierungsform in diesen Ländern.

Starthilfen zum Kapitel 8

Seite 184, Aufgabe 2a:
Welche Aufgaben übernimmt die Einrichtung? Wie finanziert sich die Einrichtung?

Seite 188, Aufgabe 2:
Erklärt den Befragten, wozu ihr die Angaben benötigt und achtet darauf, dass die Angaben anonym bleiben. Tragt die einzelnen Interviews zusammen und ermittelt, wovon ältere Menschen leben.

Sechs Schritte zum Erstellen einer GPG-Lernkartei

1. Begriffe auswählen
- Für jeden neuen Fachbegriff aus dem Bereich Geschichte, Politik und Geographie wird eine Karteikarte angelegt.
- Neue Fachbegriffe sind für dich meist unbekannte Begriffe, deren Bedeutung du nicht oder nicht genau kennst.
- Im Schulbuch sind einige davon im Text schon fett gedruckt.
- Suche auf den vorausgegangenen Seiten im Schulbuch nach Fachbegriffen, die du auf den Karteikarten erklären möchtest.

2. Vorderseite der Karteikarte gestalten
- Auf der Vorderseite steht nur der neue Fachbegriff mit seinem Artikel.
- Schreibe ordentlich und mit einem Füller.

3. Rückseite der Karteikarte gestalten
- Hier steht die Erklärung für den Begriff. Diese kannst du mithilfe der Schulbuchseite, auf der der Begriff verwendet wird, selbst formulieren.
- Am Ende vom Schulbuch gibt es ein Minilexikon. Überprüfe, ob der Begriff dort auch vorkommt. Vielleicht unterstützt dich die Erklärung bei der eigenen Formulierung.
- Schreibe zur Erinnerung noch ein bis zwei Beispiele zum Begriff auf.

4. Einsortieren der Karten in einen Karteikasten

- Ordne die Karteikarten mit den Begriffen nach dem Alphabet.
- Lege die sortierten Karten in einen Karteikasten oder eine kleine Schachtel.

5. Arbeiten und Üben mit der Lernkartei
- Sobald der Fachbegriff im Unterricht wieder verwendet wird, kannst du zur Sicherheit nochmal die Karteikarte anschauen.
- Teste dich selbst, indem du dir die Karten vorlegst und die Begriffe mit eigenen Worten erklärst. Drehe dann die Karte um und prüfe, ob deine Erklärung stimmt.
- Tausche deine Lernkarten mit deinem Nachbarn aus und überprüft, ob ihr die Begriffe richtig erklären könnt.

6. Weiterentwickeln der Lernkartei
- Sobald im Unterricht ein neuer Fachbegriff verwendet wird, legst du eine neue Karteikarte an.
- Im Buch endet jedes Kapitel mit einer GEWUSST-GEKONNT-Seite. Dort sind die wichtigsten Fachbegriffe als Grundbegriffe aufgeführt.

Sieben Schritte zum Zeichnen einer Kartenskizze

Eine Kartenskizze ist eine einfache Darstellung eines Raumes (Ort, Region, Land, Kontinent).

1. Zeichne zuerst ganz grob den Umriss des Raumes, zum Beispiel die Grenzen eines Landes. Gerade Hilfslinien erleichtern die Arbeit.
2. Innerhalb des Raumes kannst du einzelne Regionen abgrenzen, zum Beispiel Gebirge oder Großlandschaften.
3. Lege nun eine Auswahl wichtiger topografischer Objekte fest (z. B. Flüsse, Gebirge oder Städte) und zeichne sie mit Bleistift in den Umriss ein.
4. Male die Karte farbig aus: zum Beispiel Flüsse blau, Gebirge braun, Städte rot und Großlandschaften blass unterlegt.
5. Beschrifte alle eingezeichneten Dinge, zum Beispiel Gebirge mit Großbuchstaben, Flüsse mit kleinen Buchstaben und Städte mit Zahlen.
6. Erstelle dann zu den Großbuchstaben, den kleinen Buchstaben und den Zahlen eine Namensliste.
7. Lege eine Legende an und gib der Skizze eine Unter- oder Überschrift.

Drei Schritte zum Anfertigen einer Mindmap

Eine Mindmap (Gedankenkarte) hilft dabei, die vielen Teilbereiche eines Themas zu ordnen. So lässt sich eine Zusammenfassung oder ein Referat besser vorbereiten.

1. Schreibe das Thema, deutlich markiert, in die Mitte.
2. Zeichne und beschrifte Hauptstränge zu wichtigen Teilthemen.
3. Zeichne zu jedem Hauptstrang Nebenstränge und beschrifte sie mit den zugehörigen Themen.

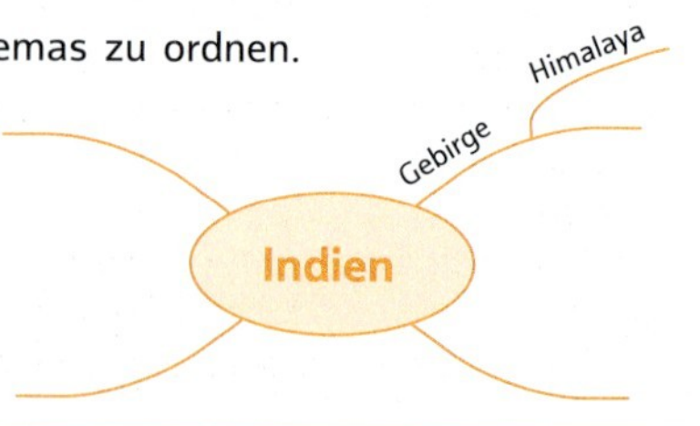

Sechs Schritte zum Auswerten einer Geschichtskarte

Geschichtskarten informieren dich über Ereignisse oder Abläufe, die in einem bestimmten Zeitabschnitt stattgefunden haben.

1. Der Kartentitel zeigt das Thema bzw. den Zeitraum, um den es geht.
2. Die Legende erklärt die Bedeutung der Farben und Kartenzeichen in der Karte.
3. Die Maßstabsleiste gibt an, wie sehr die Inhalte verkleinert wurden.
4. Die Beschriftung: Geschichtskarten enthalten wichtige Zahlen oder Namen, z.B. die Namen von Volksgruppen und Ländern.
5. Die Signaturen: Meist Punkte, Linien oder Symbole geben dir zusätzliche Informationen. Sie zeigen z.B. die Lage von wichtigen Orten oder die Richtung, in die Kriegszüge oder Wanderungen stattfanden.
6. Die Flächenfarben: Sie können für zusammenhängende Gebiete stehen oder für zeitliche Veränderungen. Sie bilden z.B. Herrschaftsbereiche ab oder zeigen Gebiete, die erobert wurden.

Vier Schritte zum Auswerten von Tabellen

1. **Thema der Tabelle nennen**
   Notiere das Thema der Tabelle.
   Kläre Begriffe und Abkürzungen, die du nicht kennst (Lexikon, Internet).
2. **Zeilen auswerten**
   Die Zeilen werden von links nach rechts gelesen. Beginne mit der obersten Zeile.
3. **Spalten auswerten**
   Die Spalten werden von oben nach unten gelesen. Jede Spalte wird für sich gelesen. Stelle fest, was die Zahlen aussagen.
4. **Ergebnisse zusammenfassen**

Drei Schritte zur Diagrammauswertung

1. **Thema des Diagramms nennen**
   Notiere das Thema des Diagramms (Titel oder Bildunterschrift).
2. **Achseneinteilung ermitteln**
   Schreibe auf, was das Diagramm verdeutlicht. Betrachte dazu die beiden Achsen und stelle fest, was auf ihnen in welcher Maßeinheit und Größenklasse dargestellt ist.
3. **Ergebnisse ermitteln**
   Weise auf Besonderheiten hin und vergleiche die Ergebnisse (Größe der Säulen, Verlauf der Linien beim Liniendiagramm).

Drei Schritte zum Zeichnen von Diagrammen

1. **Zeichne die senkrechte Achse**
   Zeichne mit dem Lineal eine senkrechte Linie am linken Blattrand.
   Unterteile sie in gleich große Abschnitte je Kästchen. Beachte die größte und die kleinste Zahl. Beschrifte die Abschnitte.
2. **Zeichne die waagerechte Achse**
   Zeichne eine waagerechte Linie am unteren Blattrand. Sie beginnt am Nullpunkt der senkrechten Achse. Zusammen bilden sie einen rechten Winkel. Die Länge der waagerechten Achse hängt von der Anzahl, Breite und dem Abstand der einzelnen Säulen ab (Säulendiagramm). Beim Liniendiagramm entscheidet die Anzahl der Werte (z.B. Jahreszahlen) und deren Abstand zueinander über die Länge der Achse.
3. **Zeichnen der Säulen bzw. Punkte/Linien**
   Säulendiagramm: Lege die Höhe jeder Säule fest und zeichne sie. Beschrifte die Säulen und male sie mit unterschiedlichen Farben aus.
   Liniendiagramm: Zeichne jeweils über jeder Jahreszahl und waagerecht zu jedem Wert der senkrechten Achse einen Punkt (Schnittpunkt). Verbinde die Punkte von Hand.

Vier Schritte zum Erstellen einer mitwachsenden Arbeitskarte

1. Besorge dir eine stumme Karte von dem Gebiet oder zeichne selbst eine einfache Skizze (Umriss des Gebiets mit Landesgrenzen, Gebirgen, Flüssen und den wichtigsten Städten).
2. Verschaffe dir mit deinem Schulbuch, Atlas und Heftaufzeichnungen einen Überblick zu den wichtigen Themen und topografischen Objekten (Orte etc.) von dem Land oder der Region, die in deiner Karte abgebildet werden sollen. Trage die topografischen Objekte in die Karte ein und notiere die wichtigen Themen außerhalb der Skizze.
3. Aktuelle Ereignisse aus der Region können zusätzlich, z.B. mit Zeitungsschlagzeilen, in der Karte ergänzt werden.
4. Füge unter die Karte Fragen zu dem Raum ein, die sich mit der Bearbeitung ergeben haben.

Fünf Schritte zum Lesen eines Klimadiagramms

1. **Der Ort:** Nenne den Namen und die Lage der Klimastation (Staat, Lage über dem Meeresspiegel).
2. **Die Temperaturen:** Nenne die Jahresmitteltemperatur (rote Zahl) sowie die Temperatur des wärmsten und kältesten Monats. Beschreibe die Veränderung der Temperatur im Jahresverlauf.
3. **Die Niederschläge:** Nenne die Jahresniederschlagssumme (blaue Zahl) sowie den niederschlagsreichsten und -ärmsten Monat. Beschreibe den Niederschlagsverlauf des Jahres.
4. **Die Auswertung:** Erläutere nun, welche Auswirkungen das Klima an diesem Ort hat: auf den Tourismus, die Vegetation, die Wirtschaft und den Anbau von Nutzpflanzen.
5. **Der Vergleich:** Vergleiche das Klima mit dem Klima eines anderen Ortes. Welche Unterschiede gibt es?

Info Regen- und Trockenzeit

- So erkennst du die Regenzeit: Die Niederschlagssummen liegen über der Temperaturkurve. Dann fällt mehr Niederschlag, als verdunsten kann, das Klima wird als humid (feucht) bezeichnet. In dieser Zeit steht den Pflanzen genügend Wasser zur Verfügung.
- So erkennst du die Trockenzeit: Die Temperaturkurve verläuft oberhalb der Niederschlagssummen, das Klima ist arid (trocken).

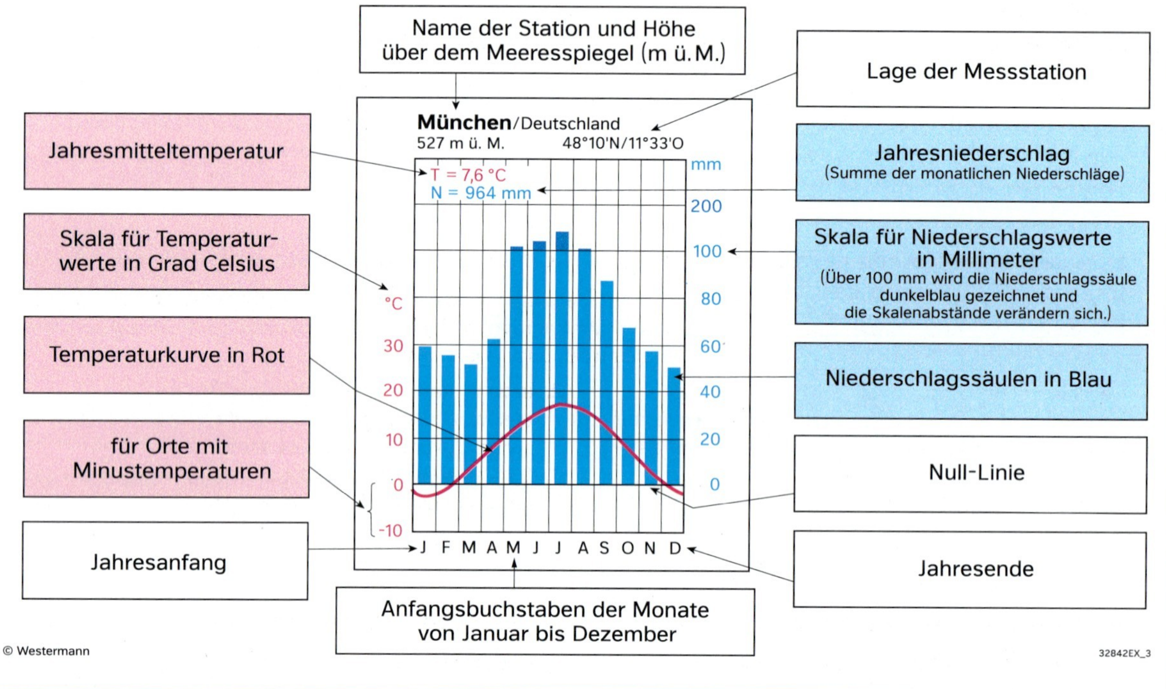

Sechs Schritte zur Auswertung von Bildern

Neben Textquellen berichten auch Bilder über Ereignisse aus geschichtlichen Epochen. Bilder können neben Fotos auch historische Darstellungen wie Zeichnungen, Gemälde, Kupferstiche oder auch Felszeichnungen und Fensterbilder in Kirchen sein.

1. Betrachte das Bild in Ruhe.
2. Benenne den Künstler und gib dem Bild einen Titel, der das Hauptgeschehen ausdrückt.
3. Überprüfe und notiere: Hat das dargestellte Ereignis tatsächlich stattgefunden? Wenn ja, wann?
   Handelt es sich um ein zeitgenössisches oder um ein später entstandenes Bild?
4. Beschreibe das Bild: Welche Personen oder Personengruppen sind zu erkennen? Welche Handlungen sind dargestellt? Welche Farben werden verwendet? Was ist im Vordergrund, was im Hintergrund dargestellt? Welche Personen, Gegenstände und Handlungen stehen im Mittelpunkt?
5. Versuche zu erkennen, welche Meinung der Künstler zum Ereignis ausdrücken wollte. Wie beurteilst du die Darstellung des Künstlers?
6. Verfasse einen zusammenhängenden Text mit folgenden Abschnitten: Titel, Überprüfung, Beschreibung, Meinung / Urteil.

Fünf Schritte zur Erstellung einer Präsentation

1. **Vorbereitung**
   - Wie lautet unser Thema?
   - Was wissen wir bereits?
   - Welche Teilbereiche gibt es?
   - Welchen Teilbereich oder welche Teilbereiche wählen wir aus?
   - Wie wollen wir unsere Ergebnisse präsentieren? (Vortrag und Plakat; Schüler, die sich bereits damit auskennen, können auch eine PowerPoint-Präsentation erstellen.)
   - Wie viel Zeit haben wir für die Ausarbeitung?
   - Wie lange darf der Vortrag dauern?
2. **Arbeits- und Zeitplan entwerfen**
   - Erstellt eine Themengliederung.
   - Teilt euch die Arbeit auf und notiert:

Wer macht	wann	mit wem	was?

3. **Durchführung**
   - Lest die Schulbuchseiten noch einmal durch.
   - Recherchiert zusätzlich in Büchern oder im Internet.
   - Fasst eure Ergebnisse so zusammen, dass sie später das Interesse der Zuhörer wecken.
   - Schreibt Karteikärtchen mit Stichpunkten zu den einzelnen Themen.
   - Organisiert das Material für die Präsentation (z. B. Plakatbögen, Schere, Kleber).
   - Auf dem Plakat oder in der PowerPoint-Präsentation sollten die wichtigsten Informationen kurz zusammengefasst sein.
   - Bilder machen die Präsentation anschaulich.
4. **Ergebnisse präsentieren**
   - Alle Arbeitsgruppenmitglieder sollen sich an der Präsentation beteiligen.
   - Überlegt euch einen Einleitungs- und einen Schlusssatz.
   - Übt den Vortrag am besten vor Publikum.
   - Präsentiert gemeinsam vor der Klasse euer Thema.
5. **Reflexion und Rückmeldung**
   Sprecht mit der Klasse:
   - Was hat gut geklappt?
   - Was kann noch verbessert werden?
   - Was merken wir uns für die nächste Präsentation?

Drei Schritte zur Untersuchung von Propagandatexten und Propagandaplakaten

In Propagandatexten/-plakaten werden die eigenen Vorstellungen und Sichtweisen der Verfasser als richtig und positiv dargestellt. Kritik daran gibt es nicht. Sachverhalte werden verfälscht oder erfunden, um die eigene Position zu untermauern. Politische Gegner werden verleumdet oder sogar als Feinde dargestellt.

1. **Geschichtlicher Hintergrund:**
   Informiere dich über die Entstehungszeit des Textes/Plakates. Wer hat den Text geschrieben bzw. das Plakat entworfen? Wann, wo und für wen wurde er verfasst/es erstellt?
2. **Inhalt:** Kläre unbekannte Begriffe.
   Wer wird als Gegner dargestellt? Was wird ihm vorgeworfen? Wird die Wirklichkeit verfälscht?
3. **Sprache:** Welche Begriffe/Bilder werden verwendet, um das Feindbild zu verstärken?

Vier Schritte zur Recherche im Internet

1. Notiere auf einem Blatt die Suchbegriffe, zu denen du Informationen benötigst.
2. Gib in das Schreibfeld einer Suchmaschine einen oder mehrere Suchbegriffe ein.
   Gib an, ob nach Texten, Bildern oder Videos gesucht werden soll. Dann erhältst du eine Liste mit Verweisen (Links) auf Internetseiten, auf denen die eingegebenen Begriffe stehen.
3. Entscheide anhand der Kurzbeschreibungen, welche Seiten für dein Thema geeignet sind. Öffne die Seiten durch Anklicken der Adresse.
   Findest du hier nicht das Richtige, musst du die Suche verfeinern.
   In einigen Suchmaschinen kannst du zwei und mehr Begriffe eingeben. Es erscheinen dann Links, die diese Begriffe enthalten.
4. Damit die von dir benötigten Informationen nicht verloren gehen, musst du sie aufschreiben oder speichern.

Drei Schritte zum Auswerten einer Karikatur

1. **Beschreiben**
   Beschreibe möglichst genau, was dargestellt ist: Thema, Szenerie, Merkmale/besondere Eigenschaften der Personen, Handlungen der Personen, Kleidung, Gegenstände, Aufteilung in Vorder- und Hintergrund, Stil der Zeichnung, Erscheinungsdatum und eventuell Bildunterschrift.
2. **Deuten**
   Deute nun die Karikatur, indem du die Aussage der Karikatur erläuterst:
   Auf welches aktuelle Problem nimmt der Zeichner Bezug, was genau kritisiert er?
   Für welche Position ergreift er Partei?
   An wen wendet er sich mit welchem Ziel?
3. **Beurteilen**
   Beurteile nun die Karikatur:
   Teilst du die Sichtweise des Karikaturisten oder bist du anderer Meinung? Begründe deine Meinung.

Die Arbeitsanweisungen im GPG

Dein GPG-Buch möchte dir das Lernen im Unterricht erleichtern. Deshalb gibt es Aufgaben mit bestimmten Arbeitsanweisungen. Damit du genau weißt, was du zu tun hast, werden dir die Arbeitsanweisungen auf diesen Seiten „übersetzt".

Arbeitsanweisungen gibt es zu drei unterschiedlichen Anforderungsbereichen:

Anforderungsbereich I:
etwas ausführen, wiedergeben und beschreiben

- **auflisten**
- **benennen**
- **beobachten**
- **beschreiben**
- **bestimmen**
- **darstellen**
- **erkundigen**
- **ermitteln**
- **informieren**
- **lokalisieren**
- **nennen**
- **recherchieren**
- **verorten**

Anforderungsbereich II:
etwas erklären, bearbeiten, ordnen und anwenden

- **analysieren**
- **anwenden**
- **auswerten**
- **begründen**
- **charakterisieren**
- **einordnen**
- **erklären**
- **erläutern**
- **erstellen**
- **Fragen stellen**
- **handeln**
- **reflektieren**
- **umsetzen**
- **vergleichen**
- **zuordnen**

Anforderungsbereich III:
über etwas urteilen, Stellung nehmen

- **beurteilen**
- **bewerten**
- **diskutieren**
- **entwickeln**
- **erörtern**
- **interpretieren**
- **sich auseinandersetzen mit**
- **Stellung nehmen**
- **überprüfen**

Anforderungsbereich I

Diese Arbeitsanweisungen werden verwendet, wenn du Inhalte und Zusammenhänge wiedergeben und beschreiben sollst.

Auflisten: Eine Liste von Sachverhalten oder Gegenständen ohne Erklärung anlegen.

Benennen / nennen: Sachverhalte oder Informationen ohne Erklärung wiedergeben.

Beobachten: Eine Situation oder einen Ort im Auge behalten.

Beschreiben: Die Aussagen von Materialien (Texten, Karten, Bildern) mit eigenen Worten wiedergeben.

Bestimmen / ermitteln: Einen Sachverhalt oder einzelne Begriffe in Texten und Materialien herausfinden.

Darstellen: Die Aussagen von Materialien (Texten, Karten, Bildern) geordnet als Text oder Schemazeichnung verdeutlichen.

Erkundigen / informieren / recherchieren: gezielt nach Texten, Bildern, Materialien suchen.

Lokalisieren / verorten: Finden eines Raumbeispiels (z. B. Stadt, Staat) auf einer Karte und Beschreibung der Lage (z. B. Lage auf einem Kontinent, in der Nähe großer Flüsse oder Gebirge).

Anforderungsbereich II

Diese Arbeitsanweisungen werden verwendet, wenn du bekannte Inhalte und Methoden selbstständig erklären, bearbeiten, ordnen oder anwenden sollst.

Analysieren: Schwierige Sachverhalte in Teilthemen untergliedern und die Zusammenhänge herausarbeiten und aufzeigen.

Anwenden / handeln / umsetzen: Einen bekannten Sachverhalt oder eine bekannte Methode auf etwas Neues beziehen.

Auswerten: Die Aussagen von Materialien (Texten, Karten, Bildern) herausfinden und zusammenstellen.

Begründen: Für einen bestimmten Sachverhalt oder eine Aussage Argumente finden.

Charakterisieren: Einen Raum oder einen Sachverhalt auf der Grundlage bestimmter Gesichtspunkte begründet vorstellen.

Einordnen / zuordnen: Einen Sachverhalt auf der Grundlage einzelner Gesichtspunkte (historisch-zeitlich, thematisch, ...) in einen Zusammenhang stellen.

Erklären: Ursachen und Folgen bestimmter Sachverhalte in einen Zusammenhang bringen und deuten.

Erläutern: Sachverhalte auf der Grundlage verschiedener Informationen verdeutlichen.

Erstellen: Sachverhalte (insbesondere in grafischer Form) darstellen und beschriften.

Fragen stellen: Eigene Fragen zu einem Sachverhalt stellen.

Reflektieren: Über einen Sachverhalt rückblickend nachdenken.

Vergleichen: Gemeinsamkeiten und Unterschiede zwischen zwei oder mehreren Sachverhalten oder Räumen erfassen und verdeutlichen.

Anforderungsbereich III

Diese Arbeitsanweisungen werden verwendet, wenn du über neue Probleme, Methoden und Erkenntnisse nachdenken sollst. Am Ende erkennst du Schlussfolgerungen, Beurteilungen und Handlungsmöglichkeiten.

Beurteilen: Auf der Grundlage von Fachkenntnissen und der Analyse von Materialien einen Sachverhalt ohne persönliche Bewertung einschätzen.

Bewerten / Stellung nehmen: Auf der Grundlage von Fachkenntnissen und der Analyse von Materialien einen Sachverhalt einschätzen und eine sachlich begründete eigene Meinung darlegen.

Diskutieren / sich auseinandersetzen mit: Zu einem Sachverhalt Argumente zusammenstellen und daraus eine begründete Bewertung entwickeln.

Entwickeln: Vorschläge und Maßnahmen vorstellen, die zu einer weiterführenden oder anderen Betrachtung eines Sachverhalts beitragen.

Erörtern: Einen Sachverhalt unter Abwägen von Pro- und Kontra-Argumenten klären und abschließend eine eigene begründete Meinung entwickeln.

Interpretieren: Materialien (Texte, Karten, Bilder) auswerten, Zusammenhänge verdeutlichen, den Sinn erfassen und Schlussfolgerungen ziehen.

Überprüfen: Aussagen auf der Grundlage eigener Kenntnisse oder mithilfe zusätzlicher Materialien auf ihre Angemessenheit und Richtigkeit hin untersuchen.

Hilfreiche Satzanfänge beim Bearbeiten von Aufgaben

Die nützlichen Satzanfänge auf diesen beiden Seiten verschaffen dir einen Vorteil beim Bearbeiten von Arbeitsaufträgen in diesem Buch.

Bei der Arbeit mit Texten

- Der vorliegende Text (Zeitungsartikel / Schülerbuchtext) ... ist am ... von ... geschrieben.
- Er trägt den Titel ... und ist abgedruckt in ...
- Er beschäftigt sich mit ...
- Es wird berichtet, wie ...
- Er erläutert ...
- Er gibt Auskunft über ...
- Es geht im Text um ...
- Der Text nennt Beispiele zu ...
- Der Text begründet, ...
- Zusammenfassend ist festzuhalten: ...
- Das bedeutet, dass ...
- Die Absicht des Verfassers ist, ...

Bei der Arbeit mit Bildern

- Das Bild / Foto zeigt ...
- Mithilfe der Bildunterschrift kann man feststellen, dass ...
- Es stammt aus dem ... Jahrhundert.
- ... hat es gemalt / fotografiert.
- Im Vordergrund sieht man ... / ist ... zu erkennen.
- In der Bildmitte ...
- Den Hintergrund bildet ...
- Insgesamt vermittelt das Bild einen Eindruck davon, wie ...
- Das Wichtigste ist ...
- Beeindruckend ist, dass ...
- Das Bild macht deutlich, ...
- Das Foto ist eine Luftaufnahme. / Der Fotograf befand sich ...

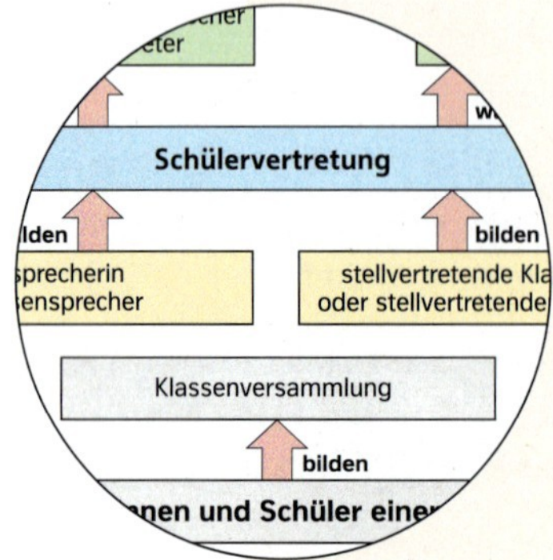

Bei der Arbeit mit Schaubildern / Zeichnungen

- Das Schaubild stellt ... dar.
- Die Kreise / Rechtecke stehen für ...
- Die Pfeile beschreiben die Beziehung zwischen ...
- Die Zeichnung stellt die Verbindungen zwischen ... dar.
- Die Zeichnung zeigt auf, dass ... / verdeutlicht, dass ...

Bei der Arbeit mit Karten

- Die Karte zeigt ... (Kartentitel)
- Das Thema der Karte ist ...
- Abgebildet ist das Gebiet ... / sind die Gebiete ...
- Die ... Markierungen / Zeichen stehen für ... (die Legende erklären)
- In der Darstellung wird deutlich ...
- Die Karte informiert über ...
- Die Verteilung der Flächenfarben und Signaturen bedeutet ...
- Die Kartenüberschrift heißt ...
- Die Region erstreckt sich ...
- Die Grenzen / Flüsse / Gebirge verlaufen ...
- Die Städte liegen ...
- Die Flüsse entspringen / durchqueren / münden ...

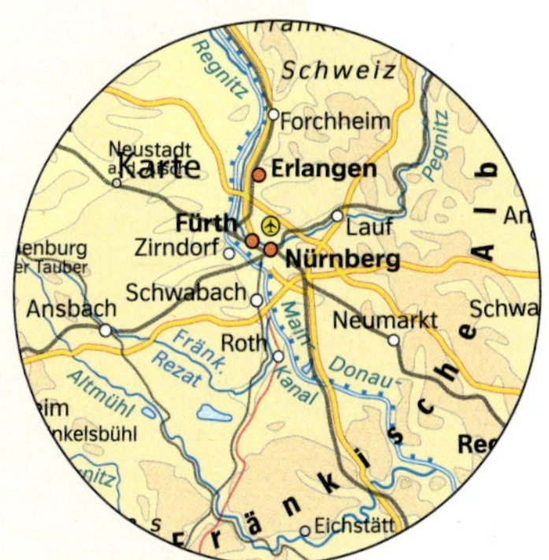

Bei der Arbeit mit Diagrammen und Grafiken

- Es handelt sich um ein ... (Säulendiagramm / Kreisdiagramm / ...).
- Die Überschrift lautet ...
- Die Säulen / Balken zeigen ...
- Die Höhe der Säulen stellt ... dar.
- Es ist Folgendes festzustellen: ...
- Die Entwicklung hat ... (zugenommen / abgenommen / ist etwa gleich geblieben / ...).
- Das erläutert Zusammenhänge zwischen ...

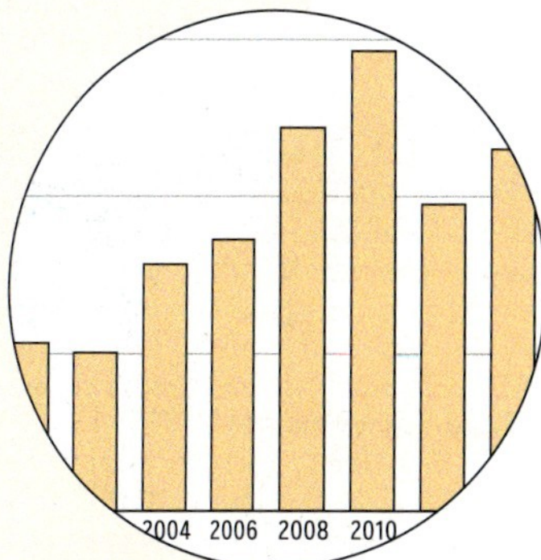

Bei der Arbeit mit Tabellen

- Der Titel der Tabelle lautet: ...
- Die Tabelle stellt ... dar.
- Die Zeilen zeigen ...
- Die Spalten zeigen ...
- Es ist zu erkennen, dass im Jahr ...
- Insgesamt ist festzustellen, dass ...
- Die Angaben erklären / verdeutlichen ...

en	Himalaya	über 800
rg	Mount Everest	8846 m
eresstelle	Witjas Tief	−11 034 m
telle der erfläche	im Toten Meer	−428 m
gelegener arer See	Titicacasee	3812 m
s Gebirge	Rocky Mountains/ Anden	14 000 km
Fluss	Nil	6671 km
ee	Baikalsee	−1620 m
l	Grönland	2 Mio. km²
sel	Arabien	3 Mio. k
t	Asien	44 Mio
	Kaspisches Meer	37

|123RF.com, Hong Kong: Vadim Nefedov 8.1. |akg-images GmbH, Berlin: 92.2, 95.1, 96.3, 97.2, 97.3, 98.1, 99.1, 103.1, 104.2, 108.2, 115.1, 116.1, 125.2, 132.1, 136.2, 137.2, 138.1, 139.1, 144.1, 147.2; Jürgen Georg Wittenstein 121.4, 133.3; Pictures From History 108.1; UIG / Universal History Archive 116.2; Vaccaro, Tony 138.2; Walter Ballhause 132.3; © VG Bild-Kunst, Bonn 2019 96.2. |alamy images, Abingdon/Oxfordshire: imageBROKER 66.1; Photo 12/Oliver Hirschbiegel Christian Friedel Movie poster 127.1; United Archives GmbH/Goldkind Film/Marc Rothemund 126.1; United Archives GmbH/Universal Pictures/Oliver Hirschbiegel 126.2; ZUMA Press, Inc. 151.1. |Amnesty International Österreich, Wien: 184.4. |Appenzeller, Holger, Stuttgart: 154.1. |Ärzte ohne Grenzen e.V. / Médecins Sans Frontières, Berlin: 184.11. |Auswärtiges Amt, Berlin: Politisches Archiv 115.2. |Baaske Cartoons, Müllheim: Plaßmann, Thomas 190.6. |Bergmoser + Höller Verlag AG, Aachen: 191.1. |bpk-Bildagentur, Berlin: 97.1, 109.1, 118.1, 147.1; Deutsches Historisches Museum 5.1, 90.1, 106.1, 107.2; H. Pabel 138.3; L. Aufsberg 102.1; Staatsbibliothek zu Berlin 107.1, 107.3. |Brot für die Welt, Berlin: 184.10. |Bund für Umwelt und Naturschutz Deutschland e.V. (BUND), Berlin: 184.2. |Bundesanstalt für Landwirtschaft und Ernährung (BLE), Bonn: 60.3. |Das Bundesarchiv, Koblenz: Kugler, Steffen 166.1. |ddp images GmbH, Hamburg: dapd/M. Oeser 172.1; Eisele 5.3, 150.1. |Demmrich, André, Berlin: 9.4. |Deutsche Welthungerhilfe e.V., Bonn: 184.9. |Deutsches Kinderhilfswerk e. V., Berlin: 184.5. |dreamstime.com, Brentwood: Anne Power 9.7; Davesfreelancephotos 128.2; Dmitry Pichugin 8.2; Joachim Eckel 28.3; Juan Manuel Robledo 32.1; Marek Uliarz 11.1; Mark Vandyke 11.2; Wavebreakmedia Ltd 32.4. |Druwe & Polastri, Cremlingen/Weddel: 164.1. |Falkenburg, Ann-Christin, Braunschweig: 68.3. |foodwatch e.V., Berlin: foodwatch 184.14. |fotolia.com, New York: 200.1; andreaskrone 171.1; benjaminnolte 178.1; Bratslavsky, Natalia 10.2; Christian Schwier 152.2; dispicture 131.2; Dreadlock 80.2; Durrer 86.1; ferkelraggae 67.1; grafikplusfoto 16.3; Kurt Hochrainer 81.1; lawcain 178.2; Light Impression 27.2; lithian 16.4; Lotse77 61.2; Mainka, Markud 188.3, 188.4; mapoliphoto 183.1; milatas 46.1; Minverva Studio 12.2; Robert Kneschke 17.3; Sanders, Gina 175.1; Schmidt, Horst 80.4; womue 64.1. |Getty Images, München: Anadolu Agency/Morchidi, Jalal 83.1; Bettmann 77.2; Hamilton Smith 37.1; Hulton Archive/Express 5.2, 134.1; Keystone-France 146.1; Tantussi, Michele 131.1. |Grabowski, H., Münster: 77.1. |Greenpeace e.V., Hamburg: 184.7. |Haitzinger, Horst, München: 129.2, 186.1. |Haus der Geschichte der Bundesrepublik Deutschland, Bonn: Jupp Wolter (Künstler) 88.1. |Human Help Network e.V., Mainz: 184.8. |Hüter, Michael, Bochum: 172.2. |Hütten-Werke, Klaus Kühner, Hamburg: 25.4. |iStockphoto.com, Calgary: 15.1, 60.1, 62.2; aprott 55.2; Arnau, Xavier 50.4, 50.6; Bialasiewicz, Katarzyna 169.2; bluejayphoto 162.1; Brey, James 38.2; CelsoDiniz 32.2; chege011 52.1, 52.2, 52.5, 52.6, 52.7, 52.8, 52.10, 52.11, 52.13, 52.14, 52.15; Connor, Anne 49.3; Davel5957 9.5; Dechev, Mihail 38.3; Dewar, Kathy 27.1; diegograndi Titel; Elijah-Lovkoff 39.3; Eriksson, Carl 52.4; esemelwe 56.1; EvergreenPlanet 50.2; ewg3D 74.2; Geyer, Michael 24.2; grebeshkovmaxim 149.1, 149.2; hohl 86.2; JackF 51.1; kali9 50.3, 164.2; Kirk, John/Beyond Images 40.3; krblokhin 17.1; luca gavagna 23.2; LUNAMARINA 4.1, 6.1; m-imagephotography 181.1; Maisna 21.4; MikeMareen 13.1; milehightraveler/Parsons, David 36.1; mjbs 25.2; mvp64 40.1; OlgaSiv 52.16; Paul Velgos 9.2; pawel.gaul 40.5; photosbyjim 32.3; pixinoo 187.1; pop_jop 52.3, 52.9, 52.12; r_drewek 40.4; SeanPavonePhoto 47.2; Spencer Platt 23.1; Steve Corrigan 18.2; Tokarsky 40.2; tupungato 24.1; valentinrussanov 59.3, 59.4; Viisimaa, Peeter 21.3; Vladone 10.1; Wild-Places 81.3; wjarek 91.2. |Jenni Energietechnik AG, Oberburg: Orlando Eisenmann 68.4. |Karto-Grafik Heidolph, Dachau: 111.3. |laif, Köln: Langrock/Zenit 71.1. |MISEREOR e. V., Aachen: 184.3. |Mithoff, Stephanie, Hardegsen-Hevensen: 61.1, 61.4, 61.5, 190.7. |NABU Naturschutzbund Deutschland e.V., Berlin: 184.1. |Nachlass Felix Mussil, Frankfurt/M.: 158.1. |NS-Dokumentationszentrum der Stadt Köln, Köln: 120.1, 133.2. |Picture-Alliance GmbH, Frankfurt/M.: 151.2; akg-images 99.2, 145.1; Babbar, Sachelle 154.2; blickwinkel/W.G. Allgoewer 182.1; Deck, Uli 167.1; Dmitry Lovetsky 78.1; dpa 121.1, 121.2, 125.1; dpa-ZB/Hendrik Schmidt 91.1; dpa/F. Rumpenhorst 157.1; dpa/Grubitzsch, Waltraud 175.2; dpa/Imaginechina/Lan Shang 59.2; Eckel, Jochen 129.1; Gambarini, Federico 71.2; Gambarini, Maurizio 185.1; Globus 29.1; Gorski, Patrick /NurPhoto 31.2; Gress, John 13.2; Jochen Eckel 178.3; Peljak, Florian 89.2; Revierfoto 159.1, 159.2, 159.3, 159.4, 159.5, 159.6; Tobias Hase dpa/lby 168.2; von Jutrczenka, Bernd 152.1; Zucchi, Uwe 128.1. |Projekt Schule ohne Rassismus - Schule mit Courage, Berlin: 130.3. |Schöpper, Rudolf, Münster: Universitäts- und Landesbibliothek Münster, N. Schöpper K 12,057 189.1. |Schwarzbach, Hartmut /argus, Hamburg: 156.1. |Schwarzstein, Yaroslav, Hannover: 58.3, 58.4, 58.5, 58.6, 63.1, 87.1, 157.2, 161.1, 176.1, 190.1, 190.2, 190.3, 190.4, 190.5. |Seipelt, Andrea, Vechelde: 10.3. |Shutterstock.com, New York: 38.1; Bastian, Clara 59.1; catwalker 28.4; cigdem 89.1; Elena Elisseeva 56.3; Everett Historical 21.2, 28.2, 123.2, 124.1, 132.2; Flashon Studio 188.1; Fox, Nick 19.1; John Gress Media Inc 7.1; Pavel L Photo and Video 57.2; Planas, Matias 130.2; Sohm, Joseph 26.2; spirit of america 25.3; Tadevosian, David 58.2; Temelkov, Zoran 160.1; Vladimir Wrangel 171.2; von Aichberger, Michael 5.4, 174.1; Zavgorodnia, Lina 182.2. |stock.adobe.com, Dublin: 4.2, 16.1, 42.1, 85.1, 123.1, 169.1; Aguilar, Alonso 15.2; Andrei 12.1; Archivist 30.1; ARochau 4.3, 54.1; balipadma 82.1; BestPhotoStudio 45.1; bidaya 60.2; biker3 50.5; BlackMac 39.1; Briggs, Robert 20.1; chayakorn 62.1; Coloures-Pic 184.15; dade72 22.3; Delphotostock 26.1; dhayes 9.3; Dietl, Jeanette 188.2; Duplass, Jaimie 51.6; eurobanks 48.2; fabstock 80.5; Fälchle, Jürgen 48.1; Hayward, Mat 51.2; Heavyt Photos 39.2; Henry Czauderna 56.2; iofoto 21.1; Isaxar 120.2; Jacob 31.1; James 17.2; Kim Kyung Hoon 47.1; Leong, Kit 18.1; leungchopan 17.4; lev dolgachov 55.1; makieni 51.3; Mattoff 80.1; McGill, W.Scott 7.2; mimagephotos 49.1; Monkey Business 43.2; nattapon7 76.1; Olson, Tyler 34.1; oneinchpunch 51.5; peach100 43.1; pfeifferv 109.2, 133.1; photogolfer 39.4; PhotographyByMK 68.5; Race, Dan 48.3; Rauhut, Hartmut 74.1; Rawpixel.com 187.2; REDPIXEL 33.1; Rehak, Matyas 130.1; Rochau, Alexander 4.4, 70.1; Schumann, Dirk 81.2; SeanPavonePhoto 25.1; seventysix 135.2; Sirena Designs 50.1; Stefan Körber 61.6, 61.7; Stockr 58.1; ted007 72.1; Thoenen, Gerry 80.3; Tierney 22.1, 206.1; troutnut 16.2; UbjsP 22.2; vichie81 9.6; wavebreak3 51.4; Wordley Calvo Stock 49.2; Yantra 68.2; Yeko Photo Studio 44.1. |Strohbach, Dietrich, Berlin: 9.1. |Stuttmann, Klaus, Berlin: 168.1. |Süddeutsche Zeitung - Photo, München: 92.1, 103.2, 110.1, 117.1, 121.3; Scherl 110.2, 110.3, 114.1. |Tekülve, Rita, Essen: 57.1. |terre des hommes Deutschland e.V., Osnabrück: 184.6. |Tomicek/www.tomicek.de, Werl: 66.2. |Transparency International Deutschland e. V., Berlin: 184.13. |ullstein bild, Berlin: 96.1, 104.1, 111.2, 113.1, 113.2, 124.2, 137.1, 140.1, 148.1; AP 135.1; Archiv Gerstenberg 100.1, 111.1; dpa 141.1; Frentz, Walter 136.1; histopics 94.1; JT Vintage/Glasshouse Images 28.1; Teutopress 105.1. |VG BILD-KUNST, Bonn: © VG Bild-Kunst, Bonn 2019 117.2. |WWF Deutschland, Berlin: 184.12. |Zeriadtke, Jan: 61.3. |Zumpfort, Karin, Bonn: 180.1. |© Europäische Union: © European Union, 2019 60.4, 68.1.

Wir arbeiten sehr sorgfältig daran, für alle verwendeten Abbildungen die Rechteinhaberinnen und Rechteinhaber zu ermitteln. Sollte uns dies im Einzelfall nicht vollständig gelungen sein, werden berechtigte Ansprüche selbstverständlich im Rahmen der üblichen Vereinbarungen abgegolten.

Erde – physisch
Beringstraße
Beaufortsee
Kap Barrow
Alaska
6198
Mt. McKinley
Aléuten
Kanadischer Archipel
Baffinbai
Baffin-Insel
Barrengrounds
Grönland
3231
Europäisches Nordmeer
Island
Kap Farvel
Britische Inseln
Nordsee
London
Paris
Hudsonbai
Kanadischer Schild
Labrador
Neufundland
Rocky Mountains (Felsengebirge)
Küstengebirge
Vancouver
Winnipeg
NORDAMERIKA
Großes Becken
Great Plains (Prärien)
Sierra Nevada
San Francisco
Missouri
Mississippi
Appalachen
New York
New Orleans
Hochland von Mexiko
Bermuda-Inseln
Sargassosee
Golf von Mexiko
Azoren
Lissabon
Casablanca
Madeira
Atlas
Kanaren
Sahara
AFRIKA
Kuba
Große Antillen
9219
Karibisches Meer
Mexiko-Stadt
Mittelamerika
Clipperton-Insel
Kapverden
Kap Verde
Niger
Monrovia
Zentralpazifisches Becken
Pazifischer Ozean
Atlantischer Ozean
Panamá
Llanos
Bergland von Guayana
Amazonas
Selvas
Belém
Quito
Cotopaxi
5897
Galapagos-Inseln
Punta Pariñas
SÜDAMERIKA
Anden
Kap Branco
Ascension
St. Paul
7758
Golf von Guinea
Brasilianisches Bergland
Titicacasee
La Paz
St. Helena
Samoa
Tonga
Tongagraben
8050
Gran Chaco
Paraná
Rio de Janeiro
Osterinsel
Aconcagua
6960
Santiago
Pampa
Buenos Aires
Tristan da Cunha
Patagonien
Falkland-Inseln (Malwinen)
Punta Arenas
Kap Hoorn
Südgeorgien
Südsandwich-Inseln
8428
Bouvet-Insel
Weddellmeer
Landhöhen und Meerestiefen (in Meter)
Gebiet unter dem Meeresspiegel
Berghöhe
2962
1500
1000
500
200
(Küstenlinie)
0
-200
-2000
-4000
-6000
-8000
Maßstab 1: 100 000 000